JUCAI YU SANCAI

JINDAI NINGBOBANG YISHANG

YANKANGMAO ZHUAN

孙善根 / 著

聚财与散财

近代宁波帮义商严康懋传

ZHEJIANG UNIVERSITY PRESS
浙江大学出版社

图书在版编目（CIP）数据

聚财与散财：近代宁波帮义商严康懋传 / 孙善根
著. —杭州：浙江大学出版社，2016.11
　ISBN 978-7-308-16437-5

　Ⅰ. ①聚… Ⅱ. ①孙… Ⅲ. ①严康懋-传记 Ⅳ.
①K825.38

中国版本图书馆CIP数据核字（2016）第273029号

聚财与散财——近代宁波帮义商严康懋传

孙善根　著

责任编辑	丁沛岚	
责任校对	沈巧华	
出版发行	浙江大学出版社	
	（杭州市天目山路 148号　邮政编码 310007）	
	（网址：http://www.zjupress.com）	
排　　版	浙江时代出版服务有限公司	
印　　刷	富阳市育才印刷有限公司	
开　　本	710mm×1000mm　1/16	
印　　张	18.75	
字　　数	275千	
版 印 次	2016年11月第1版　2016年11月第1次印刷	
书　　号	ISBN 978-7-308-16437-5	
定　　价	49.00元	

浙江大学出版社发行中心联系方式：(0571) 88925591;http://zjdxcbs.tmall.com

目　　录

引　子

时光倒流到6年前的2010年年初，当时以向东南部拓展为特征的宁波城市化正在如火如荼地进行，位于宁波市郊东南城乡接合部的鄞州区钟公庙街道铜盆闸村也在其列，该村一组颇具规模的民国建筑群被列入拆迁范围，似乎难逃厄运。这一组保存基本完好的建筑群是第三次全国文物普查时发现的，为民国早期"宁波帮"杰出代表、上海工商业主严康懋建造，现存严氏宗祠、严氏故居、严氏义庄和严氏义仓等建筑，总占地面积4561平方米，总建筑面积2088.5平方米，是迄今发现的建筑种类最为丰富的宁波帮建筑。① 但当时中国正在进行大规模的城市化运动，大拆大建是当时的主旋律。

此事经相关媒体报道后，一石激起千层浪，引发了各方的强烈关注。宁波市及鄞州区文物部门专门组织力量对其进行了价值评估，认为这是一个典型的宁波帮建筑群，具有较高的文物价值，保留价值极大。② 严氏后人、现居住在加拿大的苏州大学法学院退休教授严令常老人闻讯立即联络其他严氏后人致信宁波市有关方面，强烈要求保留这一建筑群。他们在联名信中表示："祖父一生好义若渴、无私奉献……他不但为严氏族人兴办好事，如倡办义庄，兴办学校、医院等，对建桥、铺路、兴修水利、赈灾济民，无不勇挑重担，义无反顾……他是宁波地区有口皆碑的大慈善家和爱国商人。今天他的精神如能得到政府的肯定，他在严家村的那些旧居能作为文物得以保留，我们严氏上下几千口人都会举双手赞成。"本地文物部门与有识之士也纷纷呼吁予以保护，并建议"将严氏宁波帮建筑群做原址保护，合理规划与统筹利用，确

---

① 续大治、董磊艳、樊莹：《以前是乐善好施严康懋的故居　如今成为传播善心义举的爱心平台》，《现代金报》，2015年7月1日。

② 《专家组昨完成对严氏故居群价值评估》，《都市快报》，2010年5月7日。

保这处凝聚宁波帮人文精神的历史建筑场所的传承保留"①。当地政府遵从民意，并召开现场会，决定将严氏建筑群列为文物保护单位，出资予以修复。在有关人士的积极倡议下，鄞州区开始计划将严氏建筑群建设成国内首家公益慈善综合体——"善园"。2015年6月17日，"善园"奠基仪式在铜盆闸村隆重举行。

随着"善园"的兴建，严氏建筑群主人——近代宁波商人严康懋及其事迹也再次进入人们的视野，有关严康懋善行义举的传说更为坊间所乐道。至今仍有一些年长的村民能比较完整地说出口耳相传的故事，说严康懋虽为富商巨贾，却一向节俭、乐善好施。村民严长方，和严康懋隔了四代。儿时，他听长辈们说，发迹后的严康懋不讲派头，出门总是穿长衫布鞋、吃粗茶淡饭。每次回乡小住，遇到乡里都是客客气气的，唯一的儿子也在这里出生。②而在宁波城乡流传了很久的老话更是朗朗上口："一言堂百货多，二（严）康懋钞票多③，三法卿木器多，四明药房药片多，五芳斋点心多"和"三北虞洽卿④，宁波严康懋"，讲的都是严康懋的富有。但这些口口相传的传说或故事，不仅出处难考，而且大多雷同重复，甚至不乏似是而非、以讹传讹的内容，缺乏史实依据。鉴于此，本书拟在尽可能收集第一手资料⑤的基础上，力图还原严康懋这位至今在宁波民间仍有鲜活记忆与广泛影响力的商人慈善家的真实面貌。

人是环境的产物，更是时代的产物。首先让我们回到严康懋生活与活动的时代，然后展开对其人其事的叙述。

---

① 严令常：《缅怀先祖严康懋》（未刊稿）。
② 续大治、董磊艳、樊莹：《以前是乐善好施严康懋的故居 如今成为传播善心义举的爱心平台》，《现代金报》，2015年7月1日。
③ 在宁波方言中，"二"与"严"同音。
④ 虞洽卿（1867—1945），旧宁波镇海龙山（今属慈溪）人，曾任上海总商会会长并长期担任宁波旅沪同乡会会长，是近代宁波帮的杰出代表。
⑤ 本书的一手资料多为20世纪初的报纸新闻和未刊资料，由于当时信息不畅，一些地名、人名在不同的场合往往写法不一，为保持文献的原始性，均不予更改，特此说明。

一、家乡与家世

清光绪四年（1878年），严康懋出生在离宁波鄞县县城不过十余里的首南乡①铜盆浦严家汇头村（今属鄞州区首南街道），谱名严正英，又名严英，字康懋，以字行。在汉语中，"懋"通"楙"，所以在时人的记载中，严康懋又常常被写成严康楙。"懋"意为努力、勉励，又有盛大的意思，显然取字康懋，代表了长辈的美好祝愿。

严家汇头村地处鄞南平原地带，这里河道纵横、港汊交错，是典型的江南水乡。其东北有连接宁波城区与鄞东南的前塘河，蜿蜒纵横；其西南有直通奉化江的九曲江，江潮滔滔。金秋季节，放眼望去，成熟的稻谷泛起层层金浪，江边河岸杂树成行，远处绵延青山依稀可见，好一幅江南田园风光（参见图1-1）！与铜盆浦隔江相对的栎社，是明代著名诗人沈明臣的家乡。诗人落拓不羁，钟情山水，为这片美丽的田园创作了大量脍炙人口的诗篇。严家汇头村由里四堰、严家村两个自然村组成，两村人口规模不大，均不过二三十户。

图1-1 今人根据沈明臣诗歌所绘的鄞南一带田园风光

---

① 此地为鄞县城区以南的第一个乡，故得此名。

其中里四堰村民主姓李，明中叶从福建迁来定居，因村周围有四个堰头而得名。至于严家村，据称来自邻县余姚，村以姓得名。历史上，在浙江余姚聚居着严姓大家族。东汉初年高士严子陵就是余姚人，他刻苦好学，博学多才，性情耿直，就学时与刘秀是同学，交谊很深。后来刘秀当了皇帝（东汉第一个皇帝，即光武帝），一再请他出山为官，但视权贵如浮云的他固辞不受，而且还举家迁居桐庐富春江边，种田、垂钓。至今"严子陵钓鱼台"遗迹犹存。

明末清初，余姚严氏的一支沿姚江从余姚迁往慈溪保国寺山下费家村（现属宁波市江北区），近代宁波帮著名人物严信厚（参见图1-2）即出生于此，这里也是清末学部尚书、被誉为南开校父的近代教育家严范孙的祖籍地。严范孙曾出资建立"严范孙奖学金"，资助优秀学生出国留学，作为南开优秀学子的周恩来就曾获得此项奖学金并赴日本及法国深造。严信厚是清末上海工商界的重量级人物，1902年，他发起创办了上海商业会议公所，后改名为上海总商会，并担任首任会长。清代中期，严康懋的祖父严智楷从费家市迁往鄞县铜盆浦严家汇头村，落户繁衍，是为严家汇头村严氏始祖。据严家对河岸金房后代严友德说，他姑姑曾看过族谱，说严家是从姚江岸边迁过来的。这与前面所说的从费家村迁来是一致的。

在漫长的岁月中，生活在鄞南平原这片土地上的人们，凭借着良好的自然条件，世代耕读传家，繁衍生息，周而复始，过着简单而宁静的生活。鸦片战争后，伴随着近代宁波的对外开放，这种宁静的生活被打破。以教会与洋货为代表的西方文明进入并渐渐地改变人们的生活。宁波开埠不久，外国教会纷纷到宁波传教。为了便于传教，他们往往从办学入手，一些鄞县乡村贫寒子弟即进入教会学校就读。1857年冬，毕业于鄞城教会学校崇信义塾的严家汇头村邻村鲍家埠人鲍光熙，受长老会委托，回故里传道。他以宣讲福音引导人们信仰基督教为目的，四处讲道，并编印福音书

图1-2　严信厚

报分送各处。信仰者接受洗礼，即被认为教友。鲍光熙的传道活动富有成效，不久就在村人鲍万顺家设立礼拜堂，是近代宁波乡村最早的礼拜堂。1861年6月，鲍家埠长老分会成立。至1864年4月，共发展教徒50余人。不久，城区长老会派人在鲍家埠设立布道所并成立宁波东南乡立公会。1867年后，附近的姜山任家堰与首南的桃江、陈婆渡及下应等处也纷纷设立支堂，或设立书馆，传教活动兴盛一时，图1-3为19世纪70年代的传教师住宅。

到光绪初年，设于鲍家埠的宁波东南乡立公会已拥有教徒100多人，成为当时浙东乡村中拥有教徒最多的礼拜堂，并在附近购置土地，多次扩建礼拜堂。①

1877年12月前后，东南乡立公会在中外人士的支持下，于陈婆渡新建礼拜堂一座，当年《万国公报》以"宁波乡间会堂略成"为题报道了新堂落成并行祈祷礼的盛况：

图1-3　19世纪70年代宁波郊外的传教士住宅

① 钟公庙街道志编纂委员会：《钟公庙街道志》，宁波：宁波出版社，2011年，第432-433页。

宁波东南乡立公会十年于兹矣，通会教友约八十人。教堂太狭，兹蒙前任长老麦嘉缔先生出资捐助，兼全体教友竭力捐助，已于陈婆渡地方新建礼拜堂一座，可坐二百数十人；牧师郁忠恩住屋楼房三间，又平屋七间，教友厨房并栖息之所，于前月落成，定本月初十日上午十点钟开新堂行祈祷礼。是日，天朗气清，贺客并教友齐集堂内，美国牧师雷音百升堂领礼拜，择《马太》十六章十八节为题，言立堂之要，分三段剀切指示。浸会牧师高、寓杭牧师郝、寓宁牧师蒲，以上均致贺；谢行栋（上虞牧师）、鲍光熙（余姚牧师）、徐嘉仁（高桥牧师）、路振文（浒山牧师）、杨修诚（周巷牧师）、鲍哲才（上海牧师）各申贺意，并略加劝勉后，监督会陆姑娘（英国闺女）鼓琴，共咏新堂诗三章。祈神祝福后，午餐宾朋满座，觥筹交错，堂之内外悬灯结彩，热闹异常，正所谓"胜友如云，盛筵难再"也。是日教外人有自二三里，或六七里，到堂者络绎不绝，不下七八百人……①

在洋货的不断冲击下，鄞南水乡原来自给自足的经济生活开始难以维系，加之人多地少的矛盾日益尖锐，迫使世世代代生活在这里的人们走出家乡，前往城区乃至更远的地方谋生，留在本乡的农户也多在农闲季节做些手艺活，以补贴家用。有史料载，鄞县四乡农民在宁波开埠后，"舍本逐末，以农为贱役，往往轻去其乡，争趋沪汉为佣"②，以至东西各乡土地无人耕种。

清光绪《鄞县志》称，同（治）光（绪）年间，邑人"四处营生，商旅遍天下，如杭州、苏州、上海、吴县、汉口、牛庄、胶州、闽广诸路，贸易綦多，岁或一归，或数岁一归……甚至东洋日本，南洋吕宋、新加坡、苏门答腊、锡兰诸国，亦借资结队而往，开设廛肆"③。其中同为首南乡鲍家埠人的鲍哲才与鲍光熙一样就读于崇信义塾，毕业后一度在浙东一带传教，不久赴上海担任长老会所办的沪南清心堂牧师并参与创办清心书院，后来其子女均就读

---

① 《宁波乡间会堂略成》，《万国公报》，1877年，第452期。
② 《鄞县通志·文献志》，宁波：宁波出版社，2006年，第2632页。
③ 清光绪《鄞县志·风俗》，张守广：《超越传统——宁波帮的近代化历程》，重庆：西南师范大学出版社，2000年，第62页。

于清心书院。其中儿子鲍咸恩、鲍咸昌在书院毕业后，先后在英商所办的《捷报》和美华书馆做英文排字工。这使他们对近代印刷技术有了全面的了解，并掌握了报纸、书籍制作及市场运行的知识。1896年4月，鲍氏兄弟与鄞南萧皋碶人郁厚坤①，以及一起做工的夏瑞芳、张桂华②等人决定自立门户，创办自己的印书馆。1897年2月，他们筹资4000元合伙开办的印刷厂正式开业。在七个发起人中，来自鄞南的鲍氏及其姻亲占了五个，以至时人称这些投资人"除高凤池外，都是宁波高牧师的子婿及姻亲"③。由于当时印刷厂主要承印商业表册和账本等，故名"商务印书馆"。亲邻相助，期间不少鄞南人赴沪进入该馆做工。在鲍氏兄弟与夏瑞芳等人的全力经营下，商务印书馆迅速崛起，成为近代中国最著名的现代出版与文化传播机构，为我国现代文化教育事业的发展做出了重要贡献。同时，严家汇头村附近的桃江、定桥人也纷纷赴外谋生创业。《鄞县通志》称，桃江、定桥为鄞南二大市集，而"桃江傅、张二姓又各分为市，村落之盛，于此可见"④。清末起，桃江傅、张二姓多有至日本开设料理店者。1931年"九一八"后，由于受日本军国主义迫害，张氏族人多数回国定居。1931年11月出版的《宁波旅沪同乡会月刊》报道说："旅日甬侨张云章、张彩章、张富祥、张岳兴等数十人，携同家眷，已于日前乘日邮船返国。（彼）谓渠等受日本军警压迫，并日本浪人派人肆扰，闹得寝不安席，因此不能营业，只得摒挡返国……所有族中留日未返之岳生、悦生、阿华、小华、瑞根等，亦将摒挡一切，挈眷回国，免被日人蹂躏云云。按张等均系鄞县桃江村人，携家眷在日本东京市开设料理者。"⑤桃江傅氏清末起也有不少人至日本谋生，后任日本宁波同乡会会长的傅启泰即为傅氏传人，其父傅阿来早年赴日本，以开设料理店起家。另外，20世纪三四十年代在上海医药业享有盛誉的国

① 郁厚坤也曾在美华书馆做英文排字工，其父郁忠恩也就读于崇信义塾，并与鲍家结为姻亲，即鲍咸昌为郁厚坤姐夫。
② 两人均为鲍家女婿。
③ 陈永年：《商务印书馆九十五年》，北京：商务印书馆，1992年，第643页。
④ 《鄞县通志·文献志》，宁波：宁波出版社，2006年，第2480—2484页。
⑤ 《七邑近闻》，《宁波旅沪同乡会月刊》，第100期，第2页。

药业巨子鲍国昌也是从这片土地走出去的。

这期间，严家汇头村的严氏族人也不得不应对生存的困境与挑战。据族谱记载，严氏子孙按辈分排列的顺序为"仁、义、礼、智、信、正、纲、常、孝、友……"。迄今，能考据到的最早的祖先是"智"字辈的严智楷公。据严氏后人严孝达记载，严智楷是一个手艺工人，经常挑担奔走于各乡各村之间，替人修理木盆、脚桶、水桶、饭桶、马桶等，俗称细木匠，工作辛劳，但收入微薄。严智楷生有四个儿子，即后来被称为咸、恒、节、泰四房。因家庭人口多、负担重，家境一直难有起色。老大严信廉比三个弟弟年长很多，成年后就跟父亲挑担外出做工，以增加收入，补贴家用。据说有一年寒冬腊月，大雪纷飞，父子俩挑担外出也没挣多少钱，眼见几个幼儿饥肠辘辘、嗷嗷待哺，再加上岁末年关将近，钱粮无着，急得父子俩抱头痛哭。在本地赚钱太难，听说上海赚钱比较容易，本乡人就有在那里发财的，严信廉不禁为之心动，决定凭手艺到上海去闯一闯。

到上海谋生的严信廉开始在木行干活，手上积了一些钱后就招了一些伙计，在洋泾浜（今延安东路山东南路）码头边开了一家"祥泰"木行，并先后将三个弟弟带到上海谋生。其中三弟严文周（字子香）从小聪明伶俐、眼疾手快，做生意的本领远超其他几位兄弟，积以时日，发财后回宁波故乡安家。严文周先后在严家汇头村建造了第一进严氏祠堂，在祠堂左侧建造了供自己一家居住的三开间朝南的两层木结构楼房（俗称"三间头"，参见图1-4）。

严文周交友甚广，据说在祠堂及新屋落成之时，来道贺的有很多宁波达官贵人，穿着官服，戴着红缨帽，携带女眷，坐着脚划船来到严家汇头村。严文周则携全家于埠头边恭候，女眷们盛装打扮，穿着高领上衣和长达脚背的长裙，穿金戴银，富贵逼人。严家锣鼓喧天，鞭炮齐鸣，大摆筵席，全乡轰动，传为佳话。而据《鄞县通志》记载：严文周家贫，学未竟，父命习钱通，既成有声市中。可见，严文周出身贫寒，以钱业起家，并在宁波商界有一席之地。史载，严文周家

图1-4　2014年修缮后的严氏三间头

业"隆起"后，乔迁至江东大河桥，"门楣焕改"。①

让严文周在宁波历史上留名的则是同光年间在宁波权倾一时的人物陈鱼门（名政钥）。陈鱼门"以好义闻乡里"，为晚清甬上名人。《鄞县通志》称其"负才广交，为当道所重。郡县有事，若赈荒、修学、协济邻饷之举，皆倚办交以平"。1862年5月，陈鱼门联络中外对抗太平军并迫使其退出宁波。期间，他主持善后，筹办全浙军需，"奉命征收洋药（鸦片）税"。当时，鸦片是宁波进口的大宗商品，其货值始终居于首位，占全部洋货进口值的60%~70%。②显然，负责征收此项税收是一个众人瞩目的肥差。洞悉其中利害的陈鱼门对于人选不得不慎之又慎，考虑再三，最后他以严文周处事"慎重"而委以重任——主持征收洋药税的协查公所，即俗称的洋药局，并表示此项税收岁有盈余，要他注意"积储，以备不虞"③。

1862年太平军退出宁波后，英国人建浮桥于姚江，次年延至桃花渡口，俗称新江桥，成为连接江北岸与宁波城区的主要通道，但要对路人收过桥费四文，"人索四文，不应不许通"。同治八年（1869年）四月，新江桥上发生了

① 姚家镛：《严母卢太淑人六十序》，《鄞县姚氏宗谱·艺文录》，第22页。
② 陈宁雄：《潮涌城北——近代宁波外滩研究》，宁波：宁波出版社，2009年，第33页。
③ 民国《鄞县通志·文献志》，宁波：宁波出版社：2006年，第622—623页。

图1-5　民国初期人流拥挤的新江桥仍由木船连排而成

一宗惨案。当时城区举行迎神赛会，有一大型赛会队伍过桥，守桥巡捕照例索取过桥费，赛会众人坚决不依，双方发生争执，以至桥上的人越聚越多，突然"嘭"的一声，桥链崩断，致使400余人落水丧生。当时有一首民谣："好看彩虹社，翻落江桥下。氽到下白沙，撩（捞）起豆腐渣。"（彩虹社是当时出租庙会行头最出名的赁器铺，每年四月初八的鄞县庙会，行头都是向彩虹社租赁的）这首民谣通过行头这一物件侧面反映了当时的悲惨情形。后来，新江桥仍险情不断。对此，严文周忧愤不已，力主赎回此桥。为此，他先是请求陈鱼门"尽出协查公所羡金"，在取得陈鱼门同意后，不足部分则发起募捐并带头认捐，终于在1877年将该桥赎回，并改为义桥，从此不再收费，《鄞县通志》称"一时行路德之"。据说当时还有儿歌传颂此事："盆江水溶溶，严公道德崇。降生逢令节，时在十月中。想当年，新江浮桥赎建，利交通……"①

———————————————

① 严令常：《缅怀先祖严康懋》（未刊稿）。

二、创业上海滩

据记载，严文周的原配夫人"早逝无出"，严康懋为严文周继室卢氏所生。卢氏为同邑卢孝枨之女，20岁时嫁至严家。卢氏曾为鄞县望族，世居城区灵桥门内君子营，清代闻名浙东的藏书楼抱经楼即为该族所有。[1]嫁入严家的卢氏相当贤淑，她不辞劳累，操持家务，又克尽妇道，事亲至孝。为此严家上下其乐融融，相处融洽。据说她"处娣姒之间，遇事争先恐后，不辞劳勤，虽析居异爨，欢如一家"。其时，严文周常年在外奔波，在家的卢氏"躬操井臼，内助有方，子香先生频年在外，得以专心营运，无内顾之忧者，太淑人之力为多"。严家发达后，卢氏仍克勤克俭，"钗荆裙布，无异曩时"。[2]

由于文献的缺乏，我们对严康懋的童年生活难以知晓，仅有时人寥寥数字："君自少聪颖，读书倍常童，师甚爱之。"[3]但可以想象，因为小康懋为家中独苗，且严文周36岁得子，在当时被认为是"晚出"，严家上下应该对其疼爱有加。加之严家家境殷实，小康懋的童年生活应该是非常幸福的。按照当时宁波的惯例，孩童要进入私塾读书识字。由于严文周不仅在城区有钱庄等生意要打理，而且还兼任公职，故不得不在外奔波，小康懋大部分时间应该与母亲在一起。其生活环境早年以农村为主，不久严家搬至江东大河桥地方，是江东主要商业街道，交通尤为发达，是联络城区与鄞东南的水上枢纽，也是城乡商品集中交换的地方。据时人记载，此地"乃是新河头航船埠头，东乡来的定期航船，每日停泊于此，在中午航船至埠时挑工拥挤不堪，各商店均生意滔

---

① 清咸丰年间，抱经楼藏书几乎散失殆尽，后由当时著名旅沪鄞县人士杨坊悉数买回无偿归还，一时传为佳话。

② 姚家镛：《严母卢太淑人六十序》，《鄞县姚氏宗谱·艺文录》，第22页。

③ 蔡和铿：《严康懋先生行述》，《时事公报》，1929年11月9日。

滔，应接不暇"①。可见早年严康懋成长的社会环境，既有农耕文明的浸润，也有近代商业文化的熏陶，由此形成其禀性中既带有乡村人的纯朴与宽厚，也不失商人的精明与机警，这也许可以部分解释其为何能取得事业上的成功。②

1885年，小康懋入私塾读书。同年三四月间于镇海口爆发的中法战争一度使鄞县城乡陷入恐慌。这场战争可以说是近代中国人反对外来侵略战争首次完全意义上的胜利，但战争对宁波没有造成大的破坏，并且很快就结束了，小康懋无忧无虑的生活还在继续。不过好景不长，小康懋15岁时，严家发生了重大变故——父亲严文周因病去世，年仅51岁。家里的顶梁柱倒了，严家的一切都不得不随之改变，这在当时的中国社会几乎无一例外。

据《鄞县通志》记载，严文周临终时嘱咐自己唯一的儿子："毋藉先荫守死财。"③少年康懋感受到了父亲对自己的殷殷期望。但根据丧俗与旧制，父母故后，子女必须守孝，为此已经懂事的少年康懋在家守孝三年。当时，已经15岁的少年康懋应该完成了私塾阶段的学业，继而拜在名师门下读书，一心问学，对于家事与生计并不过问。据时人记载，其父去世后，"不问家人生产事，悉以委诸人"。在此期间，严家委托别人打理的家业出现了状况，乃至每况愈下。"越数年，业渐不振"。作为严家的独子，读书明理的少年康懋显然感觉到了自己肩上的责任——男儿当自强！1895年，18岁的严康懋决定放下书本，带着父亲的嘱托，投身商海，承担起对家庭的责任，重振家族事业。"君奋然曰，吾可以终事笔砚间乎？先人遗业至吾身而失坠，何以为人子？遂弃儒服贾，游资上海。"④到上海去！严康懋与当时许多宁波人包括其父辈一样，创业第一站选择的是与宁波一海之隔并正在蓬勃发展的上海。甲午战争后，随

---

① 陈孝堤：《杂忆宁波江厦与江东》，《宁波同乡》，第107期。
② 根据笔者初步研究，近代宁波帮商人来源构成中城乡差异很大，即多为农家子弟，少有来自城区的。无独有偶，改革开放以来，"泥腿子"企业家群体迅速崛起，在我国当代企业家队伍中占据主要部分，相比之下城市子弟往往遭遇精明而不高明的困境而难以成功，凡此种种并非偶然。
③ 《鄞县通志·文献志》，宁波：宁波出版社，2006年，622页。
④ 蔡和铿：《严康懋先生行述》，时事公报，1929年11月9日.

着近代中国的进一步开放及经济近代化的展开，上海进入汇聚各路人才与资金迅速发展的黄金时期。[①]此时，严康懋前往上海创业，可谓恰逢其时。

上海是近代宁波帮创业的大本营。19世纪60年代以后，上海开始取代广州成为中国的经济中心（参见图2-1），90年代以后更是迅速发展成全国乃至远东最大的工商城市与经济中心。上海的发展为近代宁波人的经济活动提供了广阔的舞台，推动一代代宁波人纷纷走出家乡，前往一海之隔的上海谋生创业，"挈子携妻游申者更难悉数"[②]，并创下了不凡的业绩。严康懋去上海创业是在1895年，这一年，从宁波外出人数达133647人次，较上一年度增加22%，而

图2-1　20世纪30年代的上海外滩

① 法国著名中国近代史专家白吉尔夫人就把1895年至1927年这段时间称为中国资产阶级发展的黄金时期。

② 上海博物馆资料室：《上海碑刻资料选辑》，上海：上海人民出版社，1980年，第273页。

1911年更是突破380万人次大关（参见表2-1）。需要说明的是，这些外出的人口多以上海为目的地，上海的崛起吸引了一代代宁波人前往"淘金"，在整个近代中国史，这种甬沪间单向的移民潮经久不衰，高潮迭起。到清末，在上海的宁波人已达40万人，约占当时上海居民总数的1/3。[①]到20世纪二三十年代，旅沪宁波人已达百万之众，故上海有"宁波人第二故乡"之说，其中鄞县人占总数的1/3~2/5。许多宁波人都在上海实现了自己的梦想，更有大批宁波人在上海滩演绎了白手起家的创业神话。比如在黄浦江摇舢板出身的镇海商人叶澄衷，1899年病逝时积资达800万银两，号称"五金大王"，并且在叶澄衷的扶掖下，形成了人员众多的宁波籍五金业商人群体。当时清政府一年的财政收入约为6000万银两，所以人们用"富可敌国"来形容叶澄衷的富有，以至在当时宁波城乡"依澄忠不受穷"的谚语广为流传。上海开埠后即赴上海淘金的鄞县商人杨坊几年后即担任上海最大的洋行——英商怡和洋行买办，成为近代上海最早的浙江籍买办，并因为成功设计收购生丝的苏州制度而名声大噪。耳濡目染，上海成为许多宁波少年憧憬、向往的地方。

"吃得苦中苦，方为人上人。"涌入上海滩的宁波人大多白手起家，从最卑微的苦力活做起，如学徒、伙计、木工、裁缝、车夫和挑夫等。他们艰苦创业，顽强拼搏，迅速在上海滩站住了脚。宁波有句谚语："伙计做到老，不如一根草。"旅沪宁波人大多具有较强的自立自强意识，稍有根基便自立门户，成就自己的宏图大业（参见表2-2）。

与十三四岁赴上海创业的人相比，18岁赴沪创业的严康懋显然具有一定的年龄优势，加之父辈的积累与资源，严康懋很快就在络绎不绝的旅沪宁波人中脱颖而出。

[①] 董启俊：《宁波旅沪同乡会》，《宁波文史资料》第5辑。

表2-1　1889—1924年浙海关宁波进出人数统计

年份	进入人数	外出人数	总数
1889年	92000	94000	186000
1890年	—	—	243700
1891年	177000	181000	358000
1892年	116000	117000	233000
1893年	111977	116438	228415
1894年	105461	109408	214869
1895年	101575	133647	235222
1896年	127397	139975	267372
1897年	133078	135466	268544
1898年	140388	141276	281664
1899年	138205	142970	281175
1900年	137765	149622	387387
1901年	119238	107349	226587
1902年	202216	193247	395463
1903年	174519	185230	359749
1904年	215236	225119	440355
1905年	196389	198597	394986
1906年	411813	405859	817672
1907年	520949	522515	1043464
1908年	539977	538891	1078868
1909年	564830	571880	1136710
1910年	795881	799137	1595018
1911年	772791	817735	1590526
1912年	740647	777759	1518406
1913年	821200	826699	1647899
1914年	875511	860520	1736031
1915年	941014	923576	1864590
1916年	1004212	979692	1983904
1917年	958282	936081	1894363

续表

年份	进入人数	外出人数	总数
1918年	900717	883460	1784117
1919年	875844	869008	1744852
1920年	918635	926081	1844716
1921年	983794	978103	1961897
1922年	1034681	1005476	2040157
1923年	1015593	1050901	2066494
1924年	1117543	1120213	2237756

资料来源：竺菊英：《论近代宁波人口流动及其社会意义》，《江海学刊》，1994年第5期，第134-137页。

表2-2　近代部分鄞县移民抵沪概况

姓名（生卒）	家庭背景	受教育程度	抵沪年龄/岁	抵沪后第一份工作
乐振葆（1869—1941）	商人	私塾	16	木工
余芝卿（1894—1941）	父母早亡		13	东洋庄学徒
李志方（1865—1941）	商人	略读私塾	20	裁缝
张继光（1882—1965）	务农	私塾	16	营造厂学徒
项松茂（1880—1932）	商人	私塾	20（14岁开始在苏州当学徒）	中英药房会计
谢蘅牕（1879—1960）	父务农，后在上海煤炭店做杂务工		16	煤炭行业学徒
章锦林（1883—1962）	务农	私塾	18	机器厂工

姓名 （生卒）	家庭背景	受教育程度	抵沪年龄/岁	抵沪后 第一份工作
杨存琳 （1911—1991）			14	绸庄学徒
史致富 （1906—1962）		私塾	14	华美大药房当学徒

资料来源：李坚：《上海的宁波人》，上海：上海人民出版社，2000年，第43-44页；金普森、孙善根：《宁波帮大辞典》，宁波：宁波出版社，2001年。

三、"上有天堂，下有钱庄"

19世纪末进入上海创业的严康懋如鱼得水，可谓天时地利人和兼得。甲午战争后，近代中国迎来了一个发展经济的大好时期，其持续时间基本涵盖了严康懋整个生命周期。其间中国的大门被进一步打开，国人从事工商业的禁区被打破。随后清末新政和民国政府都颁布实施了一系列鼓励发展工商业的政策措施，实业救国成为时代的最强音。第一次世界大战的爆发及20世纪20年代此起彼伏的国货运动，都在催生这一黄金时期。尽管其间有辛亥革命及持续不断的军阀战争，但除了武昌首义之役对旅汉宁波商人造成较大损失外，其他宁波商人重点经营的地区特别是上海、宁波基本上与战乱无缘。[①]显然，这是一片大众创业的土地，更是一个万众创业的时代，这对风云际会的近代宁波人来说尤其如此。躬逢其盛的严康懋正是在此背景下涌现出来的成功的宁波商人之一。

由于文献的缺乏，我们对严康懋早年在上海的创业活动难觅其详，但从其后来的发展态势看，凭借父辈及其众多乡亲的人脉与商业资源，在沪创业的严康懋经过短期的历练后，很快就进入状态大展拳脚，左右逢源。他选择的主业正是当时号称"百业之首"的钱庄业，[②]这也是包括其父辈在内的许多宁波人所热衷的行业。近代宁波人对钱庄情有独钟，更重要的是当时的钱庄业正处于清末民初大发展的起步阶段。从此严康懋踏入当时正处于蓬勃发展中的钱庄业，并与之结伴终身，打造出自己的商业王国。

---

① 即使在辛亥革命爆发的1911年，宁波钱业除少数小钱庄没有赢利外，18家大中钱庄"共余四十七万八千元"。——《宁波钱业洋货业盈亏表》，《申报》，1912年2月29日。

② 对于严康懋为何进入钱庄业，钱庄史学者陈铨亚认为与同乡钱业巨子秦君安有关。他说严康懋早期在上海发展，与秦君安为商业伙伴，秦发达后，钱业生意交由严康懋打理，严遂转身钱业。见陈铨亚：《中国本土商业银行的截面：宁波钱庄》，杭州：浙江大学出版社，2010年，第143页。

钱庄为中国本土金融机构，晚清以来在上海乃至全国人民的经济生活中具有十分重要的地位。上海钱庄业历史悠久，在开埠前就已发展成一个颇具规模的独立行业。据上海钱业公所内园碑记载，自乾隆四十一年（1776年）至嘉庆元年（1796年），历年承办该公所事务的钱庄名单前后共有106家之多。[1]上海开埠后，钱庄因适应了上海对外贸易迅速发展的需要而获得长足发展。太平天国时，以刘丽川为首领的小刀会攻打上海城，钱庄纷纷从南市北移至租界内。同时，受战事影响，内地财富多由官绅、地主等带入上海租界，使上海钱业更加兴旺。1876年，上海汇划钱庄已达105家，达到前所未有的兴盛时期。此后因金融风潮影响，上海钱庄数量曾数度下降，但都很快得到恢复重振，而且总体上呈上升趋势。1903年上海钱庄为82家，1905年恢复到102家，1908年更增至115家。1910年上海发生橡胶股票风潮，大批钱庄倒闭，到1912年上市钱庄只有28家。但随着民国时期中国民族工商业的持续发展，上海钱庄业也得到迅速恢复，1926年增至87家。同期，全市钱庄资本总额也从150万元增至1875.7万元。[2]据统计，1913—1923年间，除自动收歇以外，上海钱庄无一家倒闭。[3]其发展之顺利可见一斑。

根据规模大小，上海钱庄可以分为三类。一是汇划庄，即头等钱庄。这类钱庄资本雄厚，最有实力，经营者多为宁绍人士。所谓"汇划"，是指这类钱庄开出的票据（参见图3-1）可以相互往来及交换，票据收解可用公单到汇划总会[4]相互抵押。二是挑打庄，即二等钱庄。其资本较汇划庄薄弱，所有单据须单独自行取赎，这种手续俗称"挑打"。三是零兑庄，即三等钱庄。这类小钱庄的营业范围只是兑换钱币，不能以其票据介入金融市场。

除上述分类外，还有大同行与小同行及入园与未入园的多种分类。大同

---

① 孙善根：《钱业巨子秦润卿传》，北京：中国社会科学出版社，2007年，第17页。

② 中国人民银行上海市分行：《上海钱庄史料》，上海：上海人民出版社，1978年，第188—191页。

③ 张虎婴：《历史的轨迹：中国金融发展小史》，北京：中国金融出版社，1987年，第124页。

④ 汇划总会成立于1890年，凡汇划庄可以加入。入会各庄于每天下午2时以后，将所收其他各庄所发的票据汇齐，于下午4时前交入汇划总会，相互汇划，结清账目。

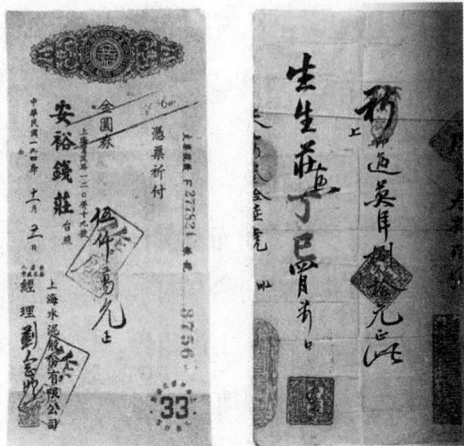

图3-1 钱庄庄票

行指汇划庄，小同行指非汇划庄。当时在上海内园设有钱业总会，所有南市和闸北的钱庄都可入会。凡加入该总会者，就是所谓"入园"，否则就是"未入园"。对于"未入园"钱庄，又以资本、营业范围等状况分为"元、亨、利、贞"四种。

上海的钱庄组织，除少数为独资经营外，大多为合伙组织，股东少则2人，多则10人，其中以4~6人最为常见。钱庄股东都负无限责任，股东的家产是钱庄的后盾。钱庄经营权与所有权分离，经理拥有钱庄的经营权，并设协理或襄理一两人予以辅助。有时在经理之上设有督理，督理由股东委派，并无经营实权，主要是行使对经理的监察职责，并参与决策。

长期以来，钱庄一向被视为保守、落后的代名词。事实上，作为土生土长的传统金融机构，由于钱庄熟悉各地商情与商业习惯，能较好地满足各地经济活动的需求，因而在近代社会经济活动中游刃有余。即使近代银行业兴起后，大部分工商业者仍喜欢与钱庄交往，使钱庄能长期与新式银行分庭抗礼，在当时我国经济生活中拥有很大的影响力。20世纪20年代，著名经济学家马寅初曾著文分析银行势力何以不如钱庄："第一，信用。银行放款全需抵押品，而钱庄则注重信用，抵押品一层可以通融。中国商人认为以抵押品借款妨碍体面，所以均愿与钱庄往来。第二，保人。银行放款，除抵押品外还须保人签字盖章，手续非常麻烦，钱庄则无此等手续。第三，方便。银行办事时间一定，假日不做生意；钱庄则不然，无论假日礼拜，自早到晚，并无休息。第四，数目。银行放款数目较大，数目小者不甚欢迎；钱庄放款数目随便，数百数千均可。第五，内容。银行对于商情市况不如钱庄之明了；而钱庄为我国特有的出产，由来已久，对于商家知之甚详，所以放款不用抵押品，亦无何种危险。第六，历史。银行成立甚晚，所发钞票支票均不得社会之信任，故钞票在市面上不能与庄票一律看待。第七，技术。分辨洋钱之真假，为钱庄特具本能，银行行员难比得上。第八，出货。钱庄所发庄票，能在洋行出货，外人极信赖之。银行钞票无此本能。"①1926年11月25日，会计学专家潘序伦在上海光华大学题为"上海金融机关"的演讲中也分析了为何"上海之金融市面十之七八皆为钱庄所操纵者"。他说："钱庄在中国起始较早，信用卓著，其所发之庄票，能得人人之信任，不若银行为新进之事业，而支票之用途又非通人所能详悉也，且钱庄规模虽小，其团体组织，则甚坚固，除钱业公会而外，有汇划总会，以作同业中往来清账之用。"②而新式银行长期以来，业务以政府债券与借款为主。正如时人所言："北京政府时代，大小银行几竟以政治借款之投机为务。"③即使进入南京政府时代，这种格局也没有大的改变。当时华商银行持有政府债券的数量极为惊人。据统计，到1931年年底，上海27家主要银行手中所持有的政府债券数额合计3亿余元，占政府当年年底负债余额的40%。④近代银行业杰出人物陈光甫在1928年的日记中也指出了银行业的诸多弊端："眼下一般人民对于银行业无好感，皆缘以前各大银行无辅助工商业之成绩。"⑤可见，钱庄在诸多方面较之后来居上的银行有更大的优越性。

同时，钱庄在近代国内金融调度方面也具有无可比拟的作用。上海是近代中外贸易枢纽，上海钱庄在为进出口商品流通提供融资服务方面发挥了重大作用。因为钱庄所发庄票信誉卓著，市面通行无阻。"庄票为上海商场中最有信用之票据，不特为本国商人所重视，即洋商亦以现金相待。故凡出货、订货、汇总、贴现，莫不以获得汇划庄票为无上之保障。"⑥"至于代销洋货、

---

① 马寅初：《银行之势力何以不如钱庄》，《东方杂志》，23卷4号。

② 《各团体消息》，《申报》，1926年11月16日。

③ 方显廷：《中国工业资本问题》，北京：商务印书馆，1939年，第56页。

④ 佳驹：《国民政府与内国公债》，《东方杂志》，第30卷，第1号。

⑤ 邢建榕：《〈陈光甫日记〉及其史料价值》，《档案与史学》，2001年第4期，第72—77页。

⑥ 《银行周报》，7卷43号。

代办土货之商人，都是采用庄票以资周转。这类庄票每年在市面流通的数目在二十万万两以上，钱庄因有汇划制度可以省去现金。假若取消钱庄，则市面上少去二十万万两的筹码，进出口都要周转不灵了。"①当时上海商号到内地办货，往往不携带现款前往，以防路途不测，也不在上海汇款，以节省汇费，而是携带上海钱庄开出的"申票"赴内地付款。内地货主则可持申票到本地的大钱庄去贴现，钱庄又加价卖与需要申票的内地商人，后者可持申票到上海办货。甚至到了20世纪初的30年代，钱庄在中国工商界的重要地位也没有动摇。有论者谓："当时中国工商界的情况未有大变化，新式银行对商业界的放款仍屈居钱庄之下。因为30年代中国商人的商业习惯仍以信用往来为主，且从业者大半以小资本经营，他们因无适当的抵押品，无法向银行贷款，所以钱庄还是他们往来的主要金融机关。"②对此，当年服务于金融业的章乃器也有一番形象的阐述："钱庄倘使全体停了业，的确可使上海的商界完全停顿；而银行全体停业，恐怕倒没有多大的影响。"因为比较起来，"银行界平时和一般商业实在太隔膜了。"③

由于钱庄与工商界各业关系密切，随着民初工商业的兴盛与发展，钱庄业也随之发展起来，其明显的标志就是20世纪初上海钱庄业赢利状况普遍良好（参见表3-1）。1922年，上海南北市汇划庄和未入园庄各78家，赢利总额达434.7万元。④

表3-1　上海钱庄的赢利状况（1903—1926）

	1903年	1912年	1926年
钱庄数／家	82	28	87
资本总额／千元	4 592	1488	18757
平均每家钱庄资本额／千元	56	53	216
利润总额／千元	2 146	884	4530（1925年）

---

① 陈光甫：《战事停止后银行界的新使命》，《银行周报》，7卷44号。
② [韩]林地焕：《30年代金融环境变化与中国钱庄业的更生》，《贵州社会科学》，1999年第1期，第86—93页。
③ 《银行周报》，7卷50号。
④ 《银行周报》，7卷8号。

续表

	1903年	1912年	1926年
平均每家钱庄利润额／千元	26	32	54（1925年）
平均利润率 （利润/资本额×100%）	46%	59%	27%

资料来源：杜恂诚：《上海金融的制度、功能与变迁（1897—1997）》，上海：上海人民出版社，2002年，第58—59页。

如表3-1所示，1903年上海钱庄的平均利润率为46%，1912年更是高达59%，1926年降为27%，但也远远高于一般行业，而且也大大高于同期的华资银行业（14.7%），这充分体现了钱庄业的发展能力。

宁波是中国钱庄的发祥地之一。早在明隆庆元年（1567年）开放海禁后不久，宁波就出现了兼营银圆、铜钱兑换的南货店，并有统一的兑换率。[①]清乾嘉年间，以经营借贷业务为主的"大同行""小同行"已经相当发达，以至宁波早在清中期已经成为我国东南沿海的金融中心。尤其让人称奇的是，宁波钱商在鸦片战争前后开创了钱业界的"过账制度"，即客户款项收付不用现款，只要收付双方各自登入账簿送交开户钱庄即可，手续简便，可弥补市场现钱之不足，对大宗商品交易尤为适合。过账制度使宁波钱庄业的发展如虎添翼，久盛不衰。清同治三年（1864年），宁波有36家钱庄。进入宣统年间，宁波共有大小钱庄70多家。民国初年，宁波钱庄进一步增至80余家。[②]宁波钱庄集中的江厦街一直相当繁华，因此旧有"走遍天下，不如宁波江厦"之说。宁波钱庄业的兴盛，对宁波帮在外埠的发展更是一种有力的支持。

上海开埠后，宁波商人将过账制度引入上海，从而有力地推动了上海钱庄业的发展（参见图3-2）。具有钱业经营传统的宁波商人在开埠前已在上海设立钱庄，五口通商后，大批涌往上海的宁波商人更是积极参与钱庄业的投

---

① 茅普亭：《宁波钱庄小史》（油印本）。
② 《宁绍钱业今昔观》，《中行月刊》，7卷2号。

图3-2　民国时期钱庄林立的上海江西路

资与经营，以至宁波人在近代上海钱庄业的发展中拥有十分突出的地位。清末上海九大钱业家族[①]集团中宁波人就占了五家，而且上海钱庄经理人员多为宁绍人士。另外，钱业公所等同业组织也多由宁绍人士发起组织。与严康懋同时代的上海钱庄业更是聚集了一大批宁绍人士。在注重人缘的钱业界，良好的人脉关系无疑为后来严康懋在钱业界一展身手提供了有利条件。20世纪30年代初，钱业中人在探讨上海钱庄经理为什么多是宁绍人士时指出："其所以独多宁绍帮者，盖钱业之进用人才，首重介绍，父子相承，传为世业，旁及戚友，故以同乡人为多，至于进用陌生之人，苟非真有才识，甚不多见也。"[②]就宁绍帮内部而言，宁波帮实力远胜于绍兴帮。其中缘由正如时人所言："当时绍帮诸庄，大都为别帮资本家所投资，宁波则本帮资本家投资者比较略多，此盖当地人士之财力不同使然。"[③]

由于钱庄长期居于百业之首，处于工商业的中枢地位，加之钱业的训练有助于养成精密计算的商业习惯、建立四通八达的人脉，即使以后不从事钱

---

① 即镇海方氏、李氏、叶氏，慈溪董氏，鄞县秦氏，湖州许氏，苏州程氏，洞庭山万氏、严氏。

② 魏友棐：《十年来之上海市钱庄事业之变迁》，《钱业月报》，13卷1号。

③ 中国人民银行上海市分行：《上海钱庄史料》，上海：上海人民出版社，1978年，第35页。

业，这些知识与人际关系对经营其他行业也是大有益处的。有话云："在钱店内打过滚，银钱算盘就明白了，将来不愁没有饭吃。"①故长期以来，宁波城乡无论贫富人家，都对钱庄业趋之若鹜。对此，当年日本学者竟然也看出了其中的奥妙，他说："宁波人之望其子弟成一良好商人者，每喜使之一度为钱庄之学徒。"因为数年钱庄学徒的生涯，"受过账制度间接之训练，可以使其在此后的经商活动中精明干练"②。故在此环境下，严康懋走上钱业之路并取得成功并非偶然。同时，严康懋在钱业上的成功也与其所属的宁波商人群体强烈的同乡扶助与合作精神密不可分。

在近代，旅外从事商业经营活动的宁波人被统称为宁波帮。浓郁的同乡地缘关系与强烈的群体意识是近代宁波帮的重要特征，亲邻相帮和同乡扶助的习俗推动了大批宁波人外出经商并取得成功。许多外出的宁波人在创业之初都曾得到过同乡及其团体的帮助和提携，而这对他们日后的事业往往具有"神奇"的作用。对此，多年来致力于研究近代中国商人的法国学者白吉尔夫人指出，乡谊情感是个人只身跨入激烈竞争环境的前提。她说："有多少大亨，在他们于数年或数十年前来到上海时，还是光着两只脚的！据他们的正式传记作者称，他们所获得的成功，应当主要归功于他们的勤奋与智慧。然而实际上，要归功于早在上海定居下来的同乡的具有决定作用的帮助。"③时人称"甬人团结自治之力素著闻于寰宇"，说的就是这个道理。严康懋在商业上的成功特别是其在钱庄业的成功就跟同乡秦君安的大力提携与支持密切相关，用时下的话来说，秦君安是严康懋事业上的"贵人"。不仅在其商业活动中大多能看到双方的身影，而且在从事慈善公益事业时两人也往往结伴而行。如秦君安在上海、宁波的钱庄，就可常见严康懋的身影。故说到严康懋在钱业上取得的成功，秦君安是一个不得不说的重要人物。

① 中国人民银行上海市发行：《上海钱庄史料》，上海：上海人民出版社，1978年，第487页。
② [日]有本邦造：《宁波之金融制度》，《钱业月报》，12卷4号。
③ [法]M.C.白吉尔：《中国近代资产阶级的社会结构》，《社会科学战线》，1984年第4期，第110–121页。

秦君安是近代上海著名的钱业大鳄，也是上海的颜料业巨子，盛时拥资达1000万元，号称旅沪宁波同乡首富。[1]他长严康懋近20岁[2]，商业上的成功也早于严康懋。据说他幼年在台州习商，后又在慈北从事钱业，同治年间赴上海习艺，19世纪70年代创办恒丰昌洋杂货号。在上海，他与同乡倪芹香、王磬泉、叶澄衷交往颇深，相互探讨，多有获益；又勤习英文，常与洋商进行交易，吸取西方的经营思想。在经营上，秦君安以诚信为本，采取"人弃我取"的经营策略。在第一次世界大战爆发之际，由于他储料充足，颜料价格暴涨，得利丰厚。[3]随后，秦君安又相继投资利润丰厚的钱庄和地产业。第一次世界大战期间，民族工商业得到了快速发展。在1913年到1923年的10年间，上海钱庄业与地产业也迎来"黄金时代"。秦君安对"恒"字情有独钟，后来在上海、宁波等地创办的钱庄多以"恒"字命名，加之实力雄厚，以至人们提起恒字号钱庄，都以为是秦君安开的。秦君安晚年引退归里，费巨资在月湖旁建起规模恢宏的秦氏支祠（2003年，该祠与紧邻的天一阁一起被国务院批准为第五批全国重点文物保护单位，参见图3-3）。

秦君安为人一向低调，信奉"慎终追远，饮水思源"[4]。他热心公益慈善，在家乡宁波广施善举，对于旅外同乡也乐于提携和帮助，严康懋即是其提携的同乡之一。也许正因为秦君安在同乡中口碑较好，1935年钱业风潮席卷上海秦氏钱庄濒临倒闭之际，钱业巨子秦润卿出手相助，"准由钱业准备库拨借

---

① 孙善根、邹晓升：《秦润卿史料集》，天津：天津古籍出版社，2009年，第116页。

② 由于史料的缺乏，我们至今仍难以确认秦君安生年。据现有的记载，仅知道其过世于1935年。

③ 对于秦君安的发迹，有一个说法是在第一次世界大战爆发时，一位德国染料商刚好运来一船染料，做此生意的人虽多，却无人敢接手。德商急于回国，无心续留。无奈之下，将整船的染料以很便宜的价格卖给了中国的老朋友秦君安。那时的上海，纺织业正处于快速发展时期，染料缺口巨大，而德国染料在行业内属上乘产品。战争一打响，染料进口中断，顿时价格暴涨，秦君安自然就发了大财。

④ 据说，宗祠建成时，秦氏让人将"慎终追远，饮水思源"八个大字镌刻在屋脊上，如今历经岁月沧桑，几个字依然清晰可辨。

图3-3　秦氏支祠外景

三百万元，才始安度这场危机"①。

由于宁波钱庄多由宁波商业世家大族或有实力的商人发起组织，在近代宁波帮活跃的地方特别是长江中下游地区都有宁波钱庄的身影。许多宁波帮商人从事钱庄业往往由多家参与发起，由此树立起钱庄的信誉与品牌。他们相互投资，互为股东，由此严康懋对钱庄的投资并不限于一家，也不限于一地。据学者研究，严康懋在上海投资的钱庄有恒隆、恒赉、永聚、恒祥和恒大等，在宁波有信源、衍源、永源、五源、鼎恒、复恒、泰源和泰生等，在杭州有寅源、仑源、崇源和益源等，在汉口有裕源银号（或称裕源钱号，严康懋在其中占有三股），②在兰溪有瑞孚、宝泰和源亨，在金华有裕亨。③

严康懋在上海的钱业活动始于何时已不可考，估计开始于20世纪初。由于文献的缺乏，我们难以了解其早期的钱业活动，现有史料仅记载了20年代前后的钱业投资情况。《上海钱庄史料》记载："他所投资的钱庄均与秦家

---

① 孙善根：《钱业巨子秦润卿传》，北京：中国社会科学出版社，2007年，第17页。
② 《不景气笼罩中五钱庄相继停业》，《宁波民国日报》，1935年7月31日。
③ 陈铨亚：《中国本土商业银行的截面：宁波钱庄》，杭州：浙江大学出版社，2010年，第143页。

图3-4　秦君安之子秦珍荪

有关。"进入民国后，由于秦君安年事已高，其投资多由其子秦珍荪（参见图3-4）、秦涵琛及其孙秦善宝，或其所创办的商号恒丰昌进行。当时，严康懋所投资的钱庄情况如下。①

恒隆：1918年与恒丰昌、徐庆云、陈子壎合资开设，严康懋投资2股半，资本25000两，经理为陈子壎。

永聚：1922年与秦珍荪、徐承勋、陈星记合资开设，严康懋投资2股半，资本25000两，经理为吴廷范。

恒大：1926年与恒丰昌、柳笙源、倪椿如、秦润卿合资开设，严康懋投资2股，资本40000两，经理为周雪舱。

恒赉：1929年与秦涵琛、徐庆云、孙衡甫合资开设，严康懋投资2股，资本40000两，经理为陈绳武。

秦君安是当时上海著名的钱业巨子，秦润卿则长期担任上海钱业公会会长，享誉上海商界，徐庆云、孙衡甫诸人也均是业界精英，他们能与严康懋长期合作从事一贯注重实力与信用的钱业，从"人以群分"来说，当时严康懋在上海钱业界的地位与实力可见一斑。另据《申报》报道，大同行恒祥钱庄由严康懋与徐庆云等创办于20世纪20年代末期，30年代时资本达42万元，地址在上海市宁波路兴仁里，于1934年闭歇。

永聚钱庄于1922年开张，并于年初经上海钱业公会同意，成为其会员单位。1922年1月14日《申报》报道："昨日钱业公会开第二十二次常会，其议决案如左：（一）新开钱庄报请入会，永聚庄，资本银十万两，股东秦珍荪、

---

① 中国人民银行上海市分行：《上海钱庄史料》，上海：上海人民出版社，1978年，第766页。

严康懋、徐承勋、陈星记各两股半，经理吴廷范，见议秦润卿、王鞠如。议决入会……"①

如上所述，钱庄业是严康懋经济活动的主体部分，而上海钱庄业更是重中之重。由于严康懋投资上海钱庄业及其收益情况的相关资料十分匮乏，下面以严康懋参与投资的恒隆钱庄为例，浅析其在钱业的投资经营状况。

相关史料显示，1918年，严康懋与同乡秦君安、徐庆云、陈子壎合资在上海开办恒隆钱庄，资本11万两，其中严康懋出资25000两。作为一家实力雄厚的大钱庄，恒隆钱庄成为当时沪上许多企业与机构指定的收款单位，并在创办后的第二年即开始向沪上工商企业大规模放款。到1927年，恒隆钱庄对义昌慎丝厂等23家企业的抵押放款达16万余两，对大生纱厂、恒丰纱厂等企业的信用放款达313万余两。数额庞大的放款对急需资本的民族工商业来说不啻雪中送炭，也为钱庄赢得了可观的收益。

比严康懋大3岁的恒隆钱庄经理陈子壎是严康懋的鄞县同乡，他是活跃在民初沪甬两地钱业界的重要人物，曾任上海钱业公会第六和第七届董事。②作为同乡好友，两人曾在许多事业中合作共事。陈子壎曾任宁波震垣钱庄经理，与宁波钱业一向有着密切联系。例如，1919年红账③中调用甬洋293224元，连同宁波钱业存款共达37万两之多。④由于大批在外经商的宁波人经常汇钱补贴家用（宁波旧时称烟囱钱，为数不菲，据时人估计，仅定海一县即达千万元），近代宁波民间资金相当充裕，有"多单码头"之称，每年向上海放款数由民初的二三千万两增至20世纪20年代的三四千万两⑤，其中钱庄是主要渠道。当时，宁波钱业在阴历三月、九月底经常放"六对月"⑥长期放款，其中

---

① 《昨日钱业公会之议决案》，《申报》，1922年1月14日。
② 贺师三：《宁波金融志》，第一卷，北京：中华书局，1996年，第311页。
③ 钱庄经理人每年年初向股东报告业务和上年结算盈亏的账目。
④ 中国人民银行上海市分行：《上海钱庄史料》，上海：上海人民出版社，1978年，第839页。
⑤ 贺师三：《宁波金融志》，第一卷，北京：中华书局，1996年，第104页。
⑥ "六对月"是指钱庄于阴历三月份放款，九月底前收回，为期六个月。钱庄放款时间一般较短，六个月算长了。

相当部分托由恒隆钱庄经手代放，最多时达二三百万两。恒隆钱庄与两地工商界的密切关系，为其业务上的发展提供了有利条件。

陈子壎长期从事钱业，精明干练，其营业方针比较激进。恒隆钱庄成立后，经常用同业拆款并大量吸收各银行的存款来扩大业务，拆款最多时在100万两以上。这种做法平时运用得法，赢利较多，对业务扩张很有帮助。当时，恒隆钱庄存放款在上海钱业中名列前茅。但在经济动荡时，由于对存款无充分准备，放款过滥，容易陷入困境。恒隆钱庄在同业中利用股东实力雄厚、牌子硬，经常做缺单，平日资产负债的账面要比年终结算时的红账大得多，估计至少要超过红账数字100余万两。下面我们根据《上海钱庄史料》收集的恒隆钱庄1919—1927年红账，考察一下恒隆钱庄旺盛时的业务情况和经营特点，具体如表3-2~表3-5所示。

表3-2　1919—1937年恒隆钱庄资本、公积、盈余

单位：两

年份	币别	资本	公积	盈余
1919年	银两	110000	50000	46000
1920年	银两	110000	80000	56000
1921年	银两	110000	100000	58000
1922年	银两	110000	100000	56000
1923年	银两	110000	100000	66000
1924年	银两	110000	150000	70000
1925年	银两	220000	200000	70000
1926年	银两	220000	200000	80000
1927年	银两	220000	250000	90000
1928年	银两	220000	—	—
1929年	银两	220000	—	—
1930年	银两	22 000	—	—
1931年	银两	220000	—	—
1932年	银两	220000	—	20000

续表

年份	币别	资本	公积	盈余
1933年	银两	300000	—	66000
1934年	银两	300000	—	31000
1935年	伪法币	300000	—	平
1936年	伪法币	300000	—	平
1937年	伪法币	300000	—	平

资料来源：中国人民银行上海市分行：《上海钱庄史料》，上海：上海人民出版社，1960年，第840页。

表3-3　1919—1927年存款分析

单位：两

年份	币别	股东存款	私人存款	工商业存款	合计
1919年	银两	50875	64523	693582	808980
1920年	银两	115731	204070	743859	1063660
1921年	银两	46392	225747	640013	912152
1922年	银两	17236	352952	827202	1197390
1923年	银两	3461	441261	933574	1378296
1924年	银两	15971	576966	1294696	1887633
1925年	银两	33445	587677	1264222	1885344
1926年	银两	64868	982342	1269508	2316718
1927年	银两	5450	1171305	1565859	2742614

资料来源：中国人民银行：《上海钱庄史料》，上海：上海人民出版社，1978年，第841页。

表3-4　1919—1927年放款分析

单位：两

年份	币别	信用放款	抵押放款		
			货物	房地产	合计
1919年	银两	631031	300800	—	300800

续表

年份	币别	信用放款	抵押放款		
			货物	房地产	合计
1921年	银两	773776	407444	—	407444
1922年	银两	843510	528972	—	582972
1924年	银两	2035741	—	—	—
1925年	银两	2389203	20000	—	20000
1926年	银两	2727958	351849	200000	511849
1927年	银两	980506	1301152	775000	2076152

资料来源：中国人民银行：《上海钱庄史料》，上海：上海人民出版社，1978年，第841页。

表3-5 早期工业放款

单位：两

年份	抵押放款 工厂户名	币别	金额	年份	抵押放款 工厂户名	币别	金额
1919年	振锠泰丝厂	银两	140000	1921年	精勤布厂	银两	5000
1919年	源锠余丝厂	银两	10000	1922年	大生三厂	银两	112000
1919年	董洪茂厂	银两	8000	1922年	恒丰纱厂	银两	50000
1919年	义昌慎丝厂	银两	4300	1922年	恒大纱厂	银两	40000
1920年	振锠泰丝厂	银两	369500	1922年	隆和花厂	银两	36000
1920年	源锠余丝厂	银两	224000	1922年	达丰染织厂	银两	35000
1920年	源记丝厂	银两	202000	1923年	大生三厂	银两	90000
1920年	厚大丝厂	银两	101000	1923年	恒丰纱厂	银两	40000
1920年	精勤布厂	银两	10000	1927年	大生三厂	银两	100000
1920年	董洪茂厂	银两	7490	1927年	汉冶萍	银两	250000
1920年	德丰丝厂	银两	4500	1927年	大生一厂	银两	15000
1921年	一新布厂	银两	9000				

资料来源：中国人民银行上海市分行：《上海钱庄史料》，上海：上海人民出版社，1978年，第840页。

资料显示，恒隆钱庄1919年成立时资本为11万两，1925年增为22万两，1933年增为30万两。其间恒隆钱庄工商存款、银行存款与同业拆款更是大幅增加。其中，存款总数自1919年的808980两逐年增加到1927年的2742614两，共计增长3倍半。其中，工商存款增加较多，私人存款次之。股东存款除1920年有115731两外，其余年份为数甚少。本国银行存款，最初几年不过二三十万两，1923年增加到42万两，1926年增加到49万两，1927年增加到53万两。本埠同业存款只有1920年、1921年两年为28万~29万两，1924年、1927年两年为12万~17万两。

放款利息是钱庄收入的主要来源，故各钱庄莫不重视，恒隆钱庄也不例外。期间，该庄放款有较快的增长，从1919年的93万两到1927年的305万两，共计增长3倍多。在历年放款中信用放款占比重很大，1923年为155万两，1924年为203万两，1925年为238万两，1926年高达272万两。货物押款，以1920年的100万两和1927年的130万两为较多。在放款对象上，恒隆钱庄集中于民族工业，特别是当时处于大发展阶段的棉纺织业。其中，最初两年以丝厂押款为多，1919年为15万余两，1920年为90万两。自1921年起，以纱厂为多，特别是张謇的大生系列纱厂与同乡宁波商人王启宇、余葆三的达丰染织厂两家的放款最为突出。1923年放款中，大生纱厂共计34万两，占该年放款总数的25%~31%。值得注意的是，恒隆钱庄与外资银行往来较多，如1919年向其拆进8万两。

恒隆钱庄尽管在经营上比较激进，但在经营方向上仍然比较谨慎，期间没有在房地产投资，其他投资也为数甚少，比如股票投资在9年中都在1000两以下。公债投资1919—1920年只有二三千两，1920—1921年不过2万两，在信交风潮爆发的1921年，其股票与公债投资也不过2万余元。从1925年起，公债投资逐渐从4万两增加到1927年的11万两，但在其投资总额中仍然占比很少。

这期间，恒隆钱庄的积极经营赢得了丰厚回报，成为在同业中享有盛誉的一家汇划钱庄。据统计，其9个年份的盈余共计592000两，自1919年的46000两逐年上升到1927年的9万两，平均每年65777两。其间公积金提存由1920年开始在盈余中提存5万两，以后每年增加，到1927年共计25万两，8年中增加了

5倍，钱庄实力明显增强。[1]

据现有资料，严康懋在家乡宁波的钱业投资活动始于1914年。当年，严康懋与赵占绶、秦善宝、陈子壎等人合资设立泰源钱庄，此后又投资创办信源、衍源、永源、五源、鼎恒、复恒、泰生和春生等钱庄。[2]与在上海时有所不同，投身家乡钱业的严康懋不仅获利丰厚，而且很快就显山露水，乃至被公认为甬上钱业领袖。近代宁波各大钱庄投资人情况一览表参见表3-6。

表3-6　近代宁波各大钱庄投资人情况一览表

牌号	资本额/元	经（副）理	开设日期	停业日期	投资人		
彝泰	60000	朱永康 周松林	1916年前	1937年前	李芸青 李祖达 吕介堂	李咏裳 乐润采 朱永康	李瀛翔 宣如泉
彝生	60000	胡景庭	1911年前	1950年	李芸青 胡星桥 乐健雄	李咏裳 李皋宇 胡景庭	李瀛翔 吴永尧
泰生	72000	陈光裕 彭祥官	1926年	1935年	陈舜卿 陈元晖 李振玉	余葆三 郭渔笙 沈亮夫	柳笙源 赵占绶 陈光裕
敦裕	120000	夏锦飘 余楣良	1886年	1936年	方选表	方哲民	
余丰	66000	张芷芳 陈德生	1928年	1935年	陈子壎 陈椿霖 胡启慧	童游湘 郑祖荫 李廷泉	邬芝年 王爵房
瑞丰	66000	孙性之 赵忠道	1922年	1950年	何绍裕 徐承炎 周新德堂	秦善宝 黄季升	方文年 李学畅
衍源	33000	邱焕章 张锡金	1923年	1935年	赵占绶 徐可城	秦善富 郭渔笙	徐霭堂 周巽斋

---

[1]　中国人民银行上海市分行：《上海钱庄史料》，上海：上海人民出版社，1978年，第540页。

[2]　陈铨亚：《中国本土商业银行的截面：宁波钱庄》，杭州：浙江大学出版社，2010年，第143页。

续表

牌号	资本额／元	经（副）理	开设日期	停业日期	投资人		
永源	60000	戴菊聆 徐德昌	1921年	1935年	严祥琯 陈子壎	余镒卿 周巽斋	赵占绶
泰源	66000	周巽斋 毕兆槐	1914年	1935年	严祥琯 陈子壎	赵占绶 俞佐庭	秦善宝 周巽斋
五源	66000	毛秀生 俞栽新	1932年		余葆三 徐棣荪 戴松生	赵占绶 严祥琯 毛秀生	李祖荫 俞佐庭
晋恒	30000	丁仰高 阮雪岩	1910年	1936年	秦泉笙 袁圭绶	刘伯源	姚次鼓
景源	55000	赵时泉 孙怡忠	1921年	1935年	徐蔼堂 柳生源	徐可城 吴友生	周翙庭 赵时泉
元大	33000	史尹耕 陈庆全	1926年	1934年	郑奎元 胡明耀	袁伦美 陈兰荪	姚志扬 史尹耕
大源	66000	方济川 张芳荃	1919年前	1936年前	徐蔼堂 傅佐臣 王莲舫	何兴隆 何衷筱 方济川	陈志廉 刘文昭
瑞康	120000	张善述 赵资训	1875年		方式如	方季扬	
益康	65000	夏镜沧 钱永万	1864年	1946年	方稼荪	夏镜沧	
元春	100000	童永章 林增寿	1919年	1936年前	孙衡甫 童金辉	王伯元 童游湘	徐乐卿 张祖英
汇源	55000	王渔笙 洪云荪	1916年	1935年	徐蔼堂 袁仰周	徐可城 周季欢	李瀛翔 王渔笙
瑞余	33000	包友生 毕庆阳	1911年	1937年	周翙庭 施骏烈	钱善栽 屠荷踣	袁和笙 包友生
信源	72000	赵恩琯 陈瑞卿	1889年	1935年	赵占绶 袁懋如	徐霭堂 郭渔笙	严祥琯 赵恩琯
裕源	66000	徐茂堂 倪崇卿	1911年	1935年	徐蔼堂 冯孟颖 徐茂堂	徐可城 周翙庭	周也达 裘宋珏

续表

牌号	资本额/元	经（副）理	开设日期	停业日期	投资人		
慎康	120000	王云章 陆翰臣	1911年	1952年	周成房 周立房 六裕轩 周勇房 刘恒丰 王永盛 周梅盛轩		
慎生	100000	张性初 贵松年	1925年	1936年前	孙衡甫		
元亨	33000	王茂珊 李绪宝	1911年	1949年	胡明耀 袁康祺 陈兰荪 洪元臣 陈明震 戴崧生 陈如馨 屠荷瑭		
钜康	77000	柴启泰 罗祖康	1897年	1950年	李璇祥 王云甫 王爵房 俞佐庭 陈达夫 李亭泉 丁仁德 柴启泰		
泰涵	55000	林梦飞 杨文传	1911年前	1935年	李立房 李松房 林梦飞		
鼎恒	66000	秦鱼介 章思长	1905年	1950年	徐承勋 赵占绶 秦善宝 秦鱼介 陈纯甫 秦庆余堂		
复恒	66000	陈元晖 朱作霖	1917年	1927年前	严祥琯 傅洪水 陈子壎 秦善宝 秦庆余堂		
恒孚	120000	刘文昭 张正泉	1917年	1941年	瑞康盛 周宗良 傅洪水 赵吉斋		
元益	60000	俞佐宸 王贞观	1911年	1950年	李永裳 李孟房 李瀛翙 童金辉 俞佐庭		
天益	72000	周慷夫	1921年	1950年	李永裳 李瀛翙 张祖英 童金辉 徐懋棠 周慷夫 俞佐庭		
镇泰	100000	陈祥余 楼月如	1925年	1936年前	王伯元 赵节芗 梁月礼 王仲允 梁葆青 俞佐庭 梁晨岚		

续表

牌号	资本额／元	经（副）理	开设日期	停业日期	投资人		
瑞孚	66000	傅鸿翘 孙树德	1932年		李松房 李联辉 赵节芗 傅鸿翘	傅洪水 袁和笙 徐乐卿	何衷筱 戴崧生 吴彬珊
元余	100000	丁进甫 虞秉衡	1933年		王伯元 秦善富	孙衡甫 张祖英	秦善宝 李祖荫

资料来源：陈铨亚：《中国本土商业银行的截面：宁波钱庄》，杭州：浙江大学出版社，2010年，第41—43页。

　　这一时期也是宁波钱庄的黄金发展期，故严康懋从宁波钱业中的投资获利颇丰。其中，创办于1919年的保春钱庄位于"本埠江厦街第九十四号元春钱庄，系殷商王伯元、孙衡甫、严康懋、徐荣卿、金辉、童游湘等集资创设，计资本十万元，为甬上大同行钱庄之一，由童脉章任经理……营业尚称不恶。每年收付总额约在四十万左右"[①]。尽管我们难以了解严康懋投资宁波钱业的总体收益，但仍然可以从当时宁波钱业的整体营业状况中获知其大概（参见表3-7）。

表3-7　1919年宁波钱庄大小名单及赢利状况一览表

钱庄名	性质	赢利	钱庄名	性质	赢利
钜康	大同行	5万元	升泰	小同行	1万余元
慎康	大同行	4.5万元	丰和	小同行	1.5万元
元亨	大同行	4万元	泰生	小同行	1.5万元
恒孚	大同行	3.5万元	源源	小同行	1.5万元
裕源	大同行	3.5万元	大生	小同行	1万元
瑞余	大同行	3.5万元	安泰	小同行	1万元

① 《本埠大同行之一元春钱庄昨呈搁浅状态》，《宁波民国日报》，1935年7月10日；《本埠元春钱庄现正由同业设法维持中》，《宁波民国日报》，1935年7月10日。

续表

钱庄名	性质	赢利	钱庄名	性质	赢利
晋恒	大同行	3万元	恒大	小同行	1万元
敦裕	大同行	3万余元	宝源	小同行	1万元
瑞康	大同行	3万余元	宝成	小同行	1万元
元益	大同行	3万元	信源	小同行	1万元
成丰	大同行	3万元	资新	小同行	1万元
保慎	大同行	3万元	元大	小同行	1万元
衍源	大同行	3万元	永丰	小同行	0.9万元
益康	大同行	3万元	通泰	小同行	0.9万元
泰源	大同行	3万元	慎成	小同行	0.9万元
泰涵	大同行	3万元	仁和	小同行	0.9万元
泰巽	大同行	3万元	恒裕	小同行	0.7万元
景源	大同行	3万元	彝生	小同行	0.7万元
鼎恒	大同行	3万元	恒康	小同行	0.7万元
彝泰	大同行	3万元	恒春	小同行	0.6万元
丰源	大同行	2万元	惠余	小同行	0.6万元
资大	大同行	2万元	慎祥	小同行	0.6万元
汇源	大同行	2万元	慎余	小同行	0.6万元
鼎丰	大同行	2万元	宝和	小同行	0.5万元
余丰	大同行	2万元	通源	小同行	0.5万元
永源	大同行	1万余元	聚元	小同行	0.5万元
泰深	大同行	1万余元	聚康	小同行	0.5万元
恒升	大同行	1万余元	成裕	小同行	0.5万元
慎丰	大同行	1万余元			

说明：严康懋去世后，其在各钱庄的股权由其子严祥琯继承。当然，其间钱庄也有股权的变化，但其股东大体上是稳定的。

资料来源：陈铨亚：《中国本土商业银行的截面：宁波钱庄》，杭州：浙江大学出版社，2010年，第129-130页。

与上海相比，宁波本地钱庄规模较小。当年《申报》称："甬市钱庄分为三类，资本三万以上者曰大同行，资本一万以上者曰小同行，资本较少兼做现兑者曰现兑庄。"[1]由表3–7可知，1919年宁波钱业共有大同行29家，小同行28家，共57家，共计赢利104.2万元，平均大同行每家赢利2.76万元，小同行每家赢利0.86万元。如此看来，其资本回报率是极其可观的。比如1931年，巨康的资本额才6.6万元，慎康6万元，元亨3.3万元，而1919年的赢利就分别达到5万元、4.5万元、4万元。而同期宁波中国银行利润不过2万元，宁波四明银行当年利润约0.9万元，均不敌钱庄。[2]

显然，期间宁波钱业仍处于稳健发展时期，其赢利状况也普遍较佳。由于当时宁波钱庄多设在江厦一带，银钱出纳，俨然成为甬上商业中心，此地也是东南一带重要的金融中心，严康懋正是在这种环境下赢得了丰厚的回报。据《申报》记载，1914年，严康懋开始涉足宁波钱业，"赖各业安靖，颇占优胜"[3]。此后多年，宁波钱业一直发展稳健。10年后的1924年，尽管受到江浙战事波及，当年秋天宁波两度发生自立军独立事件，乃至一夕数惊，但事件很快得以平息，甬城"安靖如故"，商业重归繁荣，钱业与甬上多数行业一样未受影响，皆有盈无亏。1924年，严康懋投资的衍源钱庄赢利达6万元，名列甬上各大钱庄之首，也高出同期银行中赢利最多的宁波中国银行（3万元）一倍，其他如泰源、永源也盈余4万余元。《申报》报道说：

光阴迅速，一年又逝，兹将甲子年甬埠各业盈余，略录如左，以供关心商业者一览。银行业，甬埠银行，共有中国、通商、四明、明华等五家。中国银行约可盈余三万元，通商银行二万元，四明银行一万九千余元，他如明华、劝业亦有盈余云。钱业，衍源六万元，瑞康五万元，慎康、元亨、敦裕、余丰、益康、泰源、永源、余瑞、钜康等家，均各盈余四万余，资大、保慎、景

---

① 《戊午年钱业状况》，《申报》，1919年2月16日。
② 《戊午年钱业状况》，《申报》，1919年2月16日。
③ 《宁波商业盈亏记》，《申报》，1915年2月22日。

源、晋恒、裕源、泰涵、鼎恒、天益、元益、恒孚、成丰等家，均各盈余三万余元，他如彝泰、汇源、鼎丰、丰源等家，亦各盈余两万余元。银楼业，甬埠银楼业，因受时局影响，不如前年之起色，闻凤宝、聚元二家，各盈八千余元，为最巨，此外则两三千元不等云。余如参业、珠宝业、洋广货业、水果业、棉业、五金业等，虽皆受战事之影响，不如前年之起色，然皆有盈无亏云。①

　　如上所述，沪甬两地是严康懋经营钱业的重点区域，但并不限于此两地。其间，他在湖北汉口，以及浙江杭州、金华等地均有投资钱业，这些地区也是近代宁波帮相当活跃的地方。囿于资料有限，其具体活动我们难觅其详。由于这一时期从总体上看是钱业发展的黄金时期，故严康懋在这些地方的钱业投资应该是成功的，获得丰厚的回报也应该是大概率事件。

---

① 《各业盈余调查录》，《申报》，1925年1月31日。

四、多元经营

所谓多元经营，就是为了规避单一投资的风险，投资者在多个行业进行投资，通俗地讲，就是不把所有鸡蛋放在一个篮子里。对此，严康懋与许多近代宁波商人一样深信不疑。他在坚持主业投资，做大做强钱业的同时，也涉足钱业以外的银行业、信托业等其他金融业，并广泛投资棉纱业、农垦业、航运业及洋货业等。由此他不仅获得了经营上的成功，也有效规避了经营上的风险。

（一）银行业

发轫于西方的近代银行业在中国兴起于清末，与钱庄相比，其优势相当明显。对此，对金融素具敏感的近代宁波商人早就表现出浓厚的兴趣。1897年，当盛宣怀奉李鸿章之命筹备近代中国第一家华资银行——中国通商银行时，宁波商人就纷纷参与其中，银行九大总董中，宁波人占了六位。[①]在这方面，钱业出身的严康懋也毫不逊色。清末起，他先后入股或参与多家银行的创办。据业中人士回忆，早在1908年，沪上宁波商人发起筹建被称为"宁波人的银行"——四明银行时，已经在沪打拼10余年的严康懋即出资入股，成为四明银行股东。[②]当年《申报》报道了该行开业消息："八月十六日晨八点，四明银行悬牌上市，甚为热闹，前来道贺绅商络绎不绝，气象恢宏，为商界中之特色。……开市之时，储蓄柜存款尤形踊跃。"[③]四明银行（参见图4-1）于

---

① 一个比较流行的说法是严康懋也参与了这家近代中国首家华资银行的发起，笔者以为此说缺乏史料依据，想象的成分居多。因为当时严刚来上海不久，且仅20虚岁，与严信厚、叶澄衷、沈敦和等宁波帮大佬并起并坐参与此事的不能性不大，当然更重要的是此说没有史料根据。

② 朱裕湘：《宁波人与旧时银行业》，引自宁波市委员会文史资料研究委员会：《宁波文史资料》，第4辑，1983年。

③ 《上海四明商业银行开业情形》，《申报》，1908年9月12日。

图4-1 20世纪30年代落成的四明银行大楼

图4-2 四明银行发行的100元纸钞

清光绪三十四年（1908年）创立，总行在上海，资本银250万两。该行董事会成员和股东都是宁波旅沪同乡财团中各行业头面人物，如朱葆三、叶澄衷、虞洽卿、袁履登、秦润卿、刘鸿生、黄延芳、周宗良、刘聘三、竺梅先、项松茂、俞佐庭、金廷荪、方椒伯、徐庆云、陈蓉馆、童今吾、张廷余、史悠凤、李思浩、邬志豪、魏伯桢、顾元琛、孙梅堂、谢蘅牕、周襄芸、杨启堂、傅筱庵、梁文臣、严康懋、俞福谦、孙孝聚、徐寄顽、方式如、戴瑞卿、张咏霓、王瑞堂和盛竹书等。原创办人为周仲山、俞佐庭、李叔明和孙仲和等。添股增资后，由孙衡甫任经理。该行发行钞票（参见图4-2），有中（国）四（明）通（商）之称，深受人民信任。[1]

1915年，旅外宁波商人俞佐庭、沈任夫、张炯伯、童蒙求和叶贯一等在天津发起创办中国垦业银行，当时在上海的严康懋也参与了发起。[2]该行1927年

---

① 朱裕湘：《宁波人与旧时银行业》，转引自宁波市委员会文史资料研究委员会：《宁波文史资料》（第4辑），1983年。

② 戴建兵等：《话说中国近代银行》，天津：百花文艺出版社，2007年，第280页。

改组后，总行迁至上海，并在秦润卿等人的全力经营下，发展成为一家颇具活力的商业银行。

1921年6月，作为发起人，严康懋又参与由王一亭、闻兰亭和邵声涛等沪上工商界名人发起创办的上海纱业信托银行的筹办。据说该行股本总额500万元，严康懋投资的恒隆、恒祥钱庄还承担了其股款的存储工作[1]。1921年6月27日，该银行在《申报》刊登启事①，辑录于下：

本银行股本总额五百万元计十万股，每股定通用银圆五十元，全额股份当由发起人照数认足，股款按四期缴纳，第一期每股先收银圆十二元五角，缴款日期经发起人第二届会议决定，阳历六月十五日起至六月二十日止，为发起人收股时间，业于期内如数收足，计收到银圆一百二十五万圆，洋鳌以七钱二分五厘算，合上海规银九十万零六千二百五十两整。兹将存款各银行及各钱庄开列于后：一存汇丰银行元二十万两，一存麦加利银行元五万两，一存花旗银行元五万两，一存正金银行元五万两，一存承裕钱庄元十一万三千二百八十一两二钱五分，一存滋康钱庄元七万七千四百零六两二钱二分七厘，一存怡大钱庄元十万零八百四十三两七钱六分，一存益昌钱庄元八万四千四百廿一两八钱八分三厘，一存恒祥钱庄八万九千零十五两六钱三分，一存恒隆钱庄九万一千二百八十一两二钱五分。

发起人王一亭、宁松泉、闻兰亭、赵占绶、董仲生、邵声涛、吴培之、邵兼三、沈达卿、贾玉田、郑松亭、边瑞馨、李锦章、冯炳南、严康懋、张雩春、金锡之、张蕙史、匡仲谋、陈子埙、洪吟蓉、王养安、吴麟书、俞福谦、徐庆云。

事务所暂设宁波路永清里八十五号。

1925年年初，由严康懋担任董事的上海正大商业储蓄银行开张，该行于1925年3月25日在《申报》刊登开业广告：

---

① 《上海纱业信托银行股份有限公司启示》，《申报》，1921年6月27日。

本银行开设上海英租界江西路B字五十一号（即前正利银行旧址），专营商业储蓄及其他一切银行业务。兹定于三月二十八日即夏历三月初五日开始营业，如蒙惠顾，备极欢迎，谨启。董事长叶鸿英，董事王一亭、顾馨一、严康懋、陈子壎、荣宗敬……①

可见，该行创办人集中了当时沪上工商界的诸多名流，包括正在崛起的荣氏家族。其中董事长叶鸿英为沪上著名实业家，实力雄厚，在上海先后投资的工商企业有申大面粉厂、立大面粉厂、永豫纺织厂、荣大织布厂、永茂轧花厂、华商电气公司、源裕花行、源丰花行和源盛花行等；投资的金融业有通和银行、正利银行、正大银行、正华银行、正义银行、国安信托公司、华兴保险公司、华安保险公司和华成保险公司及近10家钱庄，并先后担任北洋政府农商部名誉顾问、上海城厢总工程局议董等。严康懋能够跻身其间，说明他在上海工商界已具有相当的实力。

（二）信托业与交易所

信托公司、交易所是金融业发展到一定阶段后的产物。其中信托是一种建立在信任基础上的财产转移和管理制度，它在英国兴起，并以高度的灵活性和广泛的实用性在世界各地传播。作为一个金融业重要门类，信托业自20世纪20年代首次从西方引入中国后，得到了迅速发展，特别是1921年在上海"数月之间，宣告成立者达12家之多"②。这引起了当时既有实力又能敏锐捕捉商机的严康懋的高度关注。为此，他于1921年先后在沪甬两地参与发起多个信托公司的创办。其参与力度之大、频率之高，颇受瞩目。

1921年6月初，严康懋参与发起资本额达1 000万元的中华信托股份有限公司。6月14日《申报》刊登了该公司筹备事务所启事：

---

① 《上海正大商业储蓄银行》，《申报》，1925年3月25日。
② 黄溯初：《信托业之过去与将来》，转引自《近代中国史料丛刊》（第3编第42辑），台北：文海出版社，1966年

中华信托股份有限公司筹备事务所启事

本公司额定资本国币一千万元，分二十万股，每股五十元，分四期缴纳。第一期计收国币十二元五角，先收定银一元，股份早已定额，原定六月六日为定洋截止之期。兹因外埠路遥，为期太促，一律改为阳历初十截止，俟收齐定洋，再行定期登报。每股缴洋十一元五角，今将指定代收各银行、钱庄列后。在缴纳股份定银之前，请持认股书先向本事务所加盖图章，再向各代收处缴款。并闻计开中国通商银行、劝业银行、中华懋业银行、浙江兴业银行、华大银行、华孚银行、永亨银行、中华银行、苏州银行、国宝银行、恒隆庄、五丰庄、承裕庄、康裕庄、泰康庄、德兴庄。

发起人：孙慕韩、张小松、段少沧、张泳霓、周金箴、黄伯雨、姚慕莲、顾馨一、王一亭、张石铭、徐晓霞、邢颂声、杜海叔、李组才、李祖恩、陆叔同、周渭石、陶兰泉、谢蘅牕、沈叔玉、沈惺叔、屠康侯、严康懋、张雯春、沈燮臣、陈伯刚、洪少圃、陈子埙、陈止澜、谢仲笙、陆崧侯、陆伯鸿、姚紫若、穆杼斋、穆藕初、朱志尧、袁寅昉、孙慎钦、朱静安、李平书、江趋丹。筹备主任姚慕莲、顾馨一谨启。

同年六七月间，严康懋又参与了宁波四明信托、上海神州信托等信托公司的发起[①]。1921年6月21日，宁波四明信托公司发起人会议在宁波召开，无法分身的严康懋委托代表与会。《四明日报》报道说：

本埠人士早有发起四明信托公司之议，额定资本四百万元，计分八万股，每股五十元。顾及发起人多在上海经营信托，未及开会。兹悉昨日晨，新宁绍（轮）抵埠，发起人到者甚多，即与甬地各发起人接洽开发起人会事宜。下午二时借宁波证券花纱交易所筹备处开会，到者盛君省传、费君冕卿、费君善本、冯君芝汀、严君康懋代表（周君巽斋）、李君祖圣、童君今吾代表（洪君承祁）等。当由盛君报告组织公司情形，次将公司章程（见来件栏）逐条讨

---

① 《神州信托股份有限公司公告》，《申报》，1921年7月24日。

论，微有更改。章程通过
后议决设立费定五千。闻
缴股及创立会选举职员日
期定阳历七月五日举行，并
议决股款指定泰巽等八钱
庄及四明、劝业、民新三银
行分存。当场公推筹备主
任盛省传，筹备员陈兰荪、
徐镛笙二君。遂将入股书
盖印签字，一俟筹备地点
租定后即当进行云。①

这期间，作为筹备
处会计主任的严康懋还参
与了由中法两国商人合办
的中法合办万国物券金币
交易所股份有限公司的筹
备，该交易所筹备处于当
年7月下旬连续在《申报》刊登通告（参见图4-3）。

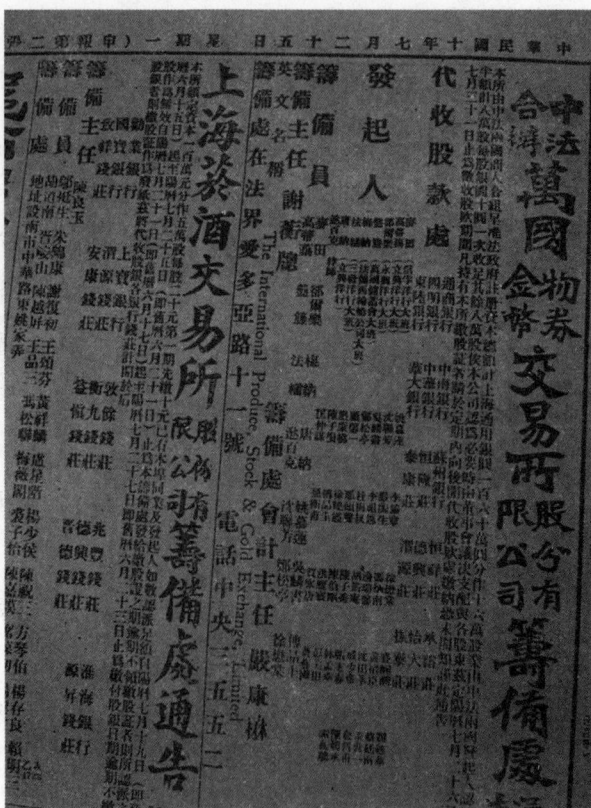

图4-3　万国物券金币交易所筹备处在《申报》上的通告

中法合办万国物券金币交易所股份有限公司筹备处通告

本所由中法两国商人合组，呈准法政府，注册资本总额计上海通用银圆
一百六十万元，分作十六万股，业由中法两国发起人认足，先收半额，计八万股，
每股银圆十元，一次收足，其余八万股俟本公司认为必要时由董事会议决支配
与各股东。兹定阴历七月二十六日至七月三十一日止为征收股款期间，凡持有本
公司缴股证者，请于定期内向后开代收股款处缴纳，恐未周知，谨此通告。

① 《四明信托公司之发起会》，《四明日报》，1921年6月22日。

代收股款处：通商银行、中南银行、苏州银行、恒祥庄、承裕庄、四明银行、中华银行、恒隆庄、德兴庄、怡大庄、东陆银行、华大银行、泰康庄、渭源庄、振泰庄。

发起人：

麦田（信孚洋行大班）：姚慕莲、李锦章、徐懋棠、盛醒潮、魏廷华；

高蒂蔼（立兴洋行大班）：沈联芳、严兰生、冯炳南、黄揩臣、蔡廷南；

邰尔乐（永兴洋行大班）：吴麟书、李祖恩、边瑞馨、沈田莘、董世一；

盘籐（万国储蓄会大班）：郑松亭、杜梅叔、胡钧庵、戚少寿、俞哲甫；

梅纳（法兰西轮船公司大班）：顾馨一、邢颂声、陈子秀、张雩春、陈润水；

法糯（三发洋行大班）：严康懋、徐晓霞、陈伯刚、林孟垂、谢蘅牕；

唐纳（立兴洋行）：陈子壎、傅品圭、洪雁宾、彭美田、逖百克。

律师：匡仲谋、孙衡甫、贺采唐、黄艺圃。

筹备员：麦田、邰尔乐、梅纳、唐纳、姚慕莲、吴麟书、傅品圭、高蒂蔼、盘籐、法糯、逖百克、沈联芳、郑松亭、徐懋棠。

筹备主任：谢蘅牕。

筹备处会计主任：严康懋。

英文名称 The International Produce, Stock & Gold Exchange, Limited

筹备处在法界爱多亚路十一号，电话中央三五五二。[①]

由于史料的缺乏，我们并不清楚严康懋所参与创办信托公司、交易所的具体经营状况。但总体来说，当时严康懋在这方面的投资难言成功，当然这并非全是严康懋本人的过错。由于其间交易所与信托公司的联手投机，一哄而起，不久就引发严重的"民十信交风潮"，其中的交易所与信托公司多以倒闭收场。覆巢之下安有完卵，其中原来拟集资国币1000万元成立的中华信托股份有限公司，不过两月，筹备工作即戛然而止。1921年8月初，各发起人认为

---

① 《中法合办万国物券金币交易所股份有限公司筹备处通告》，《申报》，1921年7月25日。

"以时势关系，营业前途实无把握，不敢冒昧成立，以负股东委托，遂经公决停止进行，前定九月三日临时股东会即行取消，所收第一期股银当如数退还"①。当然，由于及时收手，各发起人的财产并没有受到很大的损失，这在当时的信交风潮中已是最好的结局了。而宁波四明信托公司在1921年成立当年尽管赢利13万多元②，但两年后即1923年10月也不得不宣布解散。当年《四明日报》报道说：

四明信托公司于五日下午，借座甲种商校，开第一次临时股东会，实到权数二万四千二百三十四权，二时三十分开会，由董事长盛省传主席。秩序如下：（一）振铃开会；（二）主席宣读开会词；（三）主席指定陈如馨、毛稼生为纠仪员；（四）报告事项，由经理徐镛笙指派凌子炎报告账略；（五）议决事项。主席提出本公司存废问题，请股董公决，各股董均主张解散，通过；主席又谓公司既经解散，应举清算人，全体赞成；主席又谓公司股份四万股，现由惠孚收入七千股，如何办法？议决惠孚所收之七千股，仍归本公司买收销却，改为股份三万三千股；主席又谓现存款项，每股约有四元可分，其余欠款尚未收齐，应否现将款先分亦候欠款收齐后并分，议决于旧历九月底以前，每股先分四元，其股票由清算处收回，一面由清算处按股发给分账据，并将本公司之负债及资产各类，登载据内，候集有成数，随时照股份分派。议毕散会，已五时矣。③

（三）棉纱业

所谓衣食住行，作为服装与其他许多生活用品的主要原料，棉纱在人口众多的中国有着广阔的市场。为此，清末棉纱行业就有"中国最大实业"之称。特别是第一次世界大战爆发后，国外棉纱输入大为减少，产品供不应求，中国纱布市场价格大幅上升，国内棉纺织厂家获利丰厚。据估算，1916年生产

① 《中华信托公司发起人通告》，《申报》，1921年8月12日。
② 《客岁各业盈余调查录》，《时事公报》，1922年2月2日。
③ 《四明信托公司临时股东会纪》，《四明日报》，1923年10月17日。

16支纱每件可获利5.45两，1917年增为15.32两，1919年高达50.45两，1920年为46.45两，1921年纱价回落较大，但仍可获利7.3两。[①]对此，号称商机敏捷的宁波帮商人自然不会袖手旁观。他们除了在上海等地投资建造纱厂外，还把目光投向交通便捷又有大批棉田的家乡宁波。

早在1887年，近代著名宁波旅沪商人严信厚即在宁波北城外湾头建了浙江省第一家机器轧花厂，1905年一批旅沪宁波商人又联合宁波本地商人在宁波发起创办和丰纱厂。不久该厂就进入发展的快车道，进入民国后发展更为迅速，被称为宁波"工厂王"。为使企业获得更大发展，当时主持该厂的董事总经理顾元琛寻求增资扩股，这引起了严康懋的关注。当时在沪投资钱业获利丰厚的严康懋正在寻找资本的出路，于是他立即入股和丰纱厂，并在20年代成为该厂为数不多的几个大股东之一。根据相关记录，严氏投资该厂应该在1913年前后，因为次年即1914年年初，他参加了该厂在上海举行的股东会并被推举为修改公司简章五人小组成员。对此《和丰纱厂董事会议事录》记录了该会的相关决议。

民国三年三月二十七日（即阴历甲寅三月初一日）午后一时，在商务会开股东会，议决事件列下：

一、经理顾元琛君宣布开会宗旨。

二、公推商会协理余芷津君为临时议长。

三、顾经理报告本届营业状况。

四、查账员张斐章君报告本届账略。

五、名誉董事盛省传君诘问昨闻有人私借地点，秘开董事会，议决重要议案数条，鄙人为和丰名誉董事，事无巨细，凡鄙人在甬无弗与议，何昨日之会未蒙见召，岂鄙人对于和丰有不名誉之事，故为各董事所摒弃耶，应请明白答复。嗣经多数股东决议，将昨日私议条件一律取消，毋庸置疑。次由顾经理报告去年承查账员张斐章君再三怂恿，谓前年曾议特奖一万元应须收入账上

---

① 丁日初：《上海近代经济史（第2卷）》，上海：上海人民出版社，1997年，第124页。.

以明众目云云，乃鄙意总不为然，是以随即转消。唯闻外间有议论纷纷，未知张君如何命意，殊为不解。张斐章君谓并无是说，当由总会计张雩春君出而证明，谓本年正月初三日，张君曾询会计徐君，此账曾否转入，可见确系张君主意。盛省传君云此事幸经理清廉，始终不愿受酬，然张斐章君以查账员擅主酬劳，殊属丧失资格，应即将查账员名义取消。张君亦默无一言。

六、提议红利问题，谢蘅牕君云，照盈余三十三万元平均计算，每股应得红利五十五元，拟请自明年起每股附加五十元，另给股票以固基本，余五元作为公积，何如？当经全体表决。

七、顾经理当场辞职，经各股东竭力挽留，并允予以全权用人，一切他人不得干预。当付表决起立，赞成者居大多数。

八、提议修改公司简章，爰公推张申之、赵林士、盛同孙、陈子壎、严康懋五君为起草员，由经理顾君正式敦请。

九、经理提议优待条件，略谓名誉董事盛省传君，召集巨款维持厂务，历经艰苦，拟请董事会另议特别优待。发起人周熊甫君开办伊始，历著勤劳；前经理戴瑞卿君投资较巨；董事屠景三君暨已故董事钱昆瑜君、郑岳生君先后维持厂务，成效卓著，均拟请董事会另议优待条件。众皆赞同。①

经过严康懋等人修改后的和丰纱厂新的章程（参见图4-4），在1915年6月举行的公司股东大会上"逐条通过"。新章程共5章28条，明确规定了公司的性质、职责与经营范围，完善了公司的管理体制，特别是对公司管理层的组成与收益分配做了具体规定。其主要内容包括：

一、公司资本从60万元增加到90万元，仍作6000股，每股150元。

二、公司股东以中国国籍者为限。

三、公司董事定为11人、监察3人，用双记名、连记法选举产生，凡拥有公司股份20股以上者，方有被选举权；董事、监察人当选后，须将持有的所有股份

---

① 《和丰纱厂董事会议事录》（第1册），宁波市档案馆藏。

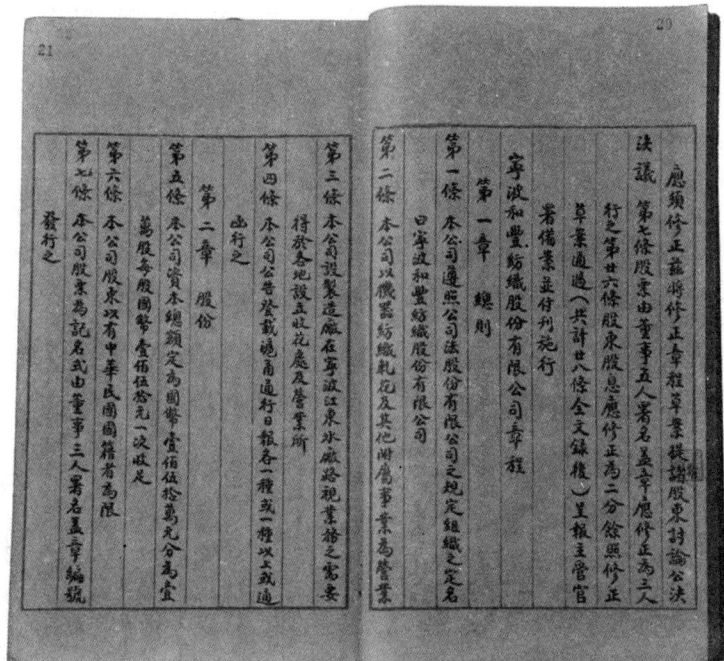

图4-4　和丰纱厂章程

交公司保管，待退职后发还。

四、经理由董事会选任，其他职员由经理委任。

五、公司重大事件必须由董事会讨论决定。

六、董事任期二年，每年换任一半，用抽签法决定，但不得连任（1918年4月股东大会修改为董事可连选连任——笔者）；监察人任期一年，可连选连任。

七、公司于每年农历三月召开股东大会，听取董事会、监察人、经理对一年工作的汇报，决定公司重大事件，选举董事和监察人。遇有非常情况，董事会可召集临时股东大会。

八、公司于每年农历十二月底结账，以明盈亏，每年应提存折旧费2万元；除股息外，如尚有盈余，作14股分配，股东得9股，提存公积金1.5股，公司发起人、董事、监察人合得1股，职员得2.5股。

九、资本股息为常年年息8厘。①

---

① 《和丰纱厂董事会议事录》（第1册），宁波市档案馆藏。

在1915年10月举行的公司临时股东会上，严康懋以最多的票数当选为公司监察人。对此《和丰纱厂董事会议事录》（参见图4-5）记录道：

民国四年十月三十日（旧历九月二十三日）午后一时，本公司借座商务总会特开临时股东会，选举董事暨监察人。兹将开会事实纪录于左：

振铃开会，是日股东到会者，计三百零九户，共四千七百七十七股，已达过半数，爰即振铃开会。

一、宣布开会宗旨，经理顾君略谓本公司修正章程，前次股东大会时业经逐条通过，兹为遵照新章选举董事暨监察人，请诸股东到会投票云。

二、公推临时议长，各股东公推费冕卿君为临时议长，全体一致赞同。

三、公推监视投票员、开瓯检票员，费君就议长席后，按照开会秩序逐项表示，各股东一无异议，乃预备投票开票手续，请以余润泉、郑庭树二君为监视投票员并举袁君履登、林君孟垂、戎君逸亭、盛君叔衡为开瓯检票员，均经股东先后表决。议长乃宣告各股东分别投票选举董事暨监察人。

四、开董事、监察人选举票瓯，投票着手逾二小时，票已投齐。议长爰

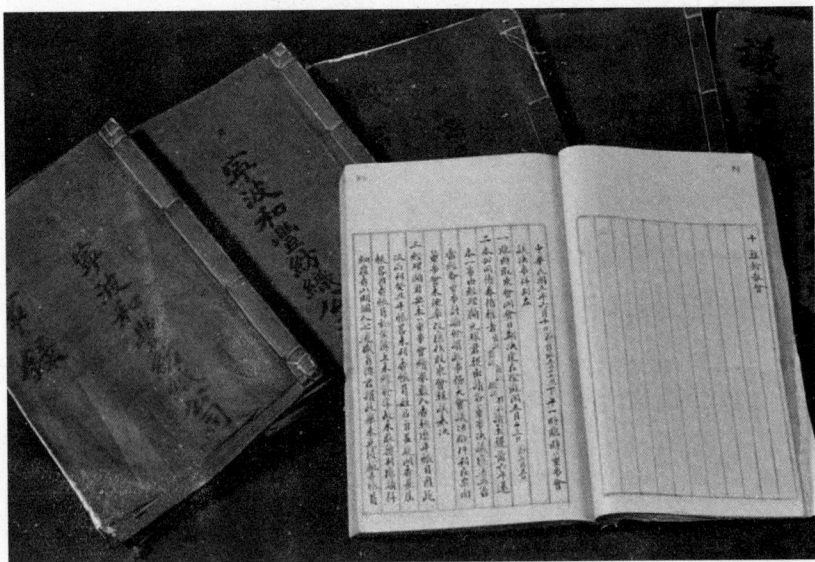

图4-5　和丰纱厂董事会议事录

请检票员分别开匦，先检票数次，核当选权数。

五、报告董事、监察人当选姓名，检票既毕，议长重复振铃入席，报告当选人姓名及权数，计董事当选者十一人：朱葆三君二千八百九十三权，钱中卿君一千八百六十六权，林友笙君二千八百六十四权，盛省传君二千八百五十四权，戴瑞卿君二千八百四十八权，范杏生君二千七百十三权，谢蘅牕君二千七百十一权，李厥孙君二千六百九十九权，戴文耀君二千六百七十四权，朱衡齐君二千六百五十七权，高子勋君二千六百二十三权；又次多数六人，张雩春君二百二十五权，顾元琛君二百十三权，李静波君一百五十九权，魏炎贵君一百十七权，盛薪翘君一百二十三权，戴理卿君一百零三权。监察人当选者三人，计严康懋君三千一百四十一权，陈子壎君三千一百三十二权，李静波君二千九百六十权；又次多数一人，盛薪翘君二百四十八权。

六、挽留经理续任，选举既毕，经理顾君出席辞职，略谓鄙人承乏经理倏已数载，幸获盈余，厂基亦渐趋巩固，兹因精疲力竭，绝难胜任，敢请诸股东俯允辞职，俾资静养，一面另举贤能，接替厂务，庶免贻误大局，实为万幸等语。嗣经股东全体挽留，谆劝顾全实业，勉为其难，言辞恳挚，出于至诚，而顾君去志甚坚，卒未首肯，乃取决多数，俟新董事会成立，再议挽留续任云，遂即摇铃散会。

议长费冕卿[①]

直至1918年，严康懋一直担任和丰纱厂监察人一职。当年4月底，该厂召开股东会，《申报》报道：

宁波和丰纱厂为选举董事暨监察人，特延会一日，十九日午后二时，继续开会。计股东到者四千三百六十二股，三千五百零四权。李梅湖君出席报告固有董事姓名及签数毕，与倪君春墅并监视员孙康宏、余润泉三君，共同执行抽签。当抽得留任董事六人：高子勋、钱中卿、范杏生、李厥孙、朱葆三、谢蘅牕。次由盛省传推举张雩春为名誉董事，临时议长付表决，经众股东赞成通

---

① 《和丰纱厂董事会议事录》（第1册），宁波市档案馆藏。

过，乃投票。其结果盛省传、戴瑞卿、徐镛笙、戴文耀、徐棣荪当选为董事，陈子壎、秦珍荪、严康懋当选为监察人，遂散会。[①]

但不久以后，严康懋就开始担任和丰纱厂董事，因为1920年6月创办的《时事公报》于创刊不久即对号称甬上"最大实业"的和丰纱厂进行全方位调查，其调查报告分两次刊登在该报上。报告显示，在九个和丰纱厂董事名单中，严康懋名列其中且相当靠前，兹将报告转录于下：

和丰纱厂调查录

宁波和丰纱厂营业发达，规模宏大，为吾宁实业界巨擘。兹经本报实地调查，其中可资参考借鉴者颇多，当亦为留心实业者所亟欲一睹也。兹列表如左：

厂名：和丰第一纱厂Woo Fong Cotton Mill。

厂址：浙江鄞县江东冰厂跟。

开办年月：清光绪三十三年五月开车。

公司性质：股份有限公司。

资本：额定股本分六千股，每股一百五十元，共计银圆九十万元，已缴原额银圆六十万元，民国五年盈余加入股本三十万元，公积十九万元，另又提存折九十万元。（和丰纱厂股票参见图4-6）

职员：（总理）顾钊、（厂长）费寿祺、（营业主任）顾钊，（董事）朱葆三、盛省传、严康懋、戴瑞卿、徐镛笙、谢蘅牕、钱中卿、戴文耀、吴麟书、徐棣笙，任期二年；（监察）陈子壎、赵芝室、张祖植，任期一年；（技师）费寿祺，（总管）陈章鸿，（批发所主任）陈圣佐，上海主任。

批发所地点：一在上海英租界天津路永安里，一在宁波江厦建船厂跟。

商标：（纱）荷蜂十支、十二支、十四支、十六支、廿支，定牌、耕读、采莲、贵妃。（布）未开办。

---

① 《和丰纱厂改选董事》，《申报》，1918年5月2日。

图4-6　和丰纱厂股票

锭子：旧有纱锭三十二支、四十二支，未纺二万三千二百枚。

锭子制造厂名：Brooks & Doxey Iron。

布机：未开办。

布机制造厂名：未定。

原动：汽力共一千马力。

工人：男工六百名、女工一千三百名、童工六百名，共计日夜班二千五百人，平均每日工资约需四百元。

用花：每日平均二百三十担，每年共七万七千二百八十担，以余姚花为最多，每年购用通州花约四分之一，以纺十二支、十四支纱用。

出品：（纱）平均每日八千四百件，每年二万四千大包；（线）未纺，（布）未开办。

附注：湾头第二厂资本九十万元，已在第一厂盈余项下提足，开办事宜，正在筹备中。

宁波和丰纱厂大略情形已志昨日本报。兹又探得该厂自开办迄今十余年来之经过情形，举凡公司沿革现状、原料出品概况、工厂组织、工厂设备及新办学校医院之办法、职员工人之义会等莫不调查详确，特列表如左，以供众览：

（一）总纲

一、公司沿革

甲、前清光绪三十一年开办。

乙、前清光绪三十三年五月开车。

丙、发起人戴瑞卿、顾元琛、郑岳生、周镛甫、范清笙、钱昆瑜。

二、现状

甲、开车时职员四十人，两次添锭后增加四十余人，厂中现行办事计八十余人。

乙、开车时工人人手生疏，现时技术娴熟，得自食其力而有余。

丙、机器初次及二次添锭皆购自英国名厂，历年添办机上配件足备，稍损即换，尚称完美。

三、原料出品概况

甲、用花：姚花，通州花，上海南北市火样花，美国花，印度花，天津、长江一带所产各花。

乙、所用以姚花为最多数。

丙、出品销路：本埠及内地四分之一，上海转口运销山东、天津、牛庄、长江、安徽、江西、福建、广东、香港共四分之三。

（二）工厂组织

一、职员

甲、考工会计人员四十七人。

乙、会计部人数十二人。

丙、营业部人数八人。

二、工人

男女工人二千五百人。

三、工人学校

甲、学生七十人。

乙、教员四人。

丙、上课时间（国民科）五小时，（童工）三十时。

丁、教授书籍分组酌定。

戊、班次编制，甲组分一、二两级，乙组二部制。

己、现状成绩，县视学呈请传谕嘉奖。

庚、科目，国文、修身、算术、手工、体操、唱歌、国画、工作。

（三）工厂设备

一、建筑

甲、厂屋二层洋式。

乙、布置地位详账略图说。

二、机器

甲、锅炉四只。

乙、引擎马力一千四。

丙、原动力绳子传动。

丁、纱机制造厂名：Brooks & Doxey。

戊、纱机制造年份：1906年、1910年、1912年、1913年四种。

己、开棉机三部。

庚、结棉机三部。

辛、弹棉机十一部。

壬、梳棉机八十八部。

癸、并条机十二部。

子、粗纱机头五十三部。

丑、粗纺机五十八部，锭子四百枚。

寅、摇纱机二百八十部。

（四）附录

甲、戊午年除建立小学校外，又添设临时医院，俾便捷工人损伤疾病临时就医，不取医资药金。

乙、工人故后有恤金三十元，或棺材一具、洋十元，名曰恤工会。

丙、职员在职时，付洋五元为乙级，付洋十元为甲级，故后送赙仪洋甲一百元，乙五十元，名曰敦义会。又每年付钱三百六十文为一组或二组，亦可故后恤婺洋每人二元，子女一元。盈余项下拨有基本金万元。

丁、义务学校工人子弟可以就学，额六十名。[①]

后来，严康懋一直担任该厂董事，这可以从1921年到1923年间沪甬两地的相关报道中了解一二。其中在1921年4月举行的和丰纱厂第十四届股东大会上，严康懋当选为六人董事之一。《时事公报》报道说：

和丰纱厂股东会纪事

宁波和丰纱厂于昨日开第十四届股东大会。会场布置，上为主席台，台上分设经理及临时书记两席，台右为董事监察人席，左为新闻记者席，其余均为股东席，并于柱上高悬朱地白字牌两方，上书满任董事及监察人姓名，旁注有"注意"两字，下书"连举得连任"五字，又一牌则书现任董事姓名下，注"无庸改选"四字。下午一时，股东陆续而至，到者共四千六百七十七股，计三千三百六十一权。至二时余，始振铃开会，首由经理顾元琛君登台报告开会宗旨及到会股数、权数毕，即由到会股东公推朱葆三君为临时议长，同时仍由顾经理宣称今日为本厂第十四届股东大会，去年本厂仗诸股东之福，赢利与上届相仿，所有收支账略，请监察人报告，并由办事员分给各股东账略报告。次由监察人陈子埙君登台报告，略谓去年盈余洋一百五十二万二千九百四十元零八角三分七厘，遵公司条例，先提公积二十分之一七洋十二万九千四百四十九元九角七分一厘，并照章应支股息洋七万二千元，又支湾头第二厂产业证券利息洋七万二千元，提存折旧洋二万元，派给

---

① 《和丰纱厂调查录》，《时事公报》，1920年11月4-5日。

发起人及现任董事监察人酬金一成，洋九万八千三百五十九元二角六分九厘，派给办事人酬金二成半，洋二十四万五千八百九十元一角七分六厘外，本届实收股东红利九成洋八十八万五千二百三十三元四角二分一厘。又报告公司收支总账收入共计银一百九十九万七千四百六十九两一钱八分六厘，共收入洋四百廿四万九千三百九十二元五角四分，支出与收数相等，盈余之数，共计收入五百五十八万八千八百四十四元七角五分七厘，共支出四百零六万五千九百零三元九角二分，除收支过，盈余洋一百五十二万二千九百四十元零八角三分七厘，折成项下共支销洋一百五十二万二千九百四十元零八角一分七厘，支销公积折售两项计收洋四十三万九千六百七十五元九角九分四厘，支销数尚存公积七千九百余元。末谓，上项账略均由监察陈俊伯、赵芝室、张浩盖印签字云。报告毕，议长谓本公司历届发给股息红利，向例系四月初一日，本届是否仍旧，众无异议。议长即请各股东选举董事六人，监察三人，并公推张雯春、李梅五、费善本、朱莲生、周巽斋、陈来孙、张祖植、盛襄熙八人为投票开票检视员。各股东正拟离座投票时，即由李梅五君临时动议，谓查八年四月九日即三月初九日本公司开股东大会议决案第八项有"办第二厂事决定设锭子一万五千枚左右，定资本额九十万元，所需资本将前购湾头第二厂产业证券念四万元及前存公积为基础，不敷之数自己未年起本厂盈余凑足九十万元，作为第二厂资本之用，倘有余丈照章公派"等语。现在九十万业已凑足，本届盈余，每股应派红利一百五十元，今查报告册内由董事会决定，仅派一百廿元。查董事会系假定的，此事关系股东权利，是否仍应付股东大会表决。又谓本公司本有公积，照如此办法，则系公积以外之公积实不相宜。王叔云、贺凤来二君亦均赞成李君之说。张雯春君谓李君系根据前次议案，其意颇是，惟办第二厂照现在计算，设万五千锭子，绝非九十万元资本所可开办，故每股红利少分三十元，拟作为第二厂股本之用，以斯巩固云云。李梅五君谓，此刻所讨论者系红利问题，与第二厂不能相混，系属另一问题，况第二厂开办，尚无年月，原案绝应维持。顾经理谓此系盈余，并非公积，将来与股东并无受亏。费善本谓今应先决定红利数目，董事会之假定一百廿元，各股东是否同意。张雯春谓红利每股所留之款，拨作何用，应先声明。李梅五谓今日议事日程，并未写明第二厂问题，至第二厂问题关系重大，应开特别会议，议决今日所讨论者，红利问题董事会所假定之数，是否有效。谢蘅牕谓李君之说理由固极充足，然董事会对于此项问题，亦经详加讨论，现在就事实而言，一因观察市面各处未见平静，恐营业受损，二因外国所定之机器锭子，不能如期运到，况锭子每枚非六十两不能办，故照顾经理之意，以今年局势似难预料，故商量之下，每股留下三十元以为巩固之计。后由议长付表决赞成董事会议决，每股红利准发一百廿元，通过。次李梅五君提议，又谓本厂资本金九十万元，加第二厂，前届股东大会，除分红利外，实已凑加九十万元，共计一百八十万元，惟所加之六十六万元，仅用木钤印在产业证券之上，并无公推董事三人并经理盖印，似欠慎重。此项股本，应提请今日股东会多数议定，虽手续确有烦冗，事实则不得不如此办理。惟第二厂资本在未开办以前，仍照前届股东会议决，不关第一厂盈亏，其股息八厘照给云。顾经理谓当第二厂凑定资本时，适在发章注册，故未刊入，惟此事本系可暂而不可久之事。李谓虽系暂时办法，惟手续似嫌未完，今日趁各股东到会，大家可商量有无简便方法，只要经理董事签字就可，否则将来如有冒充情弊，如何是好。盛省传谓可另发第二厂资本证券。严康懋谓可给第二厂资本收条，并由董事三人并经理签字。议长付表决，众通过。李梅五又提议谓第二厂股本既已凑足，究待何时开办，请经理明白答复。顾经理谓第二厂之迟迟未办，只因机器锭子外国不能如期运到，已如上述，加之先令骤缩，成本加重，照现在情形，殊属渺茫，一有机会，自当随时□开□别大□无不竭我绵力以赴之云云。讨论毕，各股东即纷纷离席投票。继由公推之检票员开匦。检毕，一一唱名，结果董事当选，朱葆三君三千零五十七权，谢蘅牕君二千八百七十八权，钱中卿君二千八百六十七权，吴麟书君二千八百四十二权，严康懋君二千八百零五权，范杏生君二千七百七十六权。监察人当选者为陈子壎君二千五百七十九权，胡兰荪君二千四百一十九权，施才皋君二千四百十五权。迨散会，已薄暮矣。

又一访函云，昨日和丰公司借座总商会开第十四届股东常会，选举董事暨监察人，计到会出席股东四千六百七十七股三千三百六十一权，兹将开会秩序暨议决事项纪录于左：一、振铃开会。二、经理报告开会宗旨。三、公推临时议长，股东公推朱葆三君为临时议长，多数赞成。四、经理报告庚申年营业状况，略谓庚申年本厂盈余比较上届有盈无绌，计盈洋百五十二万二千九百四十元零八角三分七厘，揭账详情容监察人报告。五、监察人报告账略，监察人陈子壎君出席，按照所刊第十四届账略逐项报告，众无异议，遂通过（详计账略）。六、通告发给股息并红利日期，议长略谓本公司历届发给股息及红利日期，向定阴历四月初一日，本届拟仍旧办理如何，众无异议，通过。李梅五君临时动议以本届董事会所定红利每股一百廿元，按照上届股东会议案盈余悉数分配之说，殊有未合，应付股东公议，嗣经讨论表决，多数股东均赞成仍照董事会所议，每股分配红利一百廿元，股息二十四元，其另存盈余金俟次届分配，遂通过。李梅五君临时动议又谓，本厂第二厂股本原定九十万元，前于购买通久源厂，其时曾已发给产业证券二十四万元后，又加足九十万元，其六十六万元之数，仅在前发产业证券上加盖木戳，未经另给凭证，由董事经理签字盖印，似欠慎重，理应提议修正等语。经众议决，将是项产业证券收回，改发第二厂股本收据，公推董事及经理签字，遂通过。七、选举董事六人，监察人三人。八、公推监视投票员开匦检票员，并公推张雺春、李梅五、费善本、朱莲生四君为监视投票员，周巽斋、陈来孙、张祖植、盛襄熙四君为开匦检票员，九、开董事监察人票匦。十、宣布董事监察人当选姓名权数。十一、摇铃散会。[①]

　　资料显示，和丰纱厂董事中不乏朱葆三（参见图4-7）、谢蘅牕等宁波帮大佬，其间尽管和丰纱厂董事人选常有出入，变动较大，但严康懋的董事身份一直保持不变，估计这与其大股东身份有关。比如在1923年4月举行的和丰纱厂股东会上，严康懋本人没有出席，但继续当选为董事。当年《申报》报道说：

---

① 《时事公报》，1921年4月10日。

图4-7 和丰大股东、曾任上海总商会
会长的朱葆三

和丰纱厂股东会纪

和丰纱厂于四月二十二日下午二时半在该公司开股东常会，计到会股东四千零七十股，二千八百零一权，董事朱葆三、谢蘅牕、严康懋（范秉礼君代表）、钱中卿、范杏生、戴瑞卿、徐镛笙、戴文耀，监察人陈子壎、施才皋等均列席，公推朱葆三君为临时议长。经理卢体芳君为报告壬戌年营业状况，计共盈余洋四十万零九千三百九十四元六角八分，除各项开支外，本届实收股东红利九成洋十三万四千三百四十九元二角一分五厘。监察人陈子壎报告账略，除收支过，盈余洋四十万零九千三百九十四元六角八分。报告毕，众无异议通

图4-8 1924年和丰纱厂董事会合影

过。费善本诸君主张本届盈余悉数分给各股东，连股息在内，每股五十元，于旧历四月初一日分派，全体通过。嗣选举董事监察人，结果朱葆三、谢蘅牕、钱中卿、严康懋、范杏生、吴麟书均当选为董事，陈子壎、施才皋、胡兰荪均当选为监察人，乃振铃散会。①

1926年6月18日，严康懋出席和丰纱厂新任经理就职仪式，并作为董事与新旧经理合影留念（参见图4-9）。当时，《时事公报》以"和丰厂新经理就职之盛况"为题对此进行了报道：

本埠和丰纱厂新任经理费善本君，定初九日事一节，曾志本报。昨日该厂悬灯结彩，欢迎费经理进厂后，本地官绅商各界，如朱道尹、段司令代表王楚材团附、李监督、林厅长、金厅长、张知事、刘局长、韩署长，及绅商陈季衡、胡叔田、张申之、严康懋、陈蓉馆、徐镛笙、顾元琛、钱中卿、金润泉、

图4-9　1926年6月和丰纱厂新旧董事与新旧经理合影

① 《和丰纱厂股东会纪》，《申报》，1923年4月25日。

翁济初、金臻庠、孙康宏、孔馥初、袁端甫、朱旭昌等百余人，均先后到厂道贺。车龙马水，应接不暇。各界致送银盾银杯等计数十事，屏对颂词不下百余件，琳琅满目，美不胜收。南通张季直、上海全浙公会、褚辅成、殷汝耕、魏伯桢及杭州省议员李霞城等，均有贺电。该厂于午刻备筵宴客，济济一堂，颇极一时之盛，到者均以费君为实业界老手，此次驾轻就熟，于厂务必获益不少云。又闻前经理钱中卿君，即于昨日交卸完毕，与费经理及诸同事，合摄一影以作纪念。下午四时许，全厂同事代表五十余人，均送钱君过江至钱家花园，当由钱君邀入商议良久，始各回厂。钱君离厂时，各工人均欢送至江边，燃放花炮千响，亦可见感情之厚矣。①

时人称1910—1924年为和丰纱厂的鼎盛时期，其中1917—1924年为极盛时期。期间主持该厂的董事总经理顾元琛"惨淡经营，大厦独支，厥功甚伟"，加之"欧战时代，洋纱缺乏，吾华纱得蒸蒸日上，千载难逢之际遇也"。②据浙海关统计："1919年，企业获利140万元。工厂规模也不断扩大，除兴建了一批厂房外，还购买了大量的地皮，全厂地皮已达到390多亩，成为当时全国拥有地皮最多的纱厂。"③到1920年前后，"该厂纱锭总量已经达到26000枚，成为浙江省第一大纱厂"④。这期间，开足马力的和丰纱厂可谓赚得盆满钵满，其中1919年赢利达140多万元，1920年更是达到152万余元。⑤为了感谢顾元琛对和丰发展的杰出贡献，董事会决定在厂内为其立纪功碑。碑文称其在厂"仅十有二年耳，而盈余之利至数百万之巨"⑥。无疑，作为大股东的严康懋获得了丰厚的回报。仅1919年，和丰股东每股分得红利50元。次年，"本届实收股东红利九成，洋八十八万五千二百三十三元四角二分一厘"⑦。

---

① 《和丰厂新经理就职之盛况》，《时事公报》，1926年6月19日。
② 《宁波和丰纱厂纪略》，《宁波旅沪同乡会月刊》，第77期。
③ 竺菊英：《近代宁波的资本主义工业》，《浙江学刊》，1995年第1期，第43页。
④ 傅璇琮：《民国宁波通史》，宁波：宁波出版社，2009年，第371页。
⑤ 《和丰纱厂股东会纪事》，《时事公报》，1921年4月10日。
⑥ 宁波市江东区政协文史委员会、江东区档案局：《百年和丰》，宁波：宁波出版社，2009年，第43页。
⑦ 《和丰纱厂股东会纪事》，《时事公报》，1921年4月10日。

其间，严康懋还大量投资有"上海纱业巨头"之称的同乡徐庆云的多个纱号，如在大丰庆记纺织股份有限公司（即上海大丰纱厂）"有股份一千五百股，计股本银二万二千五百两"[①]。在上海元盛永协记棉纱号十个股份（资本三万两）中，严康懋占二股，徐庆云占三股。[②]福泰庆记纱号由徐庆云控股，占六股，而严康懋占三股，同是甬人的俞福谦占一股。[③]

（四）交通业

滨江襟海的地理条件使航运业成为宁波商人经营的重要行业领域。"航业为岛民特长，南北运客载货之海船，邑人多营之。"[④]自清末欧美轮船进入中国后，原从事沙船运输业著称的宁波商人纷纷转向轮船航运业。到20世纪20年代，宁波人在民族航运业中已占有重要地位，并至少形成了虞洽卿、朱葆三两个航业集团，虞洽卿更有"民国船王"之称。1921年前旅沪宁波人经营轮运企业的情况如表4-1所示。

表4-1　1921年前旅沪宁波人经营轮运企业一览

企业名称	创办年份	经营者	资本或船本 /元	轮船只数 /艘	轮船吨数 /吨
三北轮埠公司	1913年	虞洽卿	2000000	12，另租船5	11134
鸿安轮船公司	1889年	虞洽卿	1000000	5	5604
宁绍商轮公司	1908年	乐俊宝等	1500000	3	7633
通裕商号（原公茂轮船公司）	1901年	郑良裕	626000	19	4410
宁兴轮船公司	1917年	虞顺恩	200000	1	3439
同益商轮公司	1918年	朱葆三	100000	3	3000
平安轮船局	1910年	郑良裕	250000	3	1597

① 《上海第一特区地方法院公告》，《申报》，1932年8月10日。
② 《调查》，《华商纱厂联合会季刊》，1卷5号。
③ 杨星塑：《上海纱业巨子徐庆云》，转引自宁波市政协文史委员会：《上海总商会的宁波人》，北京：中国文史出版社，2010年，第228页。
④ 《中国地方志集成·浙江府县志辑》，上海：上海书店，1993年，第588页。

续表

企业名称	创办年份	经营者	资本或船本 /元	轮船只数 /艘	轮船吨数 /吨
宝华轮船局	1909年	郑良裕	70000	1	545
镇昌轮船公司	1915年	朱葆三	140000	1	789
顺昌轮船公司	1915年	朱葆三	280000	1	838
宁绍内河 小轮公司	1914年	宁绍 商轮公司		14	100
永安轮船局	1919年	顾宗瑞	112000	1	700
戴生昌轮船局	1891年	戴玉书	300000	43	1000
华璐璐轮公司	1920年	陈文鉴	750000	1	2631
中国商业 轮船公司	1907年	陈志寅	700000	3	3553

资料来源：樊百川：《中国轮船航运业的兴起》，成都：四川人民出版社，1985年，第620-622页。

这期间民族工商业与城市化的快速发展带来了物资与人口的大流动，无疑为航运业赢得了滚滚财源。这引起了包括严康懋在内的许多宁波商人的极大兴趣，创办轮船公司一时成为人们津津乐道的话题，成为20世纪20年代商人竞相投资的行业。但从事航运业需要投入巨额资本，不少人只能望而却步。当然，这对已经拥资巨万的严康懋来说并非难事。1922年，严康懋出巨资150万元，投资创办了以自己名字命名的懋昌商轮公司。[1]150万元在当时可不是一笔小数目，换算成现在的币值（1元相当于300~500元），那么其投资额则至少有数亿元之多。故严康懋之富有与实力于此可见一斑。该公司地址位于今上海河南路330号，拥有轮船三艘。[2]值得注意的是，此次严康懋的投资行为不仅金额巨大，而且是个人"单打独斗"，这似乎与其以往多与人联手进行投资的风格不同。

---

① 《近代史资料》，第58号，第233页。
② 《海员罢工之调查及近闻》，1922年8月3日。

图4-10　正在航行中的宁绍轮

遗憾的是，由于缺乏资料，我们难以知晓懋昌商轮公司的具体经营情况，只能从《申报》的报道中知道该公司创办不久，上海一地即爆发全行业海员大罢工，懋昌商轮公司也卷入其中。报道说：

海员罢工风潮发生后迄已九日，连日由海员代表与天华、肇兴、懋昌、宁绍、元一等各公司磋商办法，恢复原有航业，而三北公司虽有虞君洽卿口头允许增加薪工，并未实行签字，故该公司之升有、升平、德行、长安、之江等五轮有船员二百余人停靠浦江，业已陆续加入罢工之列。惟宁兴一轮昨日已由虞君游同海员代表磋商办法，决定逐步解决，已经签字，海员工会亦发通告，请宁兴海员即日恢复职务。但升有等五轮，因三北公司股东众多，虞君个人不能做主，须开股东会议决后方可决定方针。而招商一局态度坚决，无调节余地。海员工会方面仍由各职员发给罢工海员饭食茶券外，并在均安水手公所、焱盈伙夫公会、联谊后舱公会等团体预备为各海员住宿之所。又闻海员公会在停工之八日内在中华茶楼并百老汇路两处发给各海员饭食费用均在五千元以上云。[1]

从此可见，开业不久的懋昌商轮公司参与了海员罢工风潮的善后事宜，

①　《海员罢工第九日》，《申报》，1922年8月14日。

并且为解决此风潮也相应提供了办法与资金的支持。由报道中"各海员饭食费用均在五千元以上",可见资金支出之庞大。

此外,严康懋还参与投资了宁波境内首条公路——鄞奉路的建设。1927年8月,刚上台不久的蒋介石为了推动鄞奉路的修筑,便督促在沪宁波商人成立鄞奉省道借款团,严康懋被推举为借款团干事会副主任。《申报》报道说:

> 蒋总司令与甬人周枕琴、张申之诸君为便利鄞奉交通及流通商货起见,发起鄞奉省道,于上月十四日邀集宁波旅沪诸绅商组织省道借款团,公推干事二十七人及规定筹款办法,后经省务会讨论,决准由建设厅方面拨给二十五万元,尚需五十万元由陈子埙等担任代募十万元,其余四十万元现由宁波总商会允筹三十万元,尚欠十万准由省方陆续拨还暂存之道仓公款八万八千元暂时借用,再由奉化县仓名下提出一万二千元,凑成总数七十五万元。本月二十七日借款团干事会在宁波商会开会,出席者为张申之、周枕琴等十九人。公推张申之为主任,楼恂如、严康懋、俞佐庭、袁端甫为副主任,周巽斋为会计监,函请蒋总司令另派大员以资监理。又修改简章十条,贷款团自本年八月起至十二月止,每月二十八日一次缴银十万元,交省政府转发省道局鄞奉段工区收用。借款以全省卷烟税收入为第一担保品,以全省田赋收入为第二担保品。倘第一担保品不足偿还,是以第二担保品补充之,利率按照阳历每月单利八厘计算,到十八年九月逐期偿还本息。计划妥善,章程完美,他日贷款以筑省道者所宜取法者也。[①]

1929年5月鄞奉路通车后,不仅有力地促进了鄞奉两地及沿线各地的人员流动与商品交流,而且经济效益良好,客货运业务繁忙,特别是由商用鄞奉公司承办货运业务后,经营状况良好。[②]

（五）其他

除上述行业外,对商机极其敏感的严康懋经营范围还广泛涉足农垦、房地产、洋货、银楼和木业等领域,地域则横跨江浙沪等地,从而积累了巨额财

---

① 《消息》,《申报》,1927年8月6日。
② 徐望法:《浙江公路史》（一）,北京:人民交通出版社,1988年,第45页。

富，成为当时宁波帮商人中的佼佼者。

严康懋涉足农垦，与号称"状元商
人"的张謇（参见图4-11）有关。在近代
特别是民初，来自江苏南通的张謇可谓大名
鼎鼎，在当时中国商界具有重要地位。其立
足本乡本土，并通过农垦公司的形式改良
农业与农村的近代化道路被称为"南通模
式"，在当时产生了广泛影响。

农业公司是中国近代农业中新兴的组
织形式，它们大多由私人出资设立，从事垦
荒和农、牧、林业等生产。由于其多数需要
先开垦荒地，故又称为农垦公司，有些组织
则称堂、园、团。始于清末的农垦公司进

图4-11　民初享誉中国商界的
状元商人张謇

入民初有了较大发展，特别是由张謇肇始的苏北农业公司相当发达。苏北沿海
以盐滩植棉为主，故通称盐垦公司。张謇在创办大生纱厂前即有仿效西方植桑
种棉的设想。1898年纱厂建成，1901年即组织通海垦牧公司，把公司经营模式
引入农业。其做法是，由公司承揽土地，进行一定的水利、交通等基础建设，
垦熟后的土地部分由公司雇工垦殖，大部分出租给农民，或分给股东出租。
由于期间棉纱价格飙升，公司收益相当可观。1911—1925年，公司利润总额达
84.13万两，1925年分派股息红利达12.4万两。[①]通海公司的成功，吸引了上海
等地商人纷纷到苏北投资设立公司，形成20世纪20年代前后苏北盐垦的高潮
（参见表4-2）。严康懋即于1926年出资48万元，在东台购地2.4万亩，设立成
丰垦团。[②]至于其具体经营形式与效果，因资料缺乏难以知晓。

---

① 南通市纺织工业局：《大生资本集团史初稿》，1961年油印本。

② 许涤新、吴承明：《中国新民主主义革命时期的中国资本主义》，北京：社会科学文
献出版社，2007年，第268页。

表4-2 部分苏北盐垦公司概况

地区	公司	设立年份/年	创办或代表人	实收资本/万元	实有土地/万亩	已垦土地/万亩	垦民/户
南通	通海垦牧公司	1901	张謇	55.6	12.33	9.18	5700
	大有晋盐垦公司	1913	张謇	50	26.85	17.68	2300
如皋	华丰垦殖公司	1915	邵铭之	40	2.83	2.83	850
	大豫盐垦公司	1917	张謇	150	48	13	4500
东台	大赉盐垦公司	1917	张謇	80	20.8	14.66	3500
	泰源盐垦公司	1920	韩国钧	70	15.8	1.8	700
	东兴盐垦公司	1919	张东甫	40	10		
	通济盐垦公司	1919	张謇	23.8	12.38	3.86	300
	华泰盐垦公司	1919	汪大奕	31.4	3.57	—	
	遂济盐垦公司	1920	张謇	14	3.8	0.1	
	垦殖保证合作社	1934	张雁行	0.25	0.05	0.05	—
	通遂垦殖公司	1919	张謇	34	11.1	1.46	1200
	成丰垦团	1926	严康懋	48	2.4	2.4	—
	大生泰恒棉场	1933	大生纱厂	60	3	3	—
	商记垦团	1930	赵汉生	39	5.04	1.5	185
	裕华垦殖公司	1922	陈仪	125	22.7	9.5	2616
	大丰盐垦公司	1917	周扶九	400	55.44	27.91	15696

资料来源：许涤新、吴承明：《中国新民主主义革命时期的中国资本主义》，北京：社会科学文献出版社，2007年，267—268页。

当然，严康懋与张謇的联系应该早于20世纪20年代，前文在讲到严康懋投资的恒隆钱庄时，账目显示张謇的大生纱厂一直是恒隆钱庄的大客户，恒隆钱庄对该厂有巨额贷款。也许正是由于这层关系，在1926年8月张謇去世时，严康懋与沪上商界名人田祈原等联名致电张謇儿子张孝若表示哀悼。[①]

据严康懋后人回忆，20世纪20年代严康懋开始在上海投资房地产。随着人

---

① 《张季直逝世之哀音》，《申报》，1926年8月27日。

口的集聚、城市化进程的加快，清末房地产业在上海高速发展，成为迅速崛起的黄金产业。为此，严康懋与其挚友陈子壎合作，"在上海老北站（火车站）对面（今安庆路）地段买地建造成10幢左右里弄房屋，第一幢作为自己家居，其余出售"。后来严康懋在宁波也广置地产，仅据1923年8月23日《四明日报》透露，他就在江东大校场购地二三十亩。报道说："鄞县江东大校场地，自本月初一日姚团长标卖以来，连日购买者络绎不绝。除小购主不计外，江东严康懋君，闻已购去二三十亩。昨日又有定海刘君来普天春会晤姚团长。闻亦因购第一号地，而交地价云云。"[①]此外，他在"大河桥附近（今为宁波中山东路251号）还建了一所占地十余亩的大宅，这是一座两层楼五开间两隔弄双楼梯的中西合璧式大宅，套房、小房无数，均由回廊相连，后面带有占地三亩左右的后花园一个"[②]。

另外，严康懋还在上海、杭州、宁波、金华等地开设多家参行、木行。其中，1925年严康懋与郭渔笙、王岳辉、蔡鉴堂等投资1万元在江东设立的大慎木行颇具盛誉。该行内设慎泰闽庄，聘洪宸笙为经理。[③]据洪宸笙回忆，当时该行在业内做了不少改革与创新，有力地推进了行业的发展与进步，比如改革业务上不合理的成规。洪氏回忆说：

甬地建木出售方式，采用估价，假如估价一元，实际五六角可以买了，这种做法，不但虚伪，而且含有欺骗手段，不如上海、乍浦、长江、杭州等地做得公平合理。他们的价格看市面上落，不像甬地毛估。我接受营业上的经验教训，觉得这样做下去，对本业是不利的。因此，我行大慎首先推翻旧制，乃作业务上的改革。过去甬地经售建木分为三种，即称三仝。从几寸起到一尺止（圆径），分开堆桩，再分好次两种，往往有好无次，有次无好，这样要使存场货色变成多存一倍。然而福建进来，并无好次之分，来的都是统货，由宁波分出好次。一般

① 《购买大校场之踊跃》，《四明日报》，1923年8月23日。
② 严令常：《缅怀先祖严康懋》（未刊稿）。
③ 洪宸笙：《宁波南号会馆木行外帮的盛衰》，《宁波文史资料》（第22辑），1999年。

比例为：次占60%，好占40%，则批发商来甬采办时，多向次货堆里去拣选。因为次货堆里并不是完全次货，而是稍有顶梢弯的就做次货。这样经营，对我业无形损失极大。为谋彻底铲除这种不合理的陈规陋习，我决定将次货、好货全部并在一起，再无好次之分，仿照洋松计算方式，放平价格，划一不二。当时经济上虽然牺牲一些，但能引起用户的好印象，也可永远保持本业的信誉。不过批发商对这样改革，当然是不愿意的，因为黑幕已被揭穿了。所谓批发商就是各地小木行，这些小木行向来不买好货，专买次货。及至三江口木行售货不分好次，这样一来，小木行则价目悬牌统一，不像过去随便讨价，更不能以次充好，其中虽有暗贴相当利润，终未能满足他们的愿望。另一方面，过去青黄不接之际，木行外帮的全部存货必须脱售，一般批发商都来杀价，因为过了八月半，闽客一定要回去。为了顾到客人全部利益，所以要全场及时肃清。且因运输工具（即帆船）先须定好五六只不等，否则就要发生困难。以致小木行为了充实基本存货，只得向我大行来买原船。虽然原船的利润是非常薄的，他们在无办法之中，且待机会再行逐步提高而已。同业中看到了这些大鱼吃小鱼的做法，对本行利益极大，依次照样去做，不久同业一致，成为新的行规了。[①]

当时，外帮木行的业务是在福建南台设庄办货，销售于上海、长江、乍浦等地，贸易往来范围颇大。所谓木业，实际上就是从事帆船航运，天有不测风云，行业风险很大。为了共同防御风险，该行多次向行业组织——南号会馆建议组织同业保险。最后由会馆出资1万元，成立安澜保险公司。

大慎当时还着力改善从业人员生活，当时木行职员，特别是一般苦力，生活相当艰辛。洪宸笙说："木行外帮营业范围这么大，当然需要雇用许多职工。营业员、栈司和外栈劳动工，都是负责上河、下河及整理堆桩等事务，任务非常繁重，但待遇极其微薄。营业员一般年工资计百余元，栈司每年只有二三十元，但都供膳宿。然而外栈劳动工没有工资，只拿上河、下河的送货力钱，不供膳宿，有时既无上河又无下河，弄得没有饭吃。例如，大的行家，假定年计营业

① 洪宸笙：《宁波南号会馆木行外帮的盛衰》，引自宁波市委员会文史资料研究委员会：《宁波文史资料》（第22辑），1999年。

额5万元，上河力钱则为250元，给外栈劳动工15人摊派之，每人每年不过16元。下河力钱，假定营业额全年6万元，则下河力钱为1000元，连栈司10人在内应做25人分派，平均每人可得40元，是则劳动工连饭金在内不满60元。栈司与劳动工比较起来，栈司有工资20多元，又可分得下河力钱40元，尚有膳食供给，同属劳力工人，待遇各不相同，工人连饭也吃不饱。我行大慎于1925年起，首创内外栈司一律薪给制，而且给予适当的提高，所有上河、下河力钱，全部归入行内。这样一来，栈司和外栈劳动工的工资，虽然与高级职员薪给比较起来，仍然差距很远，不能满足他们的愿望，但是已经比较有保障了。此举引起了同业职工的注意，纷纷起来向各木行提出要求，最后，其他木行只得效仿。"[1]

期间，严康懋还在上海与周羡江、罗启泉、周衍章合资设立洋货号——申大洋货号，推举周衍章为经理，开展洋货贸易业务。1919年11月，严康懋因经理周衍章另有他就，自己也无意经营，乃将所持股份"悉数推与周羡江、罗启泉名下"。为此，该洋货号于11月11—13日连续在《申报》上刊登启事。[2]

在此值得一提的是，严康懋具有强烈的创业精神，其实业活动一直持续到其生命的最后阶段。这表现在20世纪20年代他的事业仍处于扩张状态，不仅投资创办多家钱庄，还先后投资信托证券与航运等新的行业，即使在其病逝的当年（1929年）还与秦涵琛、徐庆云、孙衡甫合资在上海开设恒赍钱庄。[1]真可谓生命不息，创业不止。同样值得深思的是，严康懋曾将严氏宗祠内正中一处堂屋命名为"创业堂"，如今镶嵌着"创业堂"三个苍劲有力大字的木质匾额仍保留在严氏祠堂内（参见图4-12）。一般来说，中国祠堂的堂号都用忠贤、敦睦、厚德等体现传统价值与伦理的字眼来命名，而严康懋以创业为名，其内心的创业激情与殷殷期待可见一斑。

---

① 洪宸笙：《宁波南号会馆木行外帮的盛衰》，引自：《宁波文史资料》，第22辑，1999年。
② 《申大洋货号启事》，《申报》，1919年11月11—13日。
① 中国人民银行上海市分行：《上海钱庄史料》，上海：上海人民出版社，1978年，第766页。

图4-12　严康懋命名的创业堂木质匾额

五、沪甬道上

近代在外创业有成的许多宁波帮商人具有强烈的乡土情结，不仅热衷于在家乡从事慈善公益事业，而且往往把家乡作为自己事业的重要基点，努力开展各项工商活动，甚至将宁波作为事业的重心。严康懋就是这样一位宁波商人。当然，这也与近代宁波具有良好的商业环境与投资条件密切相关。如上所述，上海与宁波是严康懋一生事业的两个据点，为此他经常仆仆于沪甬之间。上海无疑是成就严康懋事业的地方，而进入晚年后，宁波对他的重要性似乎更甚于上海。

进入20世纪一二十年代，已在沪甬两地打拼多年的严康懋开始在当地商界崭露头角，先后被推举为两地总商会的会董，并成为当地社会名流。特别是在家乡宁波，有"钱业领袖"之称的严康懋具有重要的地位与影响力。

（一）从宁波钱业董事到宁波总商会会董

钱业是严康懋商业活动的主业，在宁波尤其如此。20世纪20年代前后，宁波钱业动荡不安。为了行业的稳定与发展，作为宁波钱业领袖的严康懋不辞辛劳，奔走其间，做出了很大努力。

1918年前后，宁波钱业与旅沪宁波商人周宗良围绕钱业现水①问题爆发激烈的冲突，以致酿成"钱业平现风潮"，甬上为之震动。当时宁波一地现水起伏很大，颜料大王周宗良为便于在沪甬之间汇划大宗货款，利用其在商界的地位与影响，并运动政府，谋求平抑现升，革除现水。对此，严康懋等宁波钱业董事认为现水问题乃历史形成，积重难返，主张从长计议。双方由于利害攸关，各持己见，难以妥协，以致激起当年5月停止过账风潮，市面为之恐慌。

---

① 现水是现金升（贴）水的意思，指记账货币与现金之间的价格差异，即客户提取现金需要支付给钱庄的折扣。

此事引起旅外宁波同乡的高度关注，宁波旅沪同乡会派虞洽卿、张让三等头面人物出面调停。为此，严康懋等钱业董事特地致函同乡会，申说"甬市革除现水之困难情形"，函录于下：

谨略者，窃维我国币制复杂，各省通货不同，往来汇兑以货币为买卖，其性质犹如货物。当供求不能相给之时，势必用高致之方法，于是发生现水名目。就吾甬一埠而论，进出口货均以上海为交易地点，上海通用规银，甬江通用洋元，申甬汇兑必须以银与洋相兑换。规银价格以上海洋厘合算（如上海洋厘七钱三分，即英洋一元可换规银七钱三分，则规银市价每百两合洋一百三十六元九角八分），规银之涨落视乎洋厘之大小，洋厘之大小视乎银根之宽紧。若遇银根紧急之时，照平常以洋厘核算不能吸收现银，唯有高价招致之一法。规银市价往往比洋厘抬高（如洋厘七钱三分规银每百两应合洋一百三十六元九角八分，倘甬市规银每百两值洋一百三十七元九角八分，即是抬高一色，余类推）。银价抬高一色，现洋即须加升水一元，以持其平，藉免现洋之输出（如前例甬元比申厘抬高一色，以现洋装申办货可比市上汇兑便宜一元，若不加以现升，势必将现洋搬运出口）。现水之由来实为持平汇兑吸收现洋而设。现水之大小，既本于银价之抬揿，亦视乎洋底之多寡。如遇洋用浩大，现底枯燥，现洋供不敷求需要者，唯有高抬现水，以招致之。吾甬当民国四五年间规银之高、现水之大，实为欧战发生以来现金流出，国外银根奇紧，兼之进口洋货价值昂贵，而销路尤逐渐推广。浙属温处等府向不销售洋货，近年风气大开，日渐畅销，因此用银愈多，而银根愈紧，银根愈紧，则现水愈大。近日银价之缩，因恒孚庄倾轧庄单，各庄缩小范围，外项不得不收束营业，进货少办，销售存货，是以用途略减，银根略松。但各业存货不旋踵即将销罄，将来定须添办，势不能长此宽松，银根复紧自可立待。总之银根之紧、现水之大，此乃时事使然，非钱业可能操纵，且现水之利，求者出之，供者受之，钱业无非过付机关，代主客向市上买入卖出，无利可得，似不得指为奸商于中取利。至于现水之能否革除，应视乎现洋之能否敷用。甬江全市收付多至二千数百余万，若照省令现水革除之后划洋与现洋一律，此后支款者势必纷纷取现，划洋视同虚设。必须现洋充足，应用不穷，始得施行无碍。否则现水一经革除，现洋无由吸收。譬如近时秋花赏令洋用畅旺之际，现洋告乏，花庄不能办花，市面转形恐慌。是革除现水之利未见，而扰乱金融之害先至。夫现水过巨于市面不无影响，在钱业亦甚非所愿。如能妥善革除，甬人极所欢迎，但欲除现水，须有实方。倘主其事者能多备现洋，源源接济，使市上现洋不至缺乏，现水不待革而自平，固无用官厅之三令五申。反之市上现洋枯燥，实际不敷周转，而欲专恃官厅一纸空文，空言革除，在商人殊难为无米之炊。今中国银行不但不能接济现款，而且联络恒孚庄，聚集洋单，开而不拆，以为硬压现水之手段，殊失革除现水之本旨矣。按钱庄划单所以补助现金之不足，为救济金融之利器。甬江为过账码头，全市收付均以划洋为本位，划单犹如筹码数目，针孔相对。钱业庄规，向例缺单庄家宁其所缺，划单应向多单认息拆借，而多单庄家亦不能将所多划洋逼令缺单还现，同业互有多缺，互相通拆，以划还划，向不取现，行之百余十年，成为惯例。今恒孚聚集中国银行及同益银公司划单至一百余十万之多，不允普通拆借，划单多缺，一钉一眼，多单不肯拆通，即缺单无从补平。在恒孚借口中国银行肯做钱业放款，令各庄向中国银行借款，以还恒孚。无如中行借款到期须还现洋，是逼令各庄以现洋还划单。不但此也，中行号称接济现金，假如外项需用现洋五千元，向钱业支取，钱业无现应付，势必回复外项令向中行支取，而外项取来现洋之后，顺将庄单划还中行，中行即将此项划单过入恒孚，恒孚复向各庄逼还现款，辗转相逼，落底仍须以现洋还划单，则各庄此后营业自非备足现洋不可。奈甬地现洋缺乏，向恃外埠之输入，现水一经革除，来源从此断绝，金融恐慌已达极点，惟有请求中国银行多运现洋来甬源源接济，一面建设堆栈，开做押款，俾各业得资周转，庶金融不至阻塞矣。谨将甬市革除现水之困难情形具略，呈请公鉴。①

---

① 《甬江钱业对于革除现水之意见》，《申报》，1918年9月24日。

期间，严康懋多方奔走，努力维护同业利益。此事后来在虞洽卿等人极力调停斡旋下，以双方妥协得以解决。对此，《申报》曾有报道：

平现之钱业风潮

甬埠钱业为革除现升事，除恒孚、保慎、元益、钜康、钜丰、乾泰、恒升、泰赉八家照常汇划外，其余均于八日止收付。鄞县县自治委员蔡芳卿等因于十日午后三时特邀士绅、业董在商会开会，集议调停方法。到者颇众，而钱业中人到者反少。入座后，推费冕卿君为临时主席。费谓自奉省令，革除现水，鄞人忝居商会会长，曾知照各庄先行讨论。嗣得各庄来函，以钱庄乃收付机关，应召集各业会议，旋于五日开会决议，由各业发表意见，逐禀请官厅核办。正在进行间，不意各庄即停收付，当由鄞人面陈道尹并电省，请暂缓实行前令。道尹以出示之前未据钱庄来禀，今日遽行停市，电省一节殊难照准，必须令各庄先行开市，再行核办。今日适旅沪诸老亦为此事相偕来甬，现正与本埠钱业领袖妥商，当必有解决办法，当将电省原文及致官厅函稿报告。张允甫起言，革除现水根于前届省会议案，查原案仅有平现字样，今现升已平，革除一节，应电省从缓实行。蔡芳卿起言，平现一案系省议会建议案，非议决案，议决案无论如何终须执行，建议案如有窒碍，尽可变动。张朴庵起言，今日开会宗旨在要钱庄速行开市，应先讨论开市办法，至现升一节，可从缓议。林子鹤君起言，此次各庄停市无非为拆单不灵，应电请省长商令中行汇集巨款，实行维持，则倾轧自可解释，一面公推代表面陈道尹，疏通各节。遂公推蔡芳卿、陈筵荪、屠友杏、郭荷沚、钱增龄、林子鹤、朱荃孙诸君晋谒道尹，即行散会。是日自沪来甬之虞洽卿、秦润卿、傅鸿绥、张让三、陈蓉馆等邀同本埠钱业领袖严君康懋、陈君子壎、陈君兰荪等集议办法，闻已妥洽，十一日已照常开市矣。①

---

① 《平现之钱业风潮》，《申报》，1918年9月13日。

甬总商会会议公单收现纪

宁波总商会为钱业函请讨论江厦公单收现事，于五日午后一时召集会董暨各业等开会。计出席者八百余人，先由会长费冕卿报告开会宗旨，并宣布钱业原因，请各业讨论。糖业王介卿请钱业报告江处办理情形。钱业俞佐庭略谓，江处加入同行系受官厅调令，钱业有不能拒绝之苦衷，应请各业原谅。但公单收现之后，各业似非缩小范围不可，还希各业预筹办法，藉免临渴掘井，在钱业希望总以兼筹并顾，使市面不起恐慌为主旨。各业以过账为良好习惯，如果实行收现，于商业上殊有窒碍。钱业严康懋云，钱业之所以拟改现者，因与中行再三磋商，已力竭声嘶，迄无效果，故不得已拟于明年为最后期间。改革过账，若各业议有妥善方针，使钱业可以仍旧过账，则钱业亦无弗依从。各业代表金云，钱业之拟废除过账，由于公单收现，而公单之收现由于江处加入钱庄，致令钱业金融窒碍，各业受其影响，今各业为自愿起见，惟有拒绝江处加入同行，并要求主席邀请官长莅会共同吁恳。嗣经知事出席，先嘱各业报告讨论情形。洋布业朱莲生云，本埠向系过账，且中行并无设立分店之规定，务请取消江处，仍照旧日庄规办理，以维市面。鲜咸业冯子枚云，中行设置江处公单收现，影响全市，群情愤激，恐激他变，惟有要求知事据情电省取消江处，一面并请商会电呈要求。知事答谓上级官厅命令在于革除现水，今实行一载有余，现水革而未净，江处之设置亦由是而生。知事对于上级长官命令，无抗违之力，惟各业果有磋商办法，知事或可稍为转圜。盛省传云，钱业最后之通告无非为江处公单收现力难应付，今观察知事意旨亦深寓保全市面之至意，惟碍于长官命令力与愿违，各业似宜稍事变通，或拟仍按旧日庄规办法，公单有现解现，无现听拆云云。各业以钱业果能照常过账，使各业安居乐业，则无不依从。嗣经各业议决：（一）暂行散会；（二）以本会名义邀请中行长陈南琴磋商办法；（三）各业公推代表二十人与议：盛省传、冯子枚、孙轩蕉、朱莲生、徐镛笙、梁藜青、乐秀全、翁仰青、翁济初、俞佐庭、李毓卿、蒋蘅卿、徐源祥、周莲青、王介卿、郁稚庵、江安澜、徐祖彭、张雯春、朱莘甫；

（四）七日后再行召集报告各业。①

　　1926年年初落成的宁波钱业会馆（参见图5-1）也是严康懋作为钱业董事任内大力促成的杰作。由于当时宁波钱业"旧有公所湫隘，不足治事"②，而当时行业活动相当频繁。于是，1924年年初钱业中人提议建造宁波钱业会馆。对此，严康懋与其他几位钱业董事认为此举有助于增强行业凝聚力、树立行业良好形象，"不惜巨资，乐助其成"。在严康懋等钱业领袖的带领下，同业各钱庄积极响应，很快就募集到10余万元，"在建船厂跟地方，实行建筑"③。工程于两年后竣工，并于1926年3月19日举行隆重的落成仪式。除严康懋等钱业中人外，当时宁波"军政"头面人物几乎悉数到会捧场，次日的宁波《时事公报》报道了这一盛况：

　　本埠钱业同行，建筑钱业会馆，昨日行落成礼，晨六时举行，由敦裕钱庄经理董惟扬主祭。上午来道贺者，计官厅方面有朱道尹代表朱科长、审检陈

图5-1　1926年落成的宁波钱业会馆今貌

① 《甬总商会议公单收现纪》，《申报》，1919年10月9日。
② 俞福海：《宁波市志外编》，北京：中华书局，1998年，第864页。
③ 《钱业会馆落成中之神位问题》，《时事公报》，1925年3月21日。

金两厅长、林厅长、张知事、段团长代表王嘉楠、韩署长、四分署郭警佐等，团体绅商学界到者袁端甫、陈南琴、余润泉、赵宇椿、项士镇、徐棣孙、陈蓉馆、胡叔田、徐镛笙、赵芝室、李霞城、左竹士、蔡芳卿、陈蔚章、郑时卿、许荫桥、李春枝、翅云生、楼恂如、洪兆燕、刘祖卿、姚笙甫、严美珍、朱荃孙、陈季衡、张天锡、赵占绶、严康懋、张莼馥、黄瑞田、张子相、翁仰青、陈萼卿、吴瑞麟、方佩绅、蔡酉生、徐蕃青、张伯熊、董云青、余光青、李毓仰、裘珠如等。道贺毕并有乐队，及巡防警察等，济济一堂，宾主尽欢，颇极一时之盛。又该会商定今日下午五时，宴请官厅及团体绅商学界多人，计段团长、朱道尹、李监督、林厅长、陈金两厅长、张知事、朱庭长、邱推事、何推事、冯推事、陆推事、李推事、黄推事、叶推事、楼检察官、郑检察官、邓检察官、来检察官、俞书记长官、李书记长官、刘酒捐局长、许洋广局长、程统捐局长、周特税局长、韩署长、郭华杨郭张署员、何队长、俞队长、王帮带，商业团体北号会馆、南号会馆、连山会馆、崇义会馆、洋布会所、敦修公所、久安公所、永丰公所、当业公所、静澜公所、敦业公所、网业公所、永宁会、总商会、安养堂、四明惠儿院、寿义安葬所、上海钱业公会、杭州钱业会馆、绍兴某公会、商报馆、花业公会、通商银行及绅商学界盛省传等四十四人云。[①]

值得一提的是，在钱业会馆即将落成之际还发生了一段颇具趣味的小插曲。原来会馆发起人拟在会馆内供奉钱业各经理人的生神位，对此严康懋与秦徐袁几位钱业董事表示"绝不赞同"，认为此举"殊属怪谬"。在他们看来，会馆的设立旨在"固结同业团体，联络同业感情，主持同业行规"。为此，他们即联名致函反对。函录于下：

迳启者，前闻先生发起建造会馆，某等闻之，以为先生必为固结同业团体，联络同业感情，主持同业行规起见，而由此大规模之举动，某等颇赞先

---

① 《钱业公所开幕志盛》，《时事公报》，1926年3月20日。

生之才，而尤佩先生之热心尽力而为公也，故不惜巨资，乐助其成。孰知今据各友传言，则不然，谓馆内竟造以戏台，筑以花圃，一若私人之娱乐场所，而于同业伙友病疗室、讲演所等，毫不提及，斤斤焉以为快乐为目的。近闻更欲将各经理在会馆内设立生神位，以受后世香烟，果尔，则请改名为钱业经理祠堂，何名为会馆耶。总之会馆之设，须求其于同业有利益，如先生所为，某等绝不赞同。为特具函奉闻，务亟改变计划，是为致要。再发起人对于会馆劳力之功，某等主张，在馆内悬以玉容，或备以芳名，以资纪念足矣。至于设立神位，更难赞同，请即打消此种梦想，以免受人非议为是。[①]

落成后的宁波钱业会馆是一座占地1500平方米，由前后二进、高台楼阁、园林组成的中西式砖木结构建筑。前进楼下作为钱市交易场所和一般集会之用；后进濒临姚江，建议事厅，为钱业公所及后来的钱业公会委员会议事之用。会馆很长一段时间被视为甬上标志性建筑，2005年批准成为全国重点文物保护单位。当时甬上许多重大公共活动都在此举办。例如建成当年，浙江督军卢永祥来宁波的行辕就设在该会馆。[②]

由于钱业在当时宁波商界具有重要地位，1905年成立后的宁波总商会历任会长中，钱业中人占多数。据时人回忆，当时宁波"商会的主要职位完全控制在大业大户之手，而且银钱业更占着领袖地位。因此，商会经常费用没有预算限制，随时由钱庄垫付，然后酌情分担，而钱庄业常占总数的70%。当时入会者一般为大业大户，商会会董中半绅半商的人物居多，特别会董更是地方大资本家或绅缙"[③]。所谓财大气粗，在这种情况下，钱业中人往往具有较高的地位与影响力。故20世纪20年代前后已在沪甬钱业界崭露头角的严康懋在宁波商界自然也是掷地有声，以至1920年11月间宁波总商会换届选举之际，即有"内定严康懋、盛桐孙二君为正副会长"之说。当时《时事公报》在《商会选举之

① 《钱业会馆落成中之神位问题》，《时事公报》，1925年3月21日。

② 《卢司令到甬盛况》，《申报》，1926年7月11日。

③ 吕瑞棠：《宁波商会五十年述略》，引自宁波市委员会文史资料研究委员会：《宁波文史资料》（第15辑），1983年。

筹备》的报道中称：

> 宁波总商会昨（廿一）日致各注册商号函云，启者，本会前因会长会董
> 将届任满期，调查会员预备改选曾已函达，当邀接洽。兹因为期已迫，为此续
> 函奉催，迅祈查明贵业注册各号，详开号名、地址暨经理姓名，所举董事商董
> 何人，克日示明，俾凭入册，幸勿延搁为荷云。又闻此次改选已组织就绪，内
> 定严康懋、盛桐孙二君为正副会长，传闻如是，未知果成事实否，姑志之，以
> 观其后。①

当然，此事后来并未成为事实，但严康懋在宁波商界的地位与影响已可
见一斑。当时商会在宁波、上海这样的商业城市可谓位高权重，商会会董则是
商人在本地商界地位的象征。严康懋进入宁波总商会会董大概要到1923年，当
年，严康懋在宁波总商会会员大会上被选为候补会董。报道说：

> 宁波总商会于十三日开会员大会，改选会董，十四日上午八时开柜，共
> 计五百九十七票，兹录当选会董四十五人姓氏如下（票数从略），陈南琴、
> 丁忠茂、杨诵仁、左竹士、屠鸿规、毛安卿、徐源祥、徐宇椿、袁端甫、余东
> 泉、金臻庠、黄光普、余子权、朱旭昌、袁书霖、余润泉、徐吉铭、林芹香、
> 边文卿、王信懋、孔馥初、周兰荪、陈子秀、陈孟璇、李义本、董惟扬、郑家
> 栋、郁桂芳、陈富润、梁廉甫、苏九韶、陈如馨、王怀明、叶歧琴、洪宸笙、
> 董汶水、陈竹生、夏逸林、周巽斋、顾式明、郑云帆、毛冬荪、俞佐宸、施仰
> 三、陈才宝。又次多数，施骏烈、应晋堂、周汝栋、李舒梅、胡叔田、蒋蘅
> 卿、卓葆亭、毛稼生、严康懋、陈兰荪、翁仰青、徐镛笙、姚月卿、钱冉珍、
> 张康年、洪兆燕、徐玉书、龚凌渊、叶德政、赵占绶。闻该会定本月二十八日
> （阴历十二月十二日）互选正副会长云。②

---

① 《时事公报》，1920年11月22日。
② 《总商会改选会董事揭晓》，《申报》，1923年1月17日。

不久严康懋就被递补为会董，因为在次年初为"讨论扩充巡防团及举办商团事"而举行的宁波总商会董事会上，严康懋即出席商议。①当时，宁波总商会会董一般由30~40人组成，而特别会董从会董中产生，人数不超过10人，可谓商会的核心成员。到1926年5月，严康懋被递补为特别会董。报道说：

宁波总商会于昨日下午，开临时职员会，到十余人，议决事项如下：（一）加入欢迎司法调查委员会，议决准行加入。届时并函知各商店，一律悬挂国旗，以资欢迎，并发欢迎宣言。（二）营口汇票飞涨，商业影响颇巨。致电张元帅及该处各法团，请设法挽救案，准即发电。（三）浙省发行整理省债，抵换三四次省债案，公决函请财政厅转呈总司令省长，免予调换，以维信用。（四）会董王绍用、郑东三二君出缺，准由次多数递补。特别会董梁廉夫出缺，公推严康懋递补。②

1927年6月，严康懋继续被推举为总商会特别会董。《申报》报道说："宁波总商会，前日下午三时，互选正副会长，正俞佐庭、副林琴香。次推特别会董俞佐宸、严康懋、陈兰荪、陈子秀、陈季衡、张申之、施仰三、洪宸笙、卓葆亭等九人。"③

（二）上海总商会会董

成立于1902年的上海总商会号称中国第一商会，是当时足以控制上海金融贸易进而影响全国商业乃至政治的商人团体。自宁波商人严信厚奉"北洋财阀"盛宣怀之命组建以来，上海总商会基本上是由旅沪宁波商人组成和主持的。根据总商会章程对入会会员会费资格的规定，能够成为其会员的都是那些具有强大经济实力的行帮领袖人物和大中型企业的代表。长期以来，在上海工商界乃至上海社会，总商会会董无疑是一种重要身份与地位的象征，人们也莫不以加入总商会为荣。当然，任何事情都会有例外。严康懋的好友秦君安作为

---

① 《总商会开董业会议记》，《申报》，1924年1月17日。
② 《总商会临时职员会纪》，《申报》，1926年5月31日。
③ 《宁波快信》，《申报》，1927年6月15日。

钱业巨子与颜料业巨子，早就享誉上海滩，但终其一生都没有加入上海总商会。严康懋也是在四十五岁时才加入上海总商会。

1924年8月，严康懋成为上海总商会的会员，他是以永聚钱庄代表的身份加入的。当年8月5日总商会第16期常会议事录是这样记录的：

严英，字康懋，年四十五岁，浙江鄞县人，执业永聚钱庄，由会董谢韬甫、盛筱珊介绍入会，请表决……以上入会者十一人，由主席将履历报告毕，分别投子，结果如下：……吴莘五、裴云卿、严康懋、楼岳年各得白子十三枚，黑子一枚，赵占绶白子十一枚，黑子三枚……以上十一人均多数通过，照章发给证书。[①]

1926年6月16日总商会第六届会董选举中，严康懋以144票当选为会董（参见表5-1）。6月19日《申报》报道说：

国闻通讯社云：总商会于昨日下午三时开十三期会董常会，讨论本届选举事宜。列席者有道尹代表盛开伟，虞、方两会长，会董十余人。虞会长主席报告十六日开票及十七日讨论情形，并宣布会员对于选举问题之来函，应如何办理，请公议云云。经众讨论，结果金以选举手续应行办理结束，告一段落，至会员资格问题，既已有会员电部请示，官厅自有办法。主席以此意用投子法付表决，全体投白子通过。选举票则由道尹代表加封签字，以昭郑重，一面由会备函通知各当选人。

表5-1 上海总商会第六届第八任当选会董名单

姓名	得票数	籍贯	单位
方椒伯	276票	浙江镇海	中国通商银行

---

① 上海市工商联：《上海总商会议事录（四）》，上海：上海古籍出版社，2007年，第1637—1638页。

续表

姓名	得票数	籍贯	单位
陈良玉	246票	浙江镇海	上海卷烟同业公会
傅筱庵	242票	浙江镇海	中国通商银行
谢蘅牕	234票	浙江鄞县	裕昌煤号
袁履登	233票	浙江鄞县	宁绍商轮公司
孙梅堂	231票	浙江鄞县	美华利（钟表行）
简玉阶	209票	广东南海	南洋兄弟烟草公司
谢仲笙	204票	浙江慈溪	招商局
陈子壎	198票	浙江鄞县	恒隆钱庄
戴耕莘	193票	浙江镇海	利昌五金号
盛筱珊	190票	浙江慈溪	赓裕钱庄
薛文泰	188票	浙江镇海	振华纱厂
谢韬甫	187票	浙江余姚	承裕钱庄
张延钟	186票	浙江鄞县	恒安公司
孙衡甫	181票	浙江慈溪	四明银行
陈雪佳	169票	广东香山	太古洋行
王心贯	157票	浙江镇海	通商银行
盛泽承	155票	江苏武进	汉冶萍公司
虞洽卿	154票	浙江镇海	三北轮埠公司
严子钧	149票	浙江慈溪	老九章绸缎庄
谢永淼	149票	浙江余姚	律师
叶惠钧	148票	江苏上海	仁谷堂米业公所
厉树雄	148票	浙江定海	丰盛实业公司
陈鹤亭	147票	浙江镇海	泰来面粉公司
李伟侯	147票	安徽合肥	招商局
傅其霖	146票	浙江镇海	华安保险公司
宋汉章	145票	浙江余姚	中国银行
谢光甫	145票	浙江余姚	通商银行
严康懋	144票	浙江鄞县	永聚钱庄
邵立坤	140票	浙江慈溪	合记地产公司

姓名	得票数	籍贯	单位
朱吟江	139票	江苏嘉定	久记木材公司
林孟垂	139票	浙江鄞县	鄱阳煤矿公司
沈厚斋	139票	浙江慈溪	祥兴洋行
刘万青	137票	湖北黄陂	万顺丰
洪雁宾	137票	浙江镇海	通商银行

资料来源：《申报》，1926年6月20日。

1926年7月8日，作为会董的严康懋参加了总商会正副会长选举会议（见图5-2），《申报》报道了这次会议：

上海总商会第八任会董互选会长揭晓

七月八日为本会第六届新会董互选正副会长之期，下午二时在本会常会室举行，到新会董方椒伯君、袁履登君、陈子埙君、谢韬甫君、王心贯君、谢永森君、林孟垂君、朱子衡君、陈良玉君、孙梅堂君、戴耕莘君、张延钟君、盛泽承君、厉树雄君、谢光甫君、沈厚斋君、傅瑞全君、简玉阶君、盛筱珊君、孙衡甫君、虞洽卿君、陈鹤亭君、严康懋君、刘万青君、张延仲君、谢蘅牕君、谢仲笙君、薛文泰君、陈雪佳君、严子钧君、李伟侯君、邵立坤君等三十二人。沪海道尹傅写忱亲自莅场监视。至三时二十分，振铃入席，傅道尹坐正中，虞洽卿、方椒伯二会长坐左右。首由虞洽卿会长报告到会会董人数，与此选举用双记名选举法并请公推检票员二人，当经推定谢蘅牕、戴耕莘两君为检票员。继由该会职员徐君等按名散发选举票（选举分选举正、副会长票两种，均用红色纸），各会董当场填写，投入正副会长两票匦。投毕，由傅道尹将正会长票匦启封，由检票员得票三十二票，各职员按票唱名。结果，傅筱庵君得二十一票，虞洽卿君得八票，谢蘅牕、陈雪佳、盛泽承三君各得一票。傅道尹复将副会长票匦启封，再由检票员检得票数三十二票，亦依次唱名记录。

结果，袁履登得十六票，陈之一君得九票，盛泽承、谢蘅牕二君各得二票，谢仲笙、孙梅堂、王心贯三君各得一票。此时选举已毕。傅道尹起立报告，傅筱庵君得二十一票当选为正会长，袁履登君得十六票，当选为副会长云云。全场鼓掌，旋由道尹用红纸封票，将正副票分封两束，然后总封一大束，道尹及虞、方两位会长均签名封口存库保管，手续既备，时正三时四十分，振铃散会。[①]

图5-2　上海总商会会议大厅

随后在1926年7月31日召开的上海总商会会董常会上，严康懋被推举为总商会下属专门委员会的财政委员。[②]其间严康懋对上海总商会表现出了较大的工作热情，尽管此时身体有恙，且事务繁忙，他还是尽可能地参加总商会的会董会议并积极建言献策。兹辑录其参加上海总商会两次会董会的会议记录，以见其一斑：

① 《上海总商会第八任会董互选会长揭晓》，《申报》，1926年7月9日。
② 上海市工商联：《上海总商会议事录（五）》，上海：上海古籍出版社，2007年，第2368页。

民国十五年八月廿六日开第十八期会董常会

傅会长　主席　孙筹成君记录

主席：鄙人前日接事之时曾宣言勉任一月，届期因公私丛集，实难兼顾，故又备函告辞，旋会董又开临时会，推举代表又来挽留，情辞恳切，未便坚持己意，不得不勉允暂任。重要会务既蒙各会董共同担负，则事即易办，乘此常会期间特为声明。

陈良玉君：请会长力顾大局，不必再言暂任，须全始全终。

众皆赞成。

主席：报告第一案如下。

（一）报告合伙商业股东责任问题案

此案前由本会以合伙商业债务股东仅负按股分担责任为吾国素来之习惯，经陈明司法部大理院请为明白解释，并准大理院函复各节，应如何进行请为公议。

书记孙筹成君宣读大理院咨复司法部统字第一九八三号原文。

主席：此案关系商业颇巨，不能不详加讨论，现拟有一种办法，不知能办到与否。上海各业团体开一会议，主张习惯法限于自己所执有股份为止，未向农商部注册各号请向商会注册，则易稽考。以上两事办理时应呈报本省长官请其同意。

严康懋君：应照原有习惯法办理，若合伙员中有资力不足偿还债务欲其他合伙员代为分担，则以后谁愿合伙经营，商业在商会注册一层亦甚赞成。

袁副会长：陈子壎君今日因有小恙不能出席，函请林孟垂君代表，函中对于本案亦如是主张。其原文为下：今日本会开会为大理院颁布股东连带关系，一经实行，商业上受莫大之障碍，务乞贵会举理驳复。惟以后商号必须向会中注册以资参考，此请提议。弟因有恙不克列席，除请林孟垂君代表外，用特奉闻，其余各事议毕无不赞成。

林孟垂君：此系大理院二年上字六四号之判例，非法律可比，当然可以驳复。

主席：本会办妥后请大理院备案，本省长官同意后请另咨各省查照较为便利，不必驳复，注册费须廉，则人皆乐就。

严康楙君：习惯法本各处不同，如宁波庄家习惯经手均有一恩股①，相安无事，上海庄家而无此办法，故上海各业对于以议据为标准之习惯认为可行，则大理院所定条理本无强行性质，自应依照习惯法办理。

陈良玉君：习惯法本救济法律之穷，本会提议而呈请本省长官仅限于一省，应请全国商联会同时提出，请司法部通令全国，则较普遍，声明俟国会成立再请追认，手续无甚完备。

方椒伯君：报告关于此案以前之经过情形及内地遵照习惯，公廨仍据判例新世界，因是纠葛后乃和解之原委。本会办理商号登录，因官厅方面手续办未完全，故不发达。现在对此案会长所拟之两种办法甚善，最要者本省长官须请其同意，专赖文电往来恐不达意，故须面与疏通，对大理院方面应再力争。

王心贯君：此案办法不宜扩大范围，应说自己从习惯法之是，不可说大理院判例之非，不在明言而在实做，能将商号登录办好，无形中即成一习惯法矣。

主席：要人来登录须公开，大理院方面争亦徒然。对于本省长官专用公文势必搁置，应先与接洽，俟其同意再办公文。大理院原文应公布，则人知商号登录之重要矣。

陈良玉君：大理院内应去函告以上海确有此习惯法，系声明而非驳复。

主席：以由各业议决仍照习惯办理请本省长官备案付表决。

众皆赞成。

主席：报告第二案如下

（二）报告梅税务司来函关于拨偿军用垫款案事善后垫款一案，惟梅税务司函复已呈请总税务司核办，除由会电达安总税务司请予饬关照拨外为特报告。

厉树雄君：明知梅税务司为难，但函催时应根据总司令电令请其迅拨。

---

① 恩股即干股，是资方送给经理人员的股份，有分红权，无资产权。

主席：本拟以私人资格致函安格联君请其照办，旋因安已赴英故未拨。

议决：再函税务司催其速拨，并告以来函曾分函各债权团体，咸以请示一节系贵税务司之事，各债权因总司令准在江海关关余内拨还，故仍向贵税务司催拨。

主席：报告第三案如下

（三）食米平价局捐款案

本会前与县商会闸北商会南北慈善团合办食米平价局，今因日前开会公同议决米价腾贵，延长一月至阴历中秋截止，而不敷之款尚须数万元，应如何筹集之，务请公议。

方椒伯君：报告平粜经过情形及前任曾募八千余元，刻下分派庶务员随同各团体所派职员分向各处劝募状况。

议决设法劝募。

（四）抵制外人发行辅币案

袁副会长：上海银行公会来函谓风闻英工部局将发行一种辅币，推行市面。窃查发行辅币有关国家主权，外人岂能越俎代谋。敝会日昨开会讨论，佥谓发行辅币倘遇必要时自有我国金融界担任发行，断不容外人有所侵略，应请贵会就近调查有无其事，按理力争以保主权云云。事前盛竹书君曾嘱鄙人向工部局方面探询有无其事，即以私人资格往局，按云局内本不愿办，因铜圆日涨，电车公司方面以吃亏太甚，拟发行一种辅币，如公共汽车前日所用之辅币，然可以兑换，有是议而未决。

议决下星期五下午二时请银钱两公会会长推举代表来会面洽。

方椒伯君：报告对铜圆日涨屡次设法抵制之经过情形并以火柴公司因需用硝磺甚巨，现总司令部不允给照，欲归硝磺局办理，屡次电争，迄无效果。该商等以此事关系甚大，文电力争恐难达意旨，拟恳会长俯念商艰，赴宁面请总司令给照准运以维国货。

主席：事关维护商业，又蒙方会董谆嘱，自当赴宁一次，惟有效与否殊无把握，各厂股东姓名年需硝磺若干应函请火柴同业公会抄示以资接洽。

（五）入会案

陶庭耀君年三十七岁，江苏上海人，职业亚细亚火油公司华经理，由会董孙梅堂、厉树雄二君介绍入会请公决。

毛和源君年三十五岁，浙江鄞县人，职业华甬履瀛西药行经理，由会董厉树雄、孙梅堂二君介绍入会请公决。

唐宝泰君字冠东年三十四岁，广东香山人，职业瑞泰机器石粉厂主，由会董方椒伯、会员周静斋二君介绍入会请公决。

袁副会长报告各人履历及依次投子，结果各得白子十六枚均通过。

傅会长　袁副会长　薛文泰君　孙梅堂君　谢蘅牕君　王心贯君　严康懋君　方椒伯君　谢光甫君　付瑞金君　林孟垂君　陈子壎君（林孟垂君代表）　傅其霖君　张延仲君　邵立坤君　沈厚斋君　刘万青君　陈良玉君　厉树雄君[①]

民国十六年一月十五日第二期常会议案
（第一期常会因适值元旦故未举行）

傅正会长筱庵主席

（一）华商证券交易所请协争停止九六债权交割案

此事农商部以该债权酿成风潮，电致该所派员查办，暂停本月交割，该所电部以暂停交割，恐对外发生违约问题，而本身信用及金融恐亦被牵动，请准展迟日期交割，并函请本会亦以此意呈部请求，应如何办理之处，即请公决。

议决致函交易所，告以曾接该所及官厅来函，已提交常会，公推两会长暨方椒伯会董，先至该所调查情形，请予接洽。

（二）会董谢永燊自请出会案

此事据谢会董来函，以现被命为临时法院民庭庭长，为法官平日担任各商业机关职务，不能不一律告卸，请取消员资格，会董一席照章另补等语。

---

① 上海市工商联：《上海总商会议事录（五）》，上海：上海古籍出版社，2007年，第2374—2375页。

查此事系法院编制法所规定，应如何办理之处，即请公决。

议决准谢君出会，以顾子盘君递补会董缺。

（三）交涉署咨询工部局华董三人如何选出案

此事接交涉署来函，以本年公共租界纳税西人会，通过工部局加入华董三人，此项华董如何产生亟应规定办法，以便选出相当人员，分函纳税华人会及本会，嘱为协商各方见复等语前来，应如何办理之处，即请公决。

议决分函各入会团体，请于两星期内将华董如何产生意见函送过会，俾便汇案转核。

（四）五马路商界联合会等请为关谳员立去思碑案

该会与民福学校佛教流通处函致本会，以公廨正会审官关炯之着有政声，拟合公团立一去思碑以志纪念，嘱为赞同联合发起等语，应如何办理之处，即请公决。

议决请两会长暨方椒伯会董与县商会接洽办理。

（五）海关因赛马停止办公案

查上海春秋两季赛马常例，海关亦停止办公，三半天似嫌太多，应否请海关斟酌变通之处，即请公决。

议决致函江海关税务司，请其以后每逢赛马除跳浜日停止办公半天外，余请照常办公以利商人报运。

（六）入会案（详见新会员纪略）

（七）请万国博览会由京移沪举行案

会长临时提议，谓万国博览会原定在北京举行，近据沪上各商面称北京地点偏于北部，近年来因军事关系交通阻梗运货更觉不便，沪上为通商巨埠，万商云集，交通水陆均便，主将是会移至上海举行云云，用特提出请即公决。

议决赞成由京移沪举行并即电请政府核办。

（八）请援成案优待本会会员案

会长临时提议，谓会审公廨对于本会会员，向来特别优待，遇有民事诉讼概不交保，现公廨收回改组临时法院，对于此项旧案，应由本会致函临时法院说明原委，请其依照成案办理，以示优待，是否有当即请公决。

议决照办。

（九）请本会清理商业债务案

严康懋、陈子埙二会董临时提议，谓会审公廨对于商家清理债务概交薛迈罗清理，费大延时，人所共知，殊感不便，现公廨业已收回，以后遇有清账事宜，应请临时法院交本会办理，以便商民，是否有当即请公决。

议决将本会前定之理账章程备函送请临时法院查照办理。

（十）报告学界代表来会请求废约案

袁副会长临时提议，近来时有学界代表来会接洽废约等事，均请徐可升君招待，今日又有驻日华侨联合会推派代表王世楷等及旅欧华侨废除比约归国代表团杨嗣福等来会，由鄙人接见。渠等主在会董会出席报告，并提出请求本会合作条件，当经详为婉复，用特提出报告。

议决，根据前电再行电请外交当局，从速进行废约事宜，并另函全国商联会，又电外交当局请一致主张。[1]

其间，严康懋还加入了人多势众的旅沪宁波同乡团体——宁波旅沪同乡会，并于1921年7月在同乡会选举大会上被推举为135名初选当选人之一，后又当选会董、学务董事等。[2]

（三）宁波绅商

进入20世纪20年代后，在宁波商界已有一定地位的严康懋，作为宁波绅商方面的重要代表，开始走出商界，现身于地方社会乃至政坛。尽管他为人十分低调，加之身体常有不适，与同时代人相比似乎算不上活跃，但在当时甬上一些重大场合仍能看到他活动的身影。下面转录当年报刊的一组报道，也许能够从中看出一些端倪：

---

① 上海市工商联：《上海总商会议事录（五）》，上海：上海古籍出版社，2007年，第2544—2545页。

② 上海市工商联：《上海总商会议事录（五）》，上海：上海古籍出版社，2007年，第2544—2545页。

自治协会理事会纪事

鄞县自治协会分会，于昨日下午二时，借座县议会开第一次理事会。到会者有朱荃荪、汪韵琴、陈企白、钱增龄、凌章阉、王思成、陈莼荪、徐矗青、陈孟璇、毛安卿、蔡芳卿（陈莼荪代表）、章莲泉、汤子清、王叔云（汪韵琴代表）、孙鲁贯、金梦麟、周纬星、王东园（陈企白代表）、袁端甫等廿一人。推汪韵琴主席，一议董袁二理事辞职问题，议决致书挽留。二报告收支账略，由主席逐项报告。三公推汪韵琴为主任理事。四公推分股理事，每股八人，总务股为陈南琴、章莲泉、汪韵琴、袁端甫，政事股为张让三、钱增龄、朱荃荪、蔡芳卿，文事股为王思成、陈俊明、王叔云、陈企白，交际股为徐庆云、毛安卿、金梦麟、汤子青、周纬星。五议推特别干事，金以特别干事，有关于经济及介绍会员，助理各股，其服务他处或在各机关在职之人员，若不能亲自到会，应行除外。当推定陈子秀、周巽斋、毛秀生、陈茗泉、范纯管、李伯卿、郭渔笙、严康懋、蔡良初、陈才宝、朱旭昌、余润泉、徐修甫、董叙卿、徐庚馥、曹性存、魏伯桢等人充任之。又各乡镇各推驻区理事一人以便通信，城区则直接通信于总会。六议定入会志愿书方式，依据省总会志愿书之方式。七经费问题议决，除会员会费收入外，各理事每人认捐三元。八酌聘常驻员问题，议决俟经费充足再议。九议定下次开会日期为阴历十一月十四日。议毕散会，时已四时余矣。[①]

遣散溃兵费分期拨充建筑商会

甬总商会前以筹建会所，拟将六年遣散溃兵费二万五千元，移充商会建筑经费，由各业议决在案。兹因张财政厅长扫墓回里，三日晚由商会正副会长宴请张氏，并邀士绅张让三、严康懋、张申之等作陪，席上谈及甬商所垫六年遣散溃兵费，尚有二万五千元，未经省中拨付，既由各业议决移充商会会所建

---

① 《自治协会理事会纪事》，《时事公报》，1922年11月29日。

筑费，请速设法筹还等语。当蒙张氏允将此额分作三期拨还，第一、二两期各拨八千元，第三期九千元，每二月还付一期，以六个月还清云。列席者一致称谢，尽欢而散。[①]

纪昨日连山会馆之盛会

宁波官绅商学各界，为韩司令（即时任宁波沿海警备司令的韩光裕——笔者）行将调赴南京，发起借连山会馆开欢送会一节，已两志本报。兹悉昨日为举行之期，先期由政警司法绅商各界五十余人具名，束邀韩司令等欢宴。下午二时许主人方面到者有朱道尹（代表朱科长）、李监督（代表沈科长）、林厅长、张知事、金陈二厅长、郑局长、许局长、吴电报局长、谢署长及陈季衡、胡叔田、严康懋、李霞城、俞佐庭、袁端甫、孔馥初、余润泉等三十余人。来宾有韩司令、司营长、刘团长、王副官、韩书记官五人，何营长因事辞谢。自三时起，先演汤善卿髦儿戏，次中西魔术，次拉戏，次男女四簧，次群芳会唱，次鼓舞台马叔良戏迷双簧。演至此，齐赴乐王殿摄影。时已傍晚，即设筵入席，遂开演大连陞京戏。韩司令赏给每种游艺洋十元，群芳会唱共六人，每人赏洋五元，而大连陞则由韩司令赏十元，司营长十元，王副官及韩书记各赏五元。后因各艺员颇为卖力，韩司令又加赏四十元。席间又赏给保安队、巡防等洋廿元及侍役总赏十元。宾主颇见尽欢，直至晚间十二时始分道而散。[②]

官绅发起消暑聚餐会

地点借钱业会馆　定会员廿四人

本埠官绅商界，自王悦山镇守宁台时，曾在畅园发起俱乐部，厥后无形解散，段司令林厅长，早有复活之议，惟未成立。此次卢总司令莅甬，各官绅常有会晤，又曾谈起，且时值盛夏，公余之暇，似应有一正当娱乐，以消酷

---

① 《遣散溃兵费分期拨充建筑商会》，《申报》，1924年4月7日。
② 《纪昨日连山会馆之盛事》，《时事公报》，1926年3月4日。

暑。昨日午刻，特由士绅俞佐庭、陈南琴等发起，在钱业会馆设宴，邀请林厅长、张知事、金厅长、陈厅长、程局长、周局长、来局长、刘局长、金臻庠君等十人，开始筹备。当场一致赞成，地址由俞君接洽借用钱业会馆，并公推金臻庠君为总干事。当场议决会约数条：（一）会员定为二十四人；（二）每日备晚饭一席，会员到者较多时，临时酌加，每日下午三四时为会员聚集之时；（三）每席菜费不得过四元；（四）每人纳入会费洋十元，其后加入为会员者，须出入会费廿元并须经前会员全体通过；（五）各会员之车轿夫饭食均由各人自给；（六）会员如吸食汽水纸烟等须签字向庶务处领取，费归自纳，每十日一结；（七）会中饭食电费辛工及一切开支每月一结，由会员平均负担；（八）会内多备书报杂志弈棋等娱乐品。已有总干事筹备一切，定初五日正式成立。闻现在已赞成加入者为段司令、朱道尹、李监督、林厅长、金厅长、陈厅长、张知事、程局长、周局长、宋局长、刘局长、陈南琴、俞佐庭、袁端甫、严康懋、金臻庠、孙祥簠、林琴香、张祖英、朱舜苏等二十人，尚有四人余额，欲加入者，可向金君处报名云。[①]

1922年10月间，在当时浙人治浙的政策推动下，浙人张载阳（参见图5-3）被推举为浙江省省长，为此严康懋等宁波绅商代表致电祝贺，电文转录于下：

杭州张省长鉴：

阅报欣悉我公长浙，不胜雀跃。自清季迄今，旌旗临甬，地方事屡赖周全，久深爱戴。兹届吉座

图5-3 20年代初担任过浙江省省长的张载阳

① 《时事公报》，1926年7月11日。

允升，新猷式焕，将来造福，奚有限量，幸隶帡幪，敬此道贺，盛省传、费冕卿、顾元琛、严康懋、徐镛笙、余润泉、郑松馆、费善本、赵占绶、林子鹤同叩。①

收到电文后，张载阳即回电感谢："宁波盛省传先生转费冕卿、顾元琛、严康懋、徐镛笙、余润泉、郑松馆、费善本、赵占绶、林子鹤诸先生钧鉴：庸材长浙，承贺祇谢。载阳冬印。"②

1927年6月4日，国民党宁波市党部为改组市政府，召开各团体联席会议，会上严康懋当选为新成立的宁波市议事会议员。报道说："市党部为改组市政府，昨特召集各团体联席会议，到李志飞、虞伯平、蒋达三等十余人。潘玉主席讨论改组市政府方法，当推乐俊文唱票，蒋达三、郑蕴三监票。当选市长为吴万均，候补张申之，当选议员包文、严康懋、张申之、蒋达三、郑蕴三等十九人。闻定今日召集第一次市议事会。"③同年7月1日，宁波市政府正式成立，严康懋与徐镛笙、赵家荪、励德人、袁端甫、孙义慈、陈蓉馆、孙表卿、孙莘墅、陈南琴、林宾逸、董惟扬等15人成为宁波市参事。④同年10月6日，严康懋与俞佐庭、徐镛笙、周子材等10人又被宁波市长罗惠侨聘请为市政府财务委员会委员。⑤

1926年，作为当时甬上重要绅商人物，严康懋还参与调停了当年轰动一时的宁波总商会"俞孔讼案"。1926年3月，宁波总商会前会长孔馥初具状鄞县地方检察厅，控告现任会长俞佐庭伪造账册、侵占上年"宁波独立"事件所费公款之罪，轰动一时。该案历时经年，到1927年夏宁波市政府成立后，当时宁波市长罗惠侨、浙海关监督张申之、各场办事处坐办蔡琴孙及绅商代表严康懋、陈南琴等人，以俞孔二人涉讼累年，事关"法团"声誉，特出面调停，以冀息讼。他们询问孔馥初有无其他原因，孔馥初答谓"事出误会，愿呈请撤

① 《时事公报》，1922年11月3日。
② 《时事公报》，1922年11月5日。
③ 《申报》，1927年6月5日。
④ 《罗市长聘请市参事》，《时事公报》，1927年7月4日。
⑤ 《市政府聘定财务委员》，《时事公报》，1927年10月7日。

销，惟讼费用去甚多"。据当事人回忆，"当时罗惠侨、严康懋等人知俞佐庭性好和平，非健讼之人，且知孔馥初已化去讼费无可取偿，乃集成1.95万元，以1.2万元作买孔之住屋费（该屋由严康懋受买，范文甫作中）。另7500元作为孔馥初料理讼事之费，由孔馥初呈请撤销原案，双方息讼了事。"①

当然，与其经济实力和商界地位相比，严康懋当时在甬上社会的"出镜率"实在算不上高，甚至有些本应出席的活动与场合也难觅身影。而与此同时，一贯默不作声的他却以很大的热情、更大的精力与财力投身于慈善公益活动，从而成就和收获了一代善人的宏大事业与盛誉。

①　《文史精华》编辑部：《近代中国大案纪实》，石家庄：河北人民出版社，1997年，第362—363页。

六、传统义举

有"一代善人"之誉的严康懋从事的慈善公益事业相当广泛，门类众多，从救济族人、赡老育幼的传统善举到兴修水利、修桥铺路、教养孤儿的近代慈善，再到为地方兴利除弊、造福一方的自治事业，从常态救助到临时救急，他都积极参与，乐此不疲。其中，传统善举是严康懋慈善事业的重要组成部分，也是他首先着力的地方。

（一）严氏义庄

"生有至性"的严康懋事业有成后不满足于自己发家，"雅不愿殖财以自封"，即思报效族人。但具体始于何时，由于文献的缺乏，已难以知晓。《鄞县通志》称其对"乡党戚旧，提扶备至"[①]。据时人记载，发迹后的严康懋经常接济同宗堂兄弟子侄。其父严文周有兄弟四人，三位叔伯早逝，留下年幼的堂兄弟子侄，严康懋视同己出，努力帮助提携之，直至他们成家立业。[②]得益于同乡提携的严康懋对于帮衬同乡后辈也是不遗余力，据说他常常将有求于他的亲戚故旧的名字写于案头之上，以提醒自己。随后"视其人之亲疏远近，为之汲引，必使之各得其所，而心始安"。即使是其家里的佣人、保姆、杂役、书童等人，因其推荐而到上海谋生者也难以计数。为此，1929年11月初严康懋过世时，他们"莫不垂首而归，怅怅无所之，曰吾辈今日复何所赖乎？皆痛哭失声"[③]。

当然，在救济族人方面，严康懋最大的举措是设立严氏义庄，"捐金十万，置田千亩，办义庄，以赡族人之贫乏无告者，设学校于其旁，使寒酸子

---

① 《鄞县通志·文献志》，宁波：宁波出版社，2006年，第640页。

② 《时事公报》，1929年11月4日。

③ 《时事公报》，1929年11月4日。

弟亦不至失教"①。在传统中国社会，家（宗）族是家庭的外延，它既是一个经济单位，也是一个社会单位，承担着族内成员的生活保障责任。特别是在广大农村或城郊地带，义庄成为社会救济力量的重要补充。义庄，始于宋代范仲淹在苏州设立的范氏义庄。在传统民间慈善事业中，义庄对当时的社会救济发挥着重大作用。义庄一般以田租、庄屋租金收入，用于救济族内贫困与鳏寡孤独者，并设立义塾培养子弟读书科举。

义庄在鄞县一地的设立由来已久，近代鄞县义庄一览表如表6-1所示。早在南宋淳熙年间，史浩与沈焕等发起组织四明乡曲义庄，"自宋至元，历百八十不废"②。清中期后，在外经商富有实力的鄞县商人纷纷在家乡兴办义庄。比如咸丰六年（1856年）蔡筠在县东潘火桥创办蔡氏树德堂义庄，置地2100余亩，并有市房若干供出租，按季赡养鳏寡孤独，并有义塾。同治七年（1868年），鄞县屠继烈在竹林巷创办屠氏乔荫堂义庄，有房44间，置田1000余亩，以恤族中穷而无告者，还附设义塾。

表6-1 近代鄞县义庄一览表

义庄名称	年代	地址	创办人	内容	占地面积
徐氏固本义庄	嘉庆二十四年（1819年）	县东大墩	徐桂林	赡养族内孤寡，办有义学，后改为大墩初级小学	不详
朱氏义庄	道光十三年（1833年）	鄞西南它山庙	朱孝铨	赡养族内孤寡，办有义学，后改为养正小学	置田1000余田
冯氏敦本堂义庄	道光十七年（1837年）	鄞西后仓	冯一桂	赡养族内孤寡、废疾、老而无依者	有田400余亩
吴氏义庄	道光十九年（1839年）	张斌桥	吴楠	赡养族内孤寡，并办有义塾，后改为初级小学	置田260余亩，市廛6所

---

① 蔡和铿：《严康懋先生行述[》，《时事公报》，1929年11月9日。
② 《张其的敬告宁波商人》，《时事公报》，1927年6月1日。

续表

义庄名称	年代	地址	创办人	内容	占地面积
蔡氏树德堂义庄	咸丰六年（1856年）	县东潘火桥	蔡筠	按季赡养鳏寡孤独，并有义塾，后改初级小学	有田2100余亩，市屋若干
西城杨氏义庄	同治六年（1867年）	县西西城桥杨陈弄	杨葆镛	以所入赡之孤寡，资助贫寒者婚娶和子弟就读，办有义塾	置田440余亩及涂地1方，市屋若干
屠氏乔荫堂义庄	同治七年（1868年）	城东北竹林巷	屠继烈	恤族之穷而无告者，设有义塾2所，后分别改为竞进第一、二初级小学	置田1000余田
李氏义庄	光绪十三年（1887年）	鄞南共和乡	李正射	按季赡给族之孤寡，设有义塾	置田500余亩
郑氏思本堂义庄	同治七年（1868年）	殷家湾	郑怀亨	以恤族之孤寡残疾者	置田80亩
石氏余庆义庄	光绪三十三年（1907年）	鄞南石家乡	石魏（志）湘	赡族之孤寡，设有义塾，后改为初级小学	置田700余亩，市屋若干
孙氏义庄	1921年	江北岸浮石亭	孙瑞甫	按季赡给族内鳏寡孤独及各项善举	有田300亩
严氏义庄	1921年	首南乡严家汇头	严英	赡族内孤苦无告者，附设康懋完全小学	置田1000余亩，市屋3所
姜氏义庄	1922年	姜家陇	姜忠汾	赡族内孤苦无告者，附设风育完全小学	置田1000亩，市屋2所，别储待用之款12万元

资料来源：《鄞县通志·政教志》，宁波：宁波出版社，2006年，第1478—1484页。

　　显然事业有成的严康懋也受到了当地这一慈善传统的影响。严氏义庄这一被载入民国《鄞县通志》的义举建立于20世纪20年代前后，并于1922年年初由严康懋呈请地方当局备案。会稽道尹黄庆澜（参见图6-1）在给浙江省长的呈文中对此大为赞赏，认为"该公民设立义庄，附设学校，捐款甚巨，其敬宗睦族，慈善为怀，实为难得"，要求予以"转咨立案，并特别优奖，以昭激劝"。当年3月19日的《时事公报》如此报道：

会稽道尹黄君昨呈省长文云，案据鄞县知事姜若呈称，据公民严英呈称，窃民世居鄞县首南乡严家汇头地方，年代既远，丁口尤繁，因僻处乡隅，类皆务农为业，收入不多，贫苦之家，实居半数。故父讳子香在日，久欲仿范氏义田之举，捐资赡族，而力有不逮，赍志以没。民亲承遗训，谨志弗忘，因弃儒服贾，出外经营，数十年艰难辛苦，铢积寸累，迄今稍有盈余。谨遵遗命，拟置田千亩赡养同族之贫苦者。现已陆续置田六百四十亩之谱，计价银三万三千九百元有奇；又置房屋三处，面积七分五厘二毫，计价银一万五千六百元；又置基地七亩七分零，建造庄屋一所，并器具杂物计价银三万五千元左右；共合计银八万四千五百元之数，永为严氏义庄之产。所有缺少田三百六十亩，当逐渐添置，俟足千亩之数，另行呈报备案。至收入之田租房金，除完赋及本庄执事人员薪工及一切开支外，凡系本族之鳏寡孤独残疾皆有养，婚丧葬娶皆有赡。至天灾之恤，则又推及于外族外姓。复设国民学校一所，本族子弟咸得就学，庶几教养兼尽，以仰副先人之遗志。凡此皆分所当为，本属庸行之常，何敢窃附敦睦之义，缕陈钧听。惟念产既归公，虽嫡派子孙亦不准丝毫变动，诚恐行之既久，难保不渐生弊端。为此缮具义庄条规，并绘图说，暨造具不动产数量价目表，请予查核转呈立案等情，并送庄规图表等件到署。据此，查该公

图6-1　20世纪20年代会稽道尹黄庆澜

103

民仰承先志，设立义庄，并附设国民学校，先后捐银至八万四千五百元之巨，核阅所订条规不独嘉惠同族，教养兼施，且遇有天灾亦能推及于外姓，办法至为尽妥。似此敬宗睦族慈善为怀，实为近代人民所罕见，似与修正褒扬条例所载捐助公益事项满二千元以上者，未可同日而语。拟恳钧尹俯赐转呈省长咨部立案，并请特别优奖，以垂久远，而昭激劝等情，并呈送义庄规条图说，并不动产数量价目表各三份、履历三份前来。据此，道尹查该公民设立义庄，附设学校，捐款甚巨，其敬宗睦族，慈善为怀，实为难得。除指令外，理合检同原送条规图各二份、该公民履历二份，备文转呈仰祈钧长鉴核，俯赐转咨立案，并特别优奖，以昭激劝，实为公便。①

《鄞县通志》对于严氏义庄是如此记载的："在县东南维勤乡严家汇头，民国十年，里人严英于其宗祠旁建造庄房五十余间，占地七亩七分一厘四毫一丝，曰严氏义庄。置田千亩有奇，市房三所，占地七分五厘二毫，庄内附设康懋完全小学。"②其实对于严氏义庄置有多少土地，《鄞县通志》的说法并不一致，一说是四千亩，③一说是一千亩。但即使是一千亩，在人多地少、土地资源极为稀缺的宁波，也是一块不小的土地。义庄以所得租谷与租金收入，支付义庄及学校开销之需。凡族里的鳏寡孤独、生活无着者，由义庄每年每人供给300公斤粮食，使其老有所养，幼有所依，不受冻饿。

据严氏后人讲述，发迹后的严康懋扩建了原由其父严文周公建立的严氏祠堂。祠堂位于严家汇头村河边的北岸，坐西朝东，拥有三进五开间四排厢房。其中值得一提的是严康懋建造的第二进祠堂，俗称"女祠"，"又竟先人未竟之志，建女祀以崇配享；纂谱牒，以联族间"④。在传统中国，男尊女卑，祠堂是男性的天地，神位上供奉的都是男性先祖。封建的纲常礼教认为女人是依附男人的，所以不能跨进祠堂一步。否则，便是大逆不道，是对先祖的

① 《捐置义庄之请奖》，《时事公报》，1922年3月19日。
② 《鄞县通志·政教志》，宁波：宁波出版社，2006年，第1 480页。
③ 严捐金十万版，购良田四千余亩，建屋五十楹，为严氏义庄。——《鄞县通志·文献志》，宁波：宁波出版社，2006年，第640页。
④ 蔡和铿：《严康懋先生行述》，《时事公报》，1929年11月9日。

图6-2 修缮中的严氏祠堂外景

不敬。清中期后，宁波开始有女祠的设立，但为数甚少。严康懋设立女祠之举，说明他思想较为开明。

1921年年初，为救治族人并惠及家乡父老，严康懋在康懋学校旧址上开办医院。1921年4月19日，《时事公报》以"严家汇新设医院"为题报道了这一消息：

……兹闻严君又为乡里人民贫病起见，特将该旧校舍加工修葺，开设医院，并聘请本埠普仁医院医士洪伯伦为医务主任。查洪君系江苏怀德医院七年毕业，学识经验均称丰富，在普仁医院已视诊多年，闻其剖割手术甚为活泼云。①

该院具体情况难以知晓，但该院的创办无疑使义庄兼具养育、教育、医疗等多方面的功能，其作为宗族救济机构的作用趋于完备。

严氏义庄救济族人的传统一直延续到20世纪三四十年代。据说，一般在每年的清明节前后向贫困族人发放稻谷，而逢年过节分发的吉饼、麻饼及赵大有

---

① 《严家汇新设医院》，《时事公报》，1921年4月19日。

青团则是人人有份的。①严氏义庄除义庄、义学外，还包括谷仓、祠堂。后来据勘察发现，谷仓当时是与祠堂平行而建的。谷仓是储藏义庄粮食与救济贫民的重要场地，位于地势较高处，颇具规模。因为"鄞南一带地势普遍较低，所以谷仓的地基高出地道六七十厘米，当年，有短木架梯在谷仓与地道之间，人必须走梯子才能将稻谷送进仓里"②。为充分发挥义庄的救济功能，谷仓的设计相当重要，为此严康懋颇费了一番心思。据胡鼎阳先生记载，义庄门楼前面有马鞍埠头。每年由严家负责收租谷的人将收来的租谷从埠头直接挑进谷仓。义庄内从东往西进去，有传统的插板式谷仓，在祠堂北面，坐北朝南，五间两弄，可以随着粮食堆积高度的增加而插上相应高度的谷仓木板。为了防潮，在堆放粮食的木地板之下，还专门砌了四五十厘米厚的防潮层，装有通风的铸铁花窗，设计很精细。③

图6-3　修缮后的严氏义庄内小医院用房及孤寡老人住房

严氏义庄"不独嘉惠同族……且遇有天灾亦能推及于外姓"。意为遇到天灾人祸，义庄也惠及乡里。可见，义庄并非一个完全封闭的家族救济组织。

---

① 出自2015年7月10日笔者在上海提篮桥九联大厦对严氏族人、严康懋孙女婿严孝达先生的采访。

② 《严氏义庄》，《宁波晚报》，2012年12月11日。

③ 胡鼎阳：《首南印象》，宁波：宁波出版社，2014年，第166页。

特别是义庄附设的康懋完全小学（参见图6-4、参图6-5）更是惠及乡里的一大善举。"复于宗祠左侧创设康懋国民学校，俾族中子弟及里中儿童咸得肄业"[①]。据严氏后人严方长回忆，办学心切的严康懋在义庄筹备之初即着手建成学校并招生，所有费用由义庄承担。[②]而据20世纪30年代编纂的《鄞县中小

图6-4　20世纪80年代初康懋学校大门

图6-5　康懋学校旧门额

---

① 姚家镛：《严母卢太淑人六十序》，《鄞县姚氏宗谱》卷十一，艺文录，第22页。

② 严康懋于1917年出资13 400元创办私立康懋小学，"建西式楼房3楼3底，辟操场3亩，并在城区购屋数间作为校产，另置校田34亩"。——张彬：《浙江教育史》，杭州：浙江教育出版社，2006年，第422页。

学校史》（详见附录四）记载，康懋国民学校由创办于1912年的县立单级第十七所学校改建而来，1917年起严康懋主持校务并将其改为严氏小学，1920年前后改为康懋国民学校。严康懋主持校务达12年，直至1928年改由其子严祥琯负责。期间，学校经费基本上由严康懋负责解决，"六年至九年，改为严氏小学，分两学级教授，需款约五百四五十元，除收学费六七十元外，余数由严康懋君独力担任之。自十年起，改为康懋小学，分三学级教授，规模稍事扩充，除收学费百五六十元外，余款约需千百余元，悉由严氏义庄拨给。近自十六年起，百物昂贵，薪金亦提高，学校支出尤巨，除收学费百七八十元外，严氏义庄名下每年拨给不下千七八百金云"[①]。而更大的费用在于校舍建筑，仅1920年严氏独力建筑校舍即费5万元。当年，共建成"新式楼房两层，计十二间，又新式头门一座，计三间。平屋七间，厨房二间，厕所一所，另开校园操场，共计地七亩零。建筑费约需五万金云"。5万元在当时是一笔不少的投入，相当于现在的数千万元。可见严康懋投资教育是不惜钱财的，故时人称严康懋"热心教育"确非虚语。

由于学校"办理完善"，声名鹊起，吸引了附近几个村子（如里四堰、青墩、庙跟、王家堰）的孩子前来就读。学校对严氏族人完全免费，学业成绩优良者可继续免费保送上中学及大学；对外姓子弟则象征性地收取一些费用。[②]由于学生数量增加很快，校舍不敷使用。1920年前后，严康懋出资"建筑洋式新舍，并附设乙种商业学校"。1921年4月19日的《时事公报》报道说："鄞县首南乡严家汇头地方，严氏康懋国民学校因办理完善，学生众多，原有校舍不敷支配，特由严君出资鸠工，建筑洋式新舍，并附设乙种商业学校，聘请沙可风、董世松二君主任教务。"[③]由于严康懋的重视，学校办学认真，成绩优异，一直受到当地教育部门的好评。1925年年初，鄞县县视学在考察后认为该校"校舍宽敞，光线充足，校长严觉初办事认真，马教员教授合儿童心理，学

---

① 《鄞县私立严氏康懋小学校史》，《鄞县中小学校史》第二辑，1934年，第16页。

② 出自2015年7月17日笔者在宁波鄞州区钟公庙街道繁裕社区对严氏族人严方长先生的采访。

③ 《严家汇新设医院》，《时事公报》，1921年4月19日。

生成绩亦可，而体操更为注意"①。而同年年初，鄞县教育当局在给全县学校排列"等第"时，该校又名列甲等。②可见，严氏康懋国民学校办学成绩当时得到了多方面的认可，所谓"办理完善"并非溢美之词。

其后，康懋国民学校优良的校风与学风一直得以保持，使该校成为当地享有盛誉的学校。严氏族人及附近村庄的子弟几乎都是在这里接受了良好的初等教育，许多毕业生还升入效实中学、省立四中等著名学校就学。对此，20世纪30年代就读于该校的严孝达、严方长都有深刻的回忆。1928年出生于严家汇头的严孝达，其父亲与姑母均就读于该校。学校六年制，一至四年级为小学初级，五至六年级为小学高级。严孝达的姑母在此完成了小学教育，而其父亲读完小学初级后到宁波城区江厦街严氏钱庄学生意。1934年，年方6岁的严孝达进入康懋国民学校学习，1940年毕业后考入当时已迁入鄞西高桥的效实中学。一年后宁波沦陷，严孝达转入上海常德路隔壁的交通中学。1946年，成绩优异的严孝达同时被清华大学、上海交通大学、同济大学、浙江大学等多所学校录取，最后他选择了清华大学水利系深造。毕业后，严孝达进入国家水利部苏联专家工作室工作，1958年响应国家号召，远赴新疆，从此长期在新疆水利系统工作，为祖国大西北水利事业做出了自己的贡献。

据严孝达回忆：

就学时，读的课程有国文、算术、自然、体育、音乐、手工（美术）和劳作等。20世纪20年代时，校长是由族长严觉初兼任的，此人当时在严氏成员中比较有文化，也有能力，常出面主持修桥铺路等公益事业，故当了很长时间的校长。但后来几任校长都不是姓严的，包括我就学的时候。当时族长是严滕青，此人有相当的能力，曾担任过首南乡乡长，还到上海严康懋投资的钱庄做过襄理。由于严康懋开始时没有儿子，他一度过继给其作养子。后来严康懋有了儿子严祥琯，此事就不了了之了。当时校长夫妇与教员都住在学校里，住房

① 《鄞县教育状况之报告（八）》，《时事公报》，1925年1月15日。
② 《鄞县各区学校等第表》，《时事公报》，1925年1月17日。

有阳台，十分漂亮。教员大约有十来个，当时校长也是上课的，校长夫人则教音乐课，手风琴、美工、舞蹈都会，低年级的国文也教。当时抗日运动风起云涌，抗日歌曲深入人心，故对音乐课相当重视，我读了六年书，学会了不少抗日歌曲。当时我们经常参加抗日活动，如为前线将士募款等，一次我从在上海做钟表生意的里四堰李家人募到一块大洋，交给老师后，受到点名表扬，我为此兴奋了好几天。当时学校对体育也相当重视，设有小足球场、篮球场，还有跳高、跳远等场地。活动器具也多，如球类、哑铃、棋类等相当齐全。当时全县学校还经常举行运动会，记得在鄞东五乡碶举行的全县运动会我就参加了，四眼碶学校的学生也赶来参加。记得运动会的瞭望台是用毛竹搭起来的，气势相当宏伟。①

1939年入学的严方长回忆说：

我们兄弟姐妹5个人都就读于康懋学校，我读书时的校长是翰香师范毕业的吕素能，是奉化裘村吕夹岙人，教师全部住校，女的多，也多毕业于师范学校，对工作相当负责。当时教材是各校统一的。全校学生大约有100多人，每个班10~20人。学校有图书室，设在大礼堂上面，大礼堂曾挂着国防部长何应钦的大幅照片，印象深刻。图书室有《万有文库》《儿童世界》《小朋友》等书刊，还有玩具，我们经常往那里跑。还有一件事印象比较深，那就是每年清明节时候，我们由老师带队，乘两条船前往横溪的马岭严氏坟庄，在那里搞个仪式，祭拜康懋公。当时宁波是典型的水乡，城乡江河纵横，水路相当方便，到各处去基本上都是靠船的。②

①　出自2015年7月10日笔者在上海提篮桥九联大厦对严氏族人、严康懋孙女婿严孝达先生的采访。
②　出自2015年7月17日笔者在宁波鄞州区钟公庙街道繁裕社区对严氏族人严方长先生的采访。对此2015年7月19日严康懋孙子严令常先生在给笔者的信函中回忆说，他早年在上海就学，20世纪30年代回乡时康懋学校是必经的一站。他说："我只知道当时校长好像姓张（即张雪门，为我国著名的幼儿教育家），杜家娘娘（即张之夫人、管江人杜芬莲）曾临时去学校代课教音乐，当时教过一首《唱出一个春天来》，印象较深。在清明时节学校常租船给学生们一起去近郊踏青旅游，有一次我也偶然参与其中，其乐融融。"

在此读完小学的村民严友德也回忆说：

> 我们族里的孩子，读书不掏一分钱，只要成绩好，可以一路保送。有一些别村家长羡慕这里师资条件好，自费送孩子来上学。热闹的时候，差不多有100多人同时就读。[①]

自康懋学校创办以来，中国社会历经沧桑巨变，但该校却一直以原貌延续下来，尤其让人称奇的是其校名也得以保全，可以说是一个奇迹。

半个多世纪以来，康懋学校为社会培养了一大批人才，本地子弟多在这里接受了良好的基础教育而后大步走向外面世界。同样重要的是，康懋学校的创办，使琅琅的书声得以久久回荡在这一方水土上。随风潜入夜，润物细无声。由此孕育出当地重教兴学的良好风尚与社会氛围，重视知识、重视教育、在当地蔚然成风。长期以来，当地能够走出如中科院院士石钟慈等一批杰出人物，并非偶然。据严方长回忆，由于早年宁波房子多为木结构，故经常发生火灾。记得一次火灾时，母亲跑进火海首先抢出来的东西既不是首饰也不是家具，而是他们读的课本！这让他印象太深刻了。唯其如此，他们20世纪40年代前后就读于康懋学校的五个兄弟姐妹，除其本人外，个个都考入浙江大学、大连化工学院等高校深造，成为新中国各项事业的建设者。

（二）从安养堂到育婴堂

长期以来，赡老育幼是中国传统善举的重要内容。育婴堂与安养堂是鄞县一地颇具历史的著名善堂，进入民国后，严康懋都参与其中，长期担任董事一职，积极参与本地传统慈善事业。1928年宁波救济院在改组原鄞县一地善堂善会的基础上成立，其中育婴堂、安养堂分别改组为育婴所、养老所，而作为原育婴堂与安养堂董事的严康懋由此成为宁波救济院经济委员（相当于董事，后改名为基金管理会委员）。对此，时人记载道：

---

① 续大治、董磊艳、樊莹：《以前是乐善好施严康懋的故居 如今成为传播善心义举的爱心平台》，《现代金报》，2015年7月1日。

救济院创于民国十七年，系遵率部颁各地救济院规则，令饬各市县设立救济院，经由前宁波市政府罗惠侨市长召集地方士绅，于十八年二月，组织宁波市救济院。选任张传保为院长，陈兰荪为副院长。假北门育婴所后宸为办公处，任用职员二人，聘任严康懋、郭渔笙、邬志豪、蔡芳卿、徐镛笙、周巽斋、俞佐宸、赵芝室、桑伯固、林芹香、徐瑞麟等十一人为经济委员。先设立养老、育婴、施医、掩埋、贷款、残废、保良七所。[①]

安养堂创办于晚清光绪初年。清光绪五年（1879年），鉴于当时官方救济力量有限，社会上仍多有孤苦无依的老人，邑人李瑞章、姜思和、徐挺之、张锡藩、夏庆增和周吾镛等发起创设安养堂，收养60岁以上年老无依之人，供给其衣食住全部，生疾病为之延医，死亡为之殓葬。[②]对于安养堂的创办，当年的《申报》颇为赞许：

> 宁波地广人多，虽有官发孤贫定额三百余名，并安怀局给钱养老，而孤苦无依者，仍复不少。兹闻绅董张善仿等公议集资，于天宁寺旁添设安养堂，收养无依难民，妥议条规，公禀府宪。经宗太守批准出示劝办外，并饬该绅董等慎择笃实勤恳之人，尽心经理。每至年终，刊刻征信录散布，以期出捐者踊跃输将。此亦一大善举也。[③]

在周晋镳等宁波商人的支持下，该堂一直得以存在，在甬上慈善界颇具声名。但限于财力，安养堂的事业难以发展，其收养老人的名额一直为50名，几十年来未能扩充。有鉴于此，1912年前后担任该堂董事的严康懋，即出资将名额增加到100人。

成立于清乾隆年间的鄞县育婴堂，号称甬上三善堂之一（余为体仁局、感存公所），颇具规模，到民初仍拥有田1169亩，市屋23间（租与保良所），

---

① 《鄞县救济院沿革》，《宁波民国日报》，1936年3月14日。
② 《鄞县救济院沿革》，《宁波民国日报》，1936年3月14日。
③ 《设局养老》，《申报》，1879年10月8日。

以产息为经常费，不足部分由公费补助或向外募捐。① 1910年8月23日《四明日报》有报道，育婴堂收养6岁以下之贫苦及被家人遗弃之婴孩，"雇妇乳哺，供给其全部生活，年稍长，得许人讨领"。办法分内养、外养两种，"凡乡间抱婴送堂者，由堂发给川资"。育婴堂实际上是一个官办民助的慈善机构，特别是晚清以后，由于地方政府财力日趋衰竭，育婴堂经济上一般都是由董事会进行筹措，或由善士主动捐款。如1910年甬上名绅张让三之女张世芳发起改良鄞县育婴堂，除募得3000元改建乳房18间外，重在教养兼施。

严康懋何时加入育婴堂董事会已不可考，估计在20世纪20年代前后，1925年8—12月间，见诸《时事公报》的就有两次他会同官绅联名公开为育婴堂募捐的报道：

官绅协募育婴堂经费

会稽道尹朱文邵、鄞县知事江恢阅暨士绅林润芬、郭渭、严康懋、俞佐庭等，昨为育婴堂募捐事分函本埠各业云：迳启者，本邑育婴堂常年经费不敷甚巨，素仰台端，慈幼为怀，好施善愿，此等再造婴孩事业，定荷赞同，亟广为劝募，救人一命，德报三生，仁人之言，其言甚溥，务乞不吝玉趾，多种善因为祷。②

函请劝募育婴堂经费

会稽道尹朱文邵、鄞县知事江恢阅及士绅俞佐庭、郭渭、林澜芬、严康懋等，为育婴堂募款事，发出通函云：迳启者，本邑育婴堂常年经费，不敷甚巨。素仰台端慈悲为怀，好施善愿，此等再造婴孩事业，定荷赞同是举，广为劝募，救人一命，德报三生，仁人之言，其利甚薄，务乞不吝玉趾，多种善因为祷，手此奉恳并颂台祺。③

---

① 《鄞县通志·政教志》，宁波：宁波出版社，2006年，第1451页。
② 《官绅协募育婴堂经费》，《时事公报》，1925年8月21日。
③ 《函请劝募育婴堂经费》，《时事公报》，1925年12月10日。

两次公开募捐间隔不到四个月，可见当时育婴堂经费已相当紧张。其间，育婴堂在董事会的主导下，力图加以改革。为此董事会多次召开会议，决定办法，仅1924年3—6月三个月时间即召开了三次董事会。比如1924年3月5日，育婴堂董事会决定增设总务、文牍、调查三股，拟订育婴堂章程及董事办事细则，还决定改良育婴办法，聘请天主堂仁爱会修女为抚养主任。"先行聘请一人，以便商榷进行事宜。"①

1924年3月19日，育婴堂在道尹公署开特别董事会议，"讨论留养、寄养及用人乳、牛乳等问题。议决凡婴孩两岁以下，以寄养为主，俟其断乳后，即领回内养；次议管理财产及收支款项案，议决本堂所有财产及一切收支款项，自本年为始，由参事会会同董事会管理之；次议下届讨论本堂章程时，函邀参事会列席，以便通过；次朱荃荪提议，本会尚须添设财政股，以负财政之专责，经众讨论，金谓有添设之必要，即公推林芹香、俞佐庭、倪椿如三人为财政股董事。对于天主堂修母要求之条件，亦都有讨论。议毕散会。又闻该会拟建筑新舍，预约建筑费两万余元，由各董事分头募捐，以襄善举"②。

1924年6月4日，董事会又在道署举行，报道说：

鄞县育婴堂，于四日召集董事，在道尹公署开会，到者有黄道尹、林芹香、袁端甫、蔡芳卿、徐荛青等十余人。由黄道尹主席，宣开会宗旨毕。即讨论关于建造屋宇及临时费与基金等等问题。经众议决，屋宇先造三分之一，约计洋一万元，归邬全松承包建筑。由林芹香前去接洽，包定后，即行开工。第一批包银，由道尹公署暂垫，开工后由林俞二君临时到场监察，以昭慎重。临时费及经常基金，由经济董事分投捐募，捐册由全体董事具名。又各业岁捐，由黄道尹召集各业董事，分任劝认。将来认定之捐，向各业司年直接收取。次众动议，对于经募人及认捐人，拟定奖励办法。当由黄道尹主张，经募人募二百元以上，认募人认一百元以上者，均将其姓名勒于堂碑，募捐千元及认捐

① 《育婴堂董事会纪事》，《申报》，1924年3月8日。
② 《育婴堂董事会纪事》，《申报》，1924年3月22日。

五百元以上者，请省长给匾奖励。募捐六百元及认捐三百元以上者，由道尹给匾奖励，众赞成。议毕散会已五时余。[①]

进入1926年后，时局动荡不安，战争与风起云涌的工农运动冲击着宁波社会的各个角落。其间由于各善堂董事苦心张罗，故甬上善堂得以维持。1927年3月底，宁波临时市政府成立。5月27日，市政府致函各善堂董事，请其继续担任各善堂董事。[②]随后决定将"旧参事会、城区自治办公处所经管之体仁局、育婴堂、永济堂、安养堂、敦安公所、仁安公所、感存公所等七处慈善机关划为市立"[③]（参见表6-2）。这期间，宁波市政府在实地调查的基础上，根据南京政府的相关法规，继续对旧有善堂进行整理改组工作，"务期事有实效，款不虚靡"[④]。

表6-2　宁波城区慈善机构事业概况

名　称	性　质	所在地	事业概况
体仁局	市立	小梁街口	为施药及掩埋两种善举，有董事6人，司事4人，收入数5478元，支出5380元
感存公所	市立	廿四间	为课孤及恤嫠两种善举，有董事6人，司事1人，收入2441元，支出2040元，救济名额180人
仁安公所	市立	丝巷弄	有中医内外科、眼科三种施医，有司事1人，收入554元，支出742元
育婴堂	市立	佑圣观跟	为育婴、恤嫠两种善举，有董事4人，职员11人，收入8400元，支出12594元，救济名额200人
永济堂	市立	天封桥	办恤嫠善举，有董事10人，司事3人，收入7489元，支出5705元，救济名额470人

① 《育婴堂董事会记事》，《申报》，1924年6月7日。
② 《各善堂暂维持现状》，《时事公报》，1927年5月28日。
③ 罗惠侨：《改组前之经过工作及今后设施报告市民与商榷》，《宁波市政月刊》，1卷4号。
④ 《市慈善机关呈请应否继续管理》，《时事公报》，1927年11月29日。

续表

名　称	性　质	所在地	事业概况
安养堂	市立	天宁寺旁	为养老、施药两种善举，有董事12人，职员10人，收入4174元，支出6963元，名额100人
敦安公所	市立	天宁寺旁	营施药及掩埋两种善举，有董事5人，司事5人，收入2877元，支出3100元，不足由董事募捐
四明孤儿院	私立	南门外	专事教育孤儿，有董事10人，职教员12人，收入5800元，支出16000元，名额123人，不足另筹
佛教孤儿院	私立	白衣寺	专事教育孤儿，有董事数十人，职教员12人，收入18500元，支出16000元，名额112人
保良所	市立	新桥头	收养被压迫妇女，有职员2人，收入1850元，支出1850元，名额50人
残废所	市立	八角楼下	收养残废，有职员2人，收入4910元，支出4910元，名额50人
第一贷款所	市立	市政府	专事无利贷款，每人以贷30角为限，资本金3000元，有职员2人司其事
第二贷款所	市立	体仁局内	专事无利贷款，每人以贷20角为限，资本金2000元，有职员2人司其事
体善局	私立	郡庙后	以外科施医，有医生1人，收入300元，支出300元
养生施医局	私立	聚景棚庙	分内外科两种施医，有职员1人，收入200元，支出216元
医学公会送诊院	私立	聚奎庙	以中医内科送医，有医生2人，职员1人，收入1800元，支出1800元
寿义会	私立	宝圣庙	为施药及掩埋两种善举，有董事2人，职员4人，收入3500元，支出4800元，不足另筹

续表

名　称	性　质	所在地	事业概况
四明公义会	私立	贯桥下	专事掩埋，有董事5人，司事2人，收入500元，支出500元
一善迈妇堂	私立	江北岸浮石亭	专养迈妇，有董事1人，司事1人，收入360元，支出360元
辅善会	私立	浮石亭	为施材、施药等善举，有董事20人，文武职员4人，收入800元，支出800元
永安迈妇堂	私立	江东锅厂跟	专养迈妇，有董事1人，司事6人，收入1920元，支出1920元，名额30人
协仁局	私立	江东	为施材、掩埋等善举，有董事1人，司事6人，收入2400元，支出2400元
仁济堂	私立	江东	专施恤嫠，有董事10人，司事1人，收入900元，支出450元，名额50人
养济院	市立	江东筲箕漕	年分四季，分给孤贫口粮，每人每季给1.5元，名额292人

说明：本表所谓慈善事业为时人的理解，作为另一类慈善事业的民间救火会没有列入。

资料来源：《宁波市政月刊》，第2卷第5号，第5—6页。

1928年5月，国民政府内政部颁布了《各地方救济院规定》和《管理私立慈善机关规则》。[①]据此，宁波地方当局加强对现有慈善机构的监督与指导，并筹备成立宁波市救济院。1928年6月22日《申报》报道说："宁波市政府近奉省令，实行改组育婴堂、体仁局、感存公所三善堂，于昨日上午十时召集各委员开会讨论，到者罗市长、顾县长、袁霞苓，行礼如仪，当场议决将原有之育婴堂、体仁局、感存公所，及施药、恤嫠院，内分养老所、孤儿所、育婴所、施药所、贷款所、普济所、贫民工厂等，预算经费八万六千元，较原有之

---

① 《中华民国法规大全》（一），北京：商务印书馆，1936年，第814—816、819—820页。

收入，超过六万，现在不足之数，拟由市县政府筹募。"①1929年2月，宁波市救济院正式成立，考虑到原善堂董事多为甬上著名绅商、慈善界著名人士，而且经费的筹措更是非其莫属。为此在筹备救济院时，这些董事大多继续被聘用。作为原两善堂即鄞县育婴堂、安养堂董事的严康懋，尽管此时他的健康状况已十分糟糕，但鉴于其影响与地位，救济院仍聘他为十一个经济委员之一。②

就传统慈善事业来说，20世纪20年代前后，严康懋还曾担任宁波四明公所（俗称四明公所甬北支所）董事。该所为上海四明公所在宁波的分支机构，主要从事旅外宁波人回乡棺木接受与埋葬事宜。20世纪20年代末，该所大兴土木，在甬北泗洲塘扩充所址，"凡为间三百二十"，还有停柩处、社祠、先董室和治事室等，共"集资十一万有奇，以成斯举"。③严康懋与陈子埙、俞佐庭等均参与其事。

---

① 《三善堂改设救济院》，《申报》，1928年6月22日。
② 《鄞县救济院沿革》，《宁波民国日报》，1936年3月14日。
③ 俞福海：《宁波市志外编》，北京：中华书局，1998年，第889页。

七、近代慈善

近代以来特别是清末以后，随着宁波人口的积聚、商业的繁华与城市化进程的加快，诸如城市公共安全与卫生医疗、社会治安、孤儿教养、失业救济等问题遭遇了越来越大的挑战。在政府无力或不能完全依靠政府解决这些问题的情况下，以宁波商人为代表的民间社会自觉地行动起来，以解决这些城市社会面临的公共问题为己任，近代慈善事业也应运而生。在这个过程中，既有经济实力又具慈善意识的旅外宁波商人表现尤为突出，严康懋就是其中的杰出代表。

（一）从普仁医院到治疫医院

自清末起，由于人口的集聚与流动加快，加之物流的频繁，宁波一地经常受到疫病的威胁，而西医在上海、宁波等通商口岸得到相当广泛的传播，公共卫生问题开始得到地方社会的重视。

也许与自身经常遭受病痛的困扰有关，长期以来，严康懋对医疗卫生事业十分关注。从清末到20世纪20年代，他先后在宁波创办了包括常设的和临时性在内的多个医疗机构，有力地改善了当地百姓医疗卫生条件。

早在宣统三年即1911年，严康懋即与旅沪宁波商人余葆三、徐庆云等在宁波三江口缸甏弄水仙宫集资创办普仁医院，有医务人员10余人。这是宁波城区除教会医院外，国人创办最早的西式医院，在省内也居于领先地位。1917年间，为使医院得以长期运行，严康懋等又发起成立普仁医会，筹集办院经费。1920年8月4日，该会召开会议，次日《时事公报》的一则报道，使我们得以了解当时该会及该院的运行情况：

普仁医会开会纪

宁波江东公立普仁医院于四日下午开组织会议，到者三十余人，首由会长郁穉盦君宣开会词，略谓本会开办虽已三载，但只能算筹备创办期间，未能云正式成立。今后当组织稳固之普仁医会，旧职员均于今日交卸云。次院长张箴言君报告二年间大略情形：一、装饰。其始只用两旁旧看楼为病室，现已扩充多间。二、医士。除请兰雅谷①博士为顾问外，尚有副医师、看护妇、学生等。三、施诊。以所定礼拜一、三、五为常期，求诊者亦较从前为多。四、器具。其初重要器具均向华美医院借用，至今经费稍裕，已备接生器等。次报告账略。施耀卿君提议以为不如公推一人整理，当即公推徐文枢君。次董事公举徐庆云、严康懋、余葆三、陈生舫四君，理事长由董事会产出。议毕用茶点而散。②

图7-1　普仁医院西医陈苓勋

按当时宁波一地的习惯做法，医会实际上相当于医院的董事会，主要负责医院重大事项特别是经费的筹措，如早于普仁医院一年成立的慈溪保黎医院，在医院设立之初，即有保黎医会的组织。不久，该院的一则新闻则使我们了解到，由于重视医疗技术与人才的引进，医院开办以来颇具声誉，"成绩卓著"。报道说：

宁波江东公立普仁医院院长张箴言，看视病人十分注意，故自开办以来成绩卓著。今庚又聘请陈苓勋博士，以资助理。陈系保黎医院吴莲艇君高徒，曾任法国某医院医士四年，经验手术均有根底，为此求医者日渐增多。该院长恐有负求医者之意，复于院内装就头二等及普通铺卅余

---

① 时为宁波著名的教会医院——华美医院院长。
② 《时事公报》，1920年8月5日。

床，饭金格外定贱，俾广招徕云。①

普仁医院名为公立医院，与稍后成立的鄞县公立医院一样，具有慈善的性质，不仅收费较私立医院为低，而且往往对贫病者免费或减费，由此医院经常入不敷出。为弥补经费的不足，医院常常由董事出面向外募捐，类似的广告经常出现在沪甬报纸上。例如1926年9月9日，该院在《申报》刊登鸣谢广告，刊列该院永远维持董事余葆三经募各大善士台衔及捐数。文录于下：

兹蒙本院永远维持董事余葆三君经募各大善士台前列后：

积善轩助洋一百元，陈松源君、顾子盘君、王作霖君、陈少舟君、李铸箴君、顾杏卿君、郁葆青君、朱子雍君、陈衡甫君、王启宇君、景泰宝行、振华堂、振泰宝厂、达丰宝厂、余瑞记宝号各助洋五十元，祝桂芬君、周辛伯君、崔福庄君、郑华房各助洋廿五元，丁纯寿君、严锦春君各助洋廿元，叶培之君助洋十元，除掣付收据外，特此刊登申新两报，以扬仁风。

院长陈苓勋谨启②

1928年8月23日，该报又刊登《宁波江东公立普仁医院敬谢沪埠各大善士乐助》启事。

由于普仁医院环境良好，加之颇具声名，故20世纪20年代时一度成为公共活动的场所，许多团体会议在此举行，如1925年1月10日宁波青年会江东会员友谊社与鄞东公会分别在此举行会议。1925年4月28日，青年会江东会员友谊社第六次常会又在此举行。报道说："宁波青年会江东友谊社于前晚七时在江东普仁医院开第六次常会，到者甚众。首由叶云峰报告一切会务，并决定开设平民学校一所。闻该校准假江东石戏台区立十七校为校址，所有学生应用书籍，由该会会员洪宸笙、马莲乔担任，教员由该会叶云峰干事义务担任。次放演中国影片《好兄弟》十大本，以助余兴云。"③

① 《医士得人》，《时事公报》，1920年10月6日。
② 《宁波公立普仁医院鸣谢》，《申报》，1926年9月9日。
③ 《江东友谊社开第六次常会》，《申报》，1925年4月30日。

普仁医院后来长期存在，成为江东地区重要的医疗机构，并在甬上医疗界占有一定的地位。据统计，1934年时，该院拥有床位45张，当年上半年门诊人数8693人次，住院人数69人次（参见表7-1），直至1952年并入江东卫生院。①

严康懋发起创办的普仁医院，不仅为当地百姓提供了重要的医疗保障，而且对于开通风气、推动本地人士认同以西医为代表的西方文明也发挥了重要作用，可谓善莫大焉。同样重要的是，期间严康懋为应对宁波不断爆发的时疫，多年来坚持设立时疫医院，救治病人。

进入民国以来，宁波一地时疫不断，对人们的生命造成了很大威胁。其中1918年秋天，浙东宁绍一地时疫，使得"一村之中十室九空，一家之中十人九死"，以致"棺木石板销售一空，枕尸待装，不知其数"。②有的年份"流行甚剧，初起腹痛，继即手冷腹泻，移时毙命，治愈者十无一二，城厢以江北岸及东门一带为最……"③据浙江海关报告，1919年秋天宁波发生的一场霍乱，竟然使2000余人丧命。④面对来势汹汹的疫情，严康懋没有恐惧，也没有袖手旁观，而是立即行动起来。1919年8月，他在普仁医院附近的得懋木行旧址设立甬东临时治疗医院，"凡病人来院就诊者，均不取医药金"，并登报告知。当时《申报》报道说：

鄞县城厢各处日来发生时疫，一般慈善家发起临时治疫医院者，已有三处。一名甬东临时治疗医院，院址在三江口得懋木行旧址，系严君康懋等所组织，西医兰雅谷君为院长，詹唯一君为住院主任医士，定阴历七月初十日开诊。一名宁波临时时疫医院，院址在后市满春坊，系张君天锡组织，主任医士为杨传华君昆季二人，于七月初五日开诊。一名宁波公立时疫病院，院址在天宁寺隔壁

---

① 俞福海：《宁波市志》，北京：中华书局，1995年，第2680页。
② 《绍兴时疫剧烈之来函》，《申报》，1918年10月19日。
③ 《甬埠疫氛甚烈》，《申报》，1923年9月3日。
④ 陈梅龙、景消波：《近代浙江对外贸易及其社会变迁》，宁波：宁波出版社，2001年，第111页。

表7-1 近代宁波城区主要医院概况

名称	创办者	开办时间	床位张数	职工人数	年门诊人次	年住院人数	地址	备注
华美医院	美国浸礼会	1843年11月	80	53	4125	1259	永丰路	现宁波市第二医院
仁泽医院	英国圣公会	19世纪70年代	110	—	—	—	孝闻街	1934年2月停办
普仁医院	严康懋 余葆三	1911年	45	10余人	8693（上半年）	69（上半年）	江东缸甏弄	1952年停办
鄞县县立中心医院	鄞县县政府	1913年6月	—	18	57362	595	县学街	现宁波市第一医院
保真医院	陈宝珍	1922年7月	10	5	13267	104	右营巷	1951年停办
鼓楼医院	陈九皋	1923年6月	20	4	7961	86	中山路	1951年停办
天生医院	吴莲艇	1923年	35	11	3861（下半年）	205（下半年）	江北白沙路	1951年10月停办
慧庆医院	陈慧庆	1927年	10	4	3334	104	南郊路	1951年停办
光华医院	杨传炳	1929年	50	—	—	—	江北外马路	1941年4月宁波沦陷前停办
仁济医院	金延荪 杜月笙	1932年6月	50	25	28833	1013	江北新马路	1940年正式建康，成为省立医院基础

资料来源：俞福海：《宁波市志》，北京：中华书局，1995年，第2680页。

李公祠，系胡君叔田等所组织，医士为胡子程、孙莘墅、周星南三君，定七月十一日开诊。凡病人来院就诊者，均不取医药金，已各登报布告矣。[①]

其间，严康懋创办的普仁医院也参与防疫工作。1918年1月16日《申报》报道说："宁波自入冬以来，久旱无雨，天气冷燥，以致时疫乘间而起。公立普仁医院院长张箴言于前月中旬在糖行街某行经理家诊症发现斯疫，其现象极似猩红热。彼时染者病已深入，无可救药，后于门诊时又发现三人，得治者二人。"[②]

进入20世纪20年代后，严康懋对时疫的关注并没有停止，对"活命无算"的时疫医院情有独钟，期间大力促成他参与的江东公会组织时疫医院。即使在时局动荡的1927年8月，已经是疾病缠身的严康懋仍计划开办临时医院，不过在人烟稠密的繁华都市中设立人人唯恐躲之不及的时疫医院并非易事，开办地点更是颇费周折。为此他呈文宁波市政府，要求将江东总工会会址让与他设立临时医院。但面对严康懋的这一要求，当局的反应似乎相当消极。当月22日召开的市党部改组委员会会议讨论了这一提议，结果议决"夏令已过，（时疫）不成问题，至于总工会为宁波重要团体，亦不可无适当办公处，请市政府转覆该公民等"[③]。

这期间，严康懋还曾捐款支持宁波华美医院等医疗机构，如1920年甬上各界为该院购置 X 光机（参见图7-2）发起捐款，严康懋参与其中，"助洋一百廿五元"。[④]

（二）从四明孤儿院到宁波佛教孤儿院

孤儿院是以收养、教育贫民子弟为内容的近代慈善教育机构，与纯粹以收容、留养为目的的传统慈善机构在慈善内容上呈现出明显差异。孤儿院往往教养并重，甚至更重视教的功能，以便被教养者日后能自立于社会。对此民初

---

① 《甬人毅力防疫》，《申报》，1919年8月5日。
② 《宁波发现时疫》，《申报》，1918年1月16日。
③ 《市党部改组委员会纪》，1927年8月25日。
④ 《宁波华美医院第一次鸣谢诸大善士慨助爱克斯光镜设备经费》，《时事公报》，1920年12月9日。

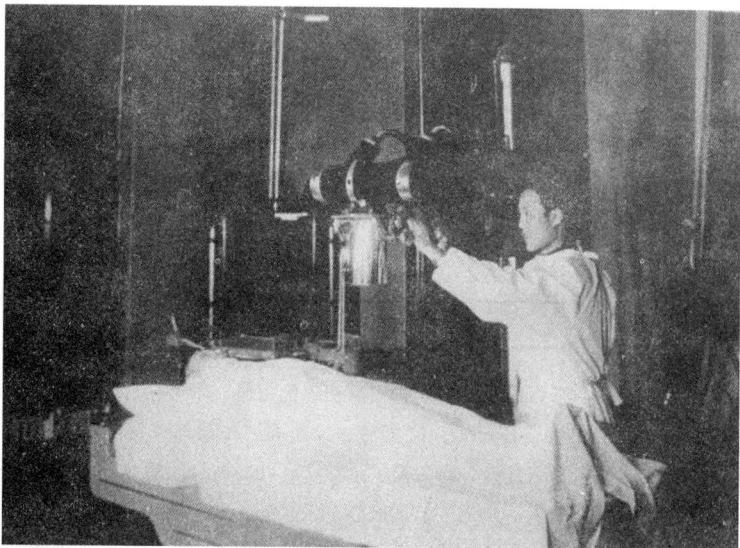

图7-2　当时的华美医院X光机

宁波地方社会高度重视，[①]一批孤儿院应运而生，使之成为民初宁波规模最大的近代慈善事业。其间，严康懋参与发起或主持多个孤儿院，为宁波孤儿慈善事业做出了重大贡献。

严康懋参与甬上孤儿慈善事业始于四明孤儿院。1918年，就在宁波首个孤儿院即宁波佛教孤儿院成立的第二年，由旅居京津沪汉及宁波本地商界人士柳良材、徐杰等在城区南门外发起创办四明孤儿院。据报道，该院于1919年8月由宁波总商会函请会稽道转呈"省宪"立案，9月9日省长指令"该院为教养孤寒之地，用意甚善，所拟简章除第十六条第三款应试、行删除外余皆周妥，应准备案为候"。[②]当时在沪经商的严康懋与谢蘅牕、姜炳生、朱葆三、袁礼敦、周茂兰、刘星耀、丁忠茂、曹昌猷、陈文鉴、仇荣庆、林笙甫、周肇咏、

[①]　甬人当时为何如此重视孤儿院，也许可从1918年5月12日宁波警察厅长严友潮在宁波佛教孤儿院成立仪式上的一番话中得到解释："略云各国警察调查统计，所列犯罪者十人中，有七八人为幼无父母之孤儿，可知失教养之儿童，常易陷入于不幸之境遇。今有孤儿院为若辈谋教养之方，使将来不至沦为乞丐、盗贼，是院之设，直接造福于孤儿，间接实造福于社会与国家云云。"——《孤儿院开成立会》，《申报》，1918年5月16日。

[②]　《道尹将为孤儿院请奖》，《时事公报》，1920年10月7日。

王心贯、曹兰彬、侯禹和、舒承德、孙梅堂、陆善祥、张敏良作为20个旅沪发起董事，参与了该院筹备发起工作。[①]该院成立后，为筹集日常经费，分别在宁波商人比较集中的京津沪汉及宁波本地设立董事会，其中严康懋又作为宁波本地董事即四明董事，参与其事。[②]四明孤儿院董事人名表7-2所示。

表7-2　四明孤儿院董事人名表

董事	姓　名
旅京津董事	陈映渠、严蕉铭、吴荫庭、周寅初、沈吉甫、李宝裕、李赞侯、李正卿、李祖恩、李湘帆、林湘如、俞寰清、方药雨、孙景福、贺得霖、王品南、郑杏村、周道生、陈宜孙、邱润初、金梦桂、叶星海、周星北、吕幼才、李组才、邱振扬、竺莲生、许廷佐、王松鹤、朱式如、朱恒信、严锦源、竺汝棠、俞春瑞、竺纯芝、李纯芝、陈心泉、朴道一、方安圃、张耕珊、张直卿、王莲舟、鲍芸莱、冯占祥、钱维芝、金锡麟、李祖绅、宋子良、柳良材、柳宝楚
旅沪董事	朱葆三、虞洽卿、谢蘅牕、周金箴、袁礼敦、王儒堂、盛竹书、薛宝润、傅筱庵、周茂兰、姜炳生、刘星耀、陈文鉴、乐俊葆、边文锦、蔡仁初、马汝霖、曹昌猷、包凤笙、徐庆云、杨沛林、樊和甫、舒承德、林笙甫、张敏良、叶景林、应子云、董桂芳、徐承勋、陈文槐、侯禹和、仇荣庆、余葆三、戴星一、楼恂如、陆善祥、周肇咏、傅廷铺、叶松盛、简照南、徐云生、徐干麟、唐华九、张延钟、徐玉生、胡澄波、项鸿生、谢全铺、王佐卿、周揆卿、汪康年、吴炳荣、黄允芳、王芝岚、戴文清、王养安、戴耕莘、王美梁、边瑞馨、贺其良、吴梅卿、叶益钧、孙兰生、史光廷、曹兰彬、庄海涛、裘蕉苏、王心贯
四明董事	盛省传、洪复斋、张让三、丁忠茂、费冕卿、顾元琛、袁燮元、石韵皋、周宗良、何葆龄、秦珍荪、严康懋、徐镛笙、王隶、陈兰荪、陈季衡、徐修甫、张雩春、陈星伯、孔馥初、徐湖楼、陈蓉馆、刘文昭、蔡芹生、费善本、陈子秀、丁仰高、姚和甫、赵芝室、蔡芳卿、王叔云、李霞城、周田泉、厉树熊、陈信鸿、李棣辉、袁鹿笙、王永彬、徐晓六、邱馥棠、周性沧、陈顺承、应元龙、李震棠、吴芝庭、徐子湘

① 《四明孤儿院第二期报告册》，天一阁博物馆藏。
② 《四明孤儿院第二期报告册》，天一阁博物馆藏。

续表

董事	姓　名
募捐董事	孙瑞甫、费振麟、李纯芳、丁文斋、朱国珍、马静斋、吴柏生、孔云生、傅介堂、童梦熊、俞家骏、徐咏春、郭庆恩、李玉青、张纯德、乐汝成、乐复深、乐复琛、金芝山、周乐莱、庄鲁卿、陈德麟、范珊琳、陈正翔、陈璈笙、韩珊璜、吴梓堂、胡匋荪、邵德铭、叶德权、徐紫绶、侯安卿、陈余甫、徐敏才、裴廷翰、傅丕烈、张明琅、袁廉坊、蔡农生、费辅卿、林竹堂、柯梅荪、项颂如、项如松、周茂哉、徐士明、邹挺生、黄子桐、陈子常、戴季石、叶贤刚、周葵卿、徐心如、张岳年、沈仰峰、周懋园、黄渔亭、励长华、施耀卿、何俊卿、李继臣、蒋蘅卿、姜义琅、黄和琴、徐纯初、闻永祥、戴景芳、郁棹云、王如梁、朱谙笙、吕初成、朱昌全、冯子枚、王璋甫、蔡鼎臣、叶德政、洪杏荪、施桂森、吴锦堂、吴斯芳、王茂廷、郁芝亭、徐汝梁、史祖安、陈才宝、章裕卿、孔郁哉、汪订笙、林芝庭、徐定甫、董亮清、车三凤、陈缉庭、徐毓卿、杨永年、蔡酉生、赵占绶、孙兰鋆、冯芝汀、孙浏亭、刘信甫、林梅荪、李时杰、蔡嘉祥、邱金林、金吉甫、周明琅、袁传铭、林夏性、黄品生、宋瑞卿、朱锡荣、吴志钦、石枫高
值年董事	王品南、周星北、吕幼才、陈文鉴、舒承德、林笙甫、丁忠茂、陈兰荪、李震棠

资料来源：《四明孤儿院第二期报告册》。

当时作为慈善机构董事，一般都有募捐的义务，而一些热心董事，则常有临时性善举。据《时事公报》报道，1925年7月间，担任四明孤儿院董事的严康懋曾前往该院，亲自送上200元大洋，并指定作为女童院经费。[①]

四明孤儿院开办后，会稽道尹黄庆澜多次前往考察，认为"成绩颇佳"，大为赞许。该院置有田58亩，房16间，开始时收养孤儿40名，并在设立次年兼收女孤儿，"待经费充足逐渐推广"。由于得到宁波工商界与旅外宁波商人的大力支持，经费比较充裕，收养人数迅速增加，最多时收养孤儿达200余人（参见图7-3）。该院十分重视对收养孤儿的教育工作，章程明文规定孤儿毕业年限以修满各学科及工艺为标准。为此，从成立之日起即设有小学部及

① 《四明孤儿院鸣谢》，《时事公报》，1925年7月25日。

图7-3　1921年四明孤儿院院生合影

工场。章程规定："本院设有小学及工场，视孤儿年龄、体力分别授业。小学分二部：（第一部）每日五时，科目为修身、国文、算术、习字、国画、体操、唱歌，以孤儿年龄过幼不能作工者入之。（第二部）每日上午三时，科目同第一部，下午兼任工作，以孤儿体力稍强者入之。工场分组，纸工、编织工、印刷工、裁缝工四种。学科及工艺成绩之查考分别四等，于每星期六日行之⋯⋯丙等以上为合格，丁等为不及格，不及格者补习之。"[①]

　　其间，严康懋还曾任宁波一地最早设立的宁波佛教孤儿院上海董事。1917年冬，宁波佛教孤儿院由天童寺住持寄禅上人圆瑛与士绅陈训正等发起成立，以佛教普益学校旧址为院舍，以各寺庵常捐、水陆捐作为经费，不足之数向社会各界募捐。该院收养7～12岁孤儿，次年（1918年）即收容孤儿60名，1922年达到150名。随着收养人数的增加，经费面临很大的考验，为此该院不断在宁波商人比较集中的城市设立董事会，筹措经费，上海部董事会即于1926年成

————————
① 《四明孤儿院第二期报告册》，天一阁博物馆藏。

立。当年5月10日《时事公报》称："宁波佛教孤儿院为募集基金事，由该院董事张申之、募捐董事安心上人及院长陈屺怀等于七日午间在沪上功德林邀集甬籍诸大善士，会商办法，并成立该院上海部董事会。到者为张咏霓、屠康侯、陈蓉馆、周炳文、孙梅堂、沈任夫、严康懋、袁履登、方椒伯、徐之蕃、应启霖、庄鸿皋、李云书、陈楚湘、励建侯、乌崖琴等三十余人，俱热心赞助，每人担任筹募基金三百元，计已认定者八千余元。当在功德林摄影，以留纪念。闻该院此次征求，尚拟派安心上人躬赴青岛、天津、北京、汉口、南京、苏州各埠劝捐云。"[1]

图7-4　宁波佛教孤儿院上海董事部合影

（三）四明贫儿院委员长

如果说对于四明孤儿院、宁波佛教孤儿院，严康懋作为该院众多董事之一，仅仅是参与其事而已，那么20世纪20年代中后期成立的四明贫儿院，作为

---

[1]　《佛教孤儿院在沪筹募基金》，《时事公报》，1926年5月10日。

主要发起人后又担任委员长（相当于董事长）的严康懋则为该院的创办与发展倾注了很大的热情与心血，并成为老人晚年最大的牵挂。

四明贫儿院（参见图7-5）筹备开始于1925年夏秋间，当时《申报》以"大规模贫儿院行将出现"为题报道了这一消息："鄞县绅商俞佐庭等，因鉴该处贫穷子弟，多无教养之所，终日荒怠嬉游，将来难成善良国民，故特捐募巨款，拟发起贫儿院一所，以教养一般贫儿，俾免流为氓乞，其内部规模，极为宏大。昨日已邀集地方官绅，讨论进行方针，而当场认捐者，非常踊跃，故现更积极筹备，不日即当出现。"[1]

图7-5　四明贫儿院大门

到1926年10月间，已筹集起可以购地建屋之用的经费。为此，由严康懋等人组成的该院筹备处又在《申报》刊登启事，继续向各界募捐。

四明贫儿院筹备处启事

四明贫儿院经同人等发起，在宁波江东清节堂跟购买地基，建造房屋，克期可以告成，收容贫儿，加意教养。虽蒙诸大善士，慷解囊金，仅敷购地建屋之用，兹事体大，同人等愿宏力薄，不得不求将伯之呼。尚祈海内仁人君子乐善好施，成此伟举，感沐仁风，靡有涯矣，谨志报端，伏惟慈鉴。沪接应处在旅沪宁波同乡会，甬埠接应处在江厦敦裕钱庄。

_____

① 《大规模贫儿院行将出现》，《申报》，1925年8月29日。

四明贫儿院筹备员吴廷范、张明英、俞柱震、陈蓉馆、袁书霖、俞佐庭周炳文、袁履登、董杏生、孙衡甫、孙梅堂、方椒伯、陈子塤、楼恂如、乌崖琴、严康懋、丁忠茂、董惟扬等同谨启。①

1927年，由于政局急剧动荡，贫儿院筹建工作一度延缓。对此情形，当时宁波《时事公报》也有报道："本埠四明贫儿院，自上年筹备以来，在江东清节堂跟购买田地房屋及新建房屋三间，置备种种器具，迄今犹未舒齐，而已收入捐款，仅足供建筑基金，乃因时事多艰，无米之炊，巧妇难为，故一时尚难正式开办。目下贫儿虽有小数收养，唯

图7-6　四明贫儿院重要发起人
董惟扬

限于经济，只得从缓开收云。"②当时严康懋与董惟扬（参见图7-6）年事已高，且有病在身，但他们不离不弃，在其不懈努力下，贫儿院终于在1928年建成并正式对外招收贫儿。遗憾的是，建成当年，该院主要发起人之一兼委员长的董惟扬不幸病逝，同年8月由严康懋接任，担任委员长一职，全面负责贫儿院事宜。③

为规范贫儿教养事宜，四明贫儿院制定了严格的章程（详见附录三），以资遵守，包括贫儿入院、出院手续，在院教养要求以及委员（董事）的产生与职责等，都做了明确规定。

---

① 《四明贫儿院筹备处启事》，《申报》，1926年10月7日。
② 《四明贫儿院近况》，《时事公报》，1927年4月14日。
③ 《四明贫儿院第一期报告册》，天一阁博物馆藏。

图7-7　四明贫儿院董事会议事厅

　　四明贫儿院（参见图7-7~图7-12）由宁波钱业中人发起创办，院长等具体经办人员也是钱业中人，实际上是一个行业性慈善机构，当然其发起成立后也得到了钱业以外人士的支持，当时沪甬等地许多著名的宁波商人均担任该院委员（相当于董事）一职。

　　尽管由于该期间文献不足，我们难以了解严康懋参与贫儿院事务的具体细节与活动情况，但仍能从现存宁波天一阁的《四明贫儿院第一期报告册》中看出一些端倪，特别是其中的真实数据让我们真切地感受到一个老人对贫困儿童的拳拳爱心。众所周知，一定的经费保障是慈善机构得以设立并维持运行的基本条件，贫儿院自然不例外。作为四明贫儿院主要发起人与主持人之一的严康懋，为此做出了最大努力。期间，他不仅慷慨解囊，踊跃捐款，而且积极募捐，特别是发动钱业中人支持贫儿院。尽管只有短短两年的时间，但在他与董惟扬等人的不懈努力下，迅速筹集起大笔款项，从而不仅使贫儿院得以顺利开办，而且为其后来的发展奠定了基础。

　　在1925年贫儿院开始筹备到1929年严康懋病逝当年，该院共收入特捐洋39 780915元，其中严董两人募集包括其本人捐款在内共计8000多元，占1/5多，

图7-8　四明贫儿院孤儿教室

特别是严康懋以严康记名义捐款"洋一千元"更是大大高于其他人的捐款数
目。而在1927—1929年三年的乐助捐3626.322元中，他又捐款360元（包括严
节房捐款100元），约占该项捐款的1/10。在这三年教养捐中严康懋也都是以
120元最高标准捐款的。

图7-9　四明贫儿院院生西乐队

图7-10　四明贫儿院院生体操课

正是由于严康懋等人的鼎力支持与率先示范，期间尽管政局动荡不安，贫儿院筹款工作仍卓有成效。到1929年，该院已募集捐款56642元，1930年又收21935元。[①]筹备之初，考虑到经费问题，"基金未集，收养贫儿暂定五十名"[②]。但事实上，由于经费较有保障，该院教养人数以后逐年增加，1934年达99名（详见表7-3），院生平均每人每年所用经费数多在百元上下，这不仅在甬上各孤儿院中名列前茅，更是大大高出其他各地孤儿院平均数。[③]据1930年国民政府内政部对江苏、浙江、湖南等16个省464所救济机关的调查，这些地方教养孤儿平均每人每年费用仅13元。[④]

无疑，严康懋等创办者为贫儿院奠定了良好的基础，同时贫儿院也一直得到社会各界的支持。例如1931年1月1日，宁波商人人王文翰（时兼任鄞奉公益医院董事长）为其母"八旬荣庆"，发起义演，由著名艺人盖叫天、林树森

①　《四明贫儿院第一期报告册》，天一阁博物馆藏。
②　《四明贫儿院第一期报告册·章程》，天一阁博物馆藏。
③　《鄞县通志·政教志》，宁波：宁波出版社，2006年，第2090-2091页。
④　柯象峰：《社会救济》，北京：正中书局，1944年，第84页。

表7-3　1927—1934年间四明贫儿院收养贫儿情况表

年份	人数						每年每人平均所用经费数/元
	上学期			下学期			
	进院	出院	学期终了在院人数	进院	出院	学期终了在院人数	
1927年	—	—	—	9	4	28	—
1928年	14	3	39	13	4	48	
1929年	5	2	51	12	4	59	—
1930年	5	3	61	10	9	62	—
1931年	8	3	67	11	9	69	123.007
1932年	14	5	78	19	17	80	92.415
1933年	11	14	77	16	16	77	117.341
1934年	18	4	91	15	7	99	91.041

资料来源：《鄞县通志·政教志》，宁波：宁波出版社，2006年，第2090-2091页。

图7-11　四明贫儿院农场

主唱，"以所获券资捐助甬上各慈善机构。结果获诸大善士认助，戏资总数洋五千二百八十七元九角八分六厘，除支付木板工匠、侍役、车资、点心、照片、化妆品、海报广告（不足之数由各报社情免）等费用外，合净数洋五千元"，分别捐助给宁波佛教孤儿院、四明贫儿院、鄞县救济院教养和高桥基督教恤孤院。[①]1931年7月，甬上各界发起抚孤养老游艺会，募集善款资助宁波各慈善机构，其中四明贫儿院得2000元。1932年6月16日，来甬参加仁济医院开幕典礼的上海名票友在民光大戏院举行义演。各界人士当场认捐25000多元，加上门票等收入共计28416元。经金廷荪与甬上好友商议，决定以四分之三捐助各养老抚孤慈善团体，以四分之一补助其他公益团体（详见表7-4）。

图7-12 院生一组

可见，严康懋之后的四明贫儿院在宁波社会各界的支持与关心下，历经艰难，仍一直得以维持与发展，即使在抗日战争时期的艰苦条件下，该院仍坚持举办，并在战后一度得到发展，直至1955年并入宁波福利院，圆满完成自己的历史使命。

（四）从鄞县巡防局到宁波七邑游民乞丐教养所

社会的稳定与安宁是制约与影响社会发展与进步的基本条件，如何维护社会稳定，确保公共安全，不仅是政府职责所系，更是与地方社会休戚相关。

---

① 《宁波七邑教养所鄞县救济院残废所教养所临时教养所报告书》，第5页，宁波市档案馆藏。

表7-4　1932年6月上海名票友甬上义演善款分配情况一览表

机构或项目名称	金额/元	机构或项目名称	金额/元	机构或项目名称	金额/元	机构或项目名称	金额/元
佛教孤儿院	2000	伯特利孤儿院	3000	仁济医院	1 000	湖西四明掩埋所	500
四明贫儿院	2000	镇海孤儿院	1000	伤兵医院	1 000	郎山里修路费	1416
江东贫儿院	2000	奉化孤儿院	1000	红十字分会	1 000		
高桥伽孤院	2000	镇海穿山养老抚孤院	1000	第二监狱	500（指含装备铁丝窗之用）		

资料来源：《补助各慈善团体分配办法》，《时事公报》，1932年6月19日。

137

长期以来，维护地方社会的安宁成为人们最大的关切，也是事关地方社会全体的最大公益。清末以来，以绅商为代表的宁波地方社会高度关注并积极行动起来，应对社会公共安全问题。在这方面，严康懋的表现也是不落人后，不过由于资料的限制，我们仅知道他在20世纪20年代曾担任鄞县巡防局董事，并参与宁波七邑游民乞丐教养所的筹办工作。

鄞县巡防局于1923年发起筹备，次年初成立董事会，常务董事28人，严康懋即是其中之一。巡防局是一个官民合作的维护社会治安机构。本来维护公共安全事宜是地方政府的基本职责，但由于当时政府财政拮据，巧妇难为无米之炊，不得不借助于民间的力量，于是由本地绅商组成的董事会便应运而生。董事会一般负责巡防局经费的筹措并决定其重大事项，这从以下二则报道中可见一斑。

巡防局董事会纪

鄞县巡防局董事会，于七日下午假座总商会开会，到二十七人。首由董事长陈南琴主席，致开会辞，并报告募捐经过情形，略谓去年筹备会时，添加巡防名下，本议定筹费一万三千元，又为保安队添购枪械计费一万元，又为商团购枪费五六千元，三共预约募集三万元之谱，分沪甬两地各募半数。甬埠方面，绅富及商家，已拟定者约一万余元；上海方面，先后认募者，共达一万四千元以上。距离三万目的数，已不甚远。至加认月捐一节，原议本约每月可加六百元，现自十二月份起，计实收加数为四百三十余元。正月份尚未收齐，其未加各业，应由商会函劝照加，惟外间多以月捐已加，而勇额迄未扩充，有所怀疑。实因岁尾年头，忙于募捐，未暇顾及。而成立董事会及通过章程，实为办事之第一步，故今日邀请诸君到会讨论云云。随由书记先将董事会会则逐条宣读，经众讨论通过。次议董事会则内常务董事名额，公决二十八人，分配每股人数，计总务股九人，推林芹香为主任；财政股九人，推屠鸿规为主任；文书股四人，推左竹士为主任；监察股六人，推赵宇椿为主任。议毕散会，已六时矣。①

巡防局董事会纪

鄞县巡防局董事会于十日下午四时假总商会召集会议，出席者有俞佐庭、陈南琴、林芹香、严康懋等十八人，由董事长陈南琴主席，首先报告募捐经过情形，略谓前定需用经费三万元，已募集者固属不少，其余太古、宁绍、招商三轮公司，请各出特别捐二百元，大约或可如愿。他如和丰纱厂、电灯公司、电话公司，现亦正在疏通中，预测情形，谅可与原定需费三万元相去不远。次报告购置枪械，顷接黄道尹暨警厅来示，本局前购枪械，已有一百四十杆，俄枪连弹可领云云。次柳良材拟请派巡防勇七名，分驻江东舟猛桥下，其经费由柳君按月补助二十五元。次议现因巡防经费支绌，务请全数认捐，以便分派驻防。众通过，议毕散会，已七时矣。②

1926年7月25日，为奖励巡防局侦探郑瑞林破获积匪应宝才，巡防局董事会开会认为此举"实属异常出力，兹议特奖洋五十元，以资鼓励"③。

期间，严康懋还参与其他"维稳"事务，如1925年10月间，宁波地方当局鉴于"近来时局扰攘，地方治安，在在堪虞，原有警卫单薄"，决定添办保安队一百名，以维持治安，而"开办费约需二万金，殷富及商家各负半数"。严康懋即参与其事。报道说：

会稽道尹朱劼夫氏，以近来时局扰攘，地方治安，在在堪虞，原有警卫单薄，非添办保安队，专任维持治安不可，昨晚朱道尹特在道署设筵，宴请地方绅商陈季衡、陈南琴、胡叔田、赵芝室、袁端甫、严康懋等，并邀江知事、林厅长陪席。席间朱道尹说明维持治安方法，拟另募保安队一百名，置备新式枪械专为防护之用，开办费约需二万金，殷富及商家各负半数，以资从速举

---

① 《巡防局董事会记》，《申报》，1924年3月10日。
② 《巡防局董事会记》，《申报》，1924年4月13日。
③ 《巡防董事会开会纪》，《时事公报》，1926年7月26日。

办。各绅亦均认为必要之图。又朱氏之意，除举办保安队外，并将巡防大加整顿。现时分往各处之巡防，将令王帮带克期集中，以便从速挑剔，并定今日下午三时，仍在道署邀集绅商开会讨论一切云。①

1924年夏秋间，宁波旅沪同乡会鉴于家乡"游民乞丐日多，时时影响于治安"，为"安插此辈游民与乞丐，而授以教育，给以工业上知识，使为社会之生产者"，乃发起成立宁波七邑游民乞丐教养所。筹备伊始，严康懋即参与其事。1924年8月3日，当时在甬的严康懋参加了在宁波总商会举行的筹办大会并当场承担募捐任务。《申报》报道说：

宁波七邑游民乞丐教养所，于三日下午二时，在总商会开筹备大会，到者有王镇守使、黄道尹、石团长、刘警长暨鄞慈镇奉定五县知事，及旅沪甬地绅商袁履登、孙梅堂、邬志豪、张申之、胡叔田、陈季衡、严康懋等百余人。公推张申之为临时主席，宣布开会宗旨，并报告筹备经过情形大略。次邬志豪报告上海方面筹备经过情形，略谓上海方面赞成此举，列名发起者，已有一百余人，曾开筹备会数次。且经费一层，亦由旅沪诸父老协力筹募，预定六万元，分为六十队。每队千元由各发起人认定，计已有眉目者四万五千余元，将来必可达到目的。但总计开办经费，非十万元不办，尚望吾甬地父老及各官长，悉心筹募，庶克早日成功，是所企盼。次发起人袁履登发表意见，谓上海方面，奔走最力者，为邬志豪、李征五诸君。今日开筹备大会，鄙人代表旅沪父老发表数种意见，谨备采纳：①所址问题，上海方面，对于所址主张离城十里以外，或较远地方。其面积须在一百亩以上，该本所名为七邑，未能于七邑同时举行，势必先从鄞县着手，则鄞县之七邑游民乞丐教养所范围，应属广大，使七邑游民乞丐，均得送至该所教养，方不负七邑之名。②名义问题，七邑游民乞丐教养所名义，虽已酌定，但为慎重起见，尚需斟酌确定，须与名实相符。③经济问题，开办经费，在上海已有三四万把握，将来准可达到预

---

① 《昨晚道署之官绅会议》，《时事公报》，1925年10月14日。

定六万之数。惟望甬地父老，亦筹足四万，俾便凑足十万总额。④人才问题，筹办该所人才，最难物色：（甲）心欲慈善，而办事须坚决。（乙）家境须温饱，而无名利思想者。综上四端，请诸位讨论。次王镇守使致勉励语，略谓甬地方官厅均在发起人之列，今日开会，第一须解决经费问题，望诸位踊跃筹募云云。次讨论甬地筹款方法，由众议决，照上海募款方法，分为四十队，每队千元。当场认定者二十队，计黄道尹三队，王镇守使一队，吴知事一队，王知事一队，盛知事一队，张知事一队，江知事二队，刘厅长一队，翁仰青一队，钱业二队，洋布广货业合一队，药号药业合一队，当业一队，严康懋、赵宇椿合一队，胡叔田张申之陈季衡合一队，李管带与陈如馨等合一队。次推定张申之、吴叔田等三十五人，为筹备员。次议决本所所拟章程，如有异议者，限半日内提出，函知筹备处，付筹备处审查。次讨论所址，先有张申之谓，所址一节，从前江东之养济院，湖西之残废院，南门之社檀庙三处，略为察看，但均以地位太少，故未决定，请诸位决定，何处为适当。众以所址问题，极为重要，非草率所能决定，议决付筹备处决定之。议毕散会，已六时余矣。①

受时局影响，七邑教养所筹备工作时断时续。1928年，已筹有大笔款项的宁波旅沪同乡会即委托宁波市政府在宁波八角楼下建筑总所房屋。时宁波市政府拟建造残废所，于是两所便联合建造。到1929年秋，房舍已大部落成。当年10月，七邑教养所即划入同年初成立的市救济院。

（五）泽仁公会董事

进入民国以来，宁波一地人口集聚，商业日趋繁荣，而公共卫生事业严重滞后，其中密布城乡的厝棺就是当时宁波突出的公共环境卫生问题。民国《鄞县通志》说："本邑有恶俗，为随地设厕与厝棺，外来旅客至有五步一厕、十步一棺之讥，其妨碍卫生与观瞻殊甚。"②长期以来，由于宁波山地稀少，而入土为安即土葬习俗又根深蒂固，城乡各地百姓往往将棺木停放在城厢旷地待葬，或浅埋以待厚葬，但日后由于各种原因，不少棺木任凭日晒雨淋而

---

① 《游民乞丐教养所筹备大会纪》，《申报》，1924年8月6日。
② 《鄞县通志·政教志》，宁波：宁波出版社，2006年，第2153页。

无人过问，以致"城厢内外各处旷地摆歇荒棺，安置浮厝，不分街衙要道及近接人烟稠密之处，触目皆是，其沿习已久。从前市政不修，卫生不重，至今尚相沿成风，实有积重难返之势"①。此不但影响观瞻，并造成死人与活人争地的局面，而且遍布城厢的这些露棺历经风吹雨打，"秽气充塞，酿成疫疾之媒介"，严重影响公共卫生。据1920年春宁波警察厅调查，"吾邑城厢露棺不下四千余具"②。而1922年泽仁公会"统计浮厝则近二万余穴"③。

对于密布城乡的浮厝问题，当时官方与民间社会予以高度关注，并采取切实措施为解决这一顽症做出努力。1920年12月19日，甬上官绅发起成立泽仁公会，由严康懋等组成的颇具规模的董事会也宣告成立，具体经办此事。④为此甬上《四明日报》发表评论为之叫好：

> 城厢殷实，而厝棺累累，此等恶习不知始自何年？而比年以来虽经催迁，未尝肃清，留此污点，亦吾甬人士之耻也。
>
> 欲兴市政势不能不清积厝，露棺暴骨，夏秋之交，暑雨交蒸，发为疫情，清之利则所以卫市民之生。市廛殷繁，尺土足惜，清之所以扩列肆之地。败棺露骨行人蹙额，伤心惨目莫此为甚，清之所以彰掩骼之仁。甬上商埠外侨杂居，葬不亲上，恒讥陋俗，清之所以壮观瞻之美。有此数善，宜吾乡士之力图，而今让仁于官斯土者，吾犹惜其后已。
>
> 况今市政凡百更新，纵以千百年之积习沿俗一旦清之非易，而以吾甬之开通风气与士绅之急公好义，假以时日，何难肃清积垢，此吾所望群公之力行者也。

泽仁公会董事会由地方官员、著名绅商组成，其中黄道尹为董事长，下设文书、会计、调查、庶务、工程各股，分股办事。并"议定先将监毙、

---

① 《廓清厝棺之办法》，《时事公报》，1920年12月8日。
② 《组织泽仁公会声》，《四明日报》，1920年12月18日。
③ 《泽仁公会董事会纪》，1922年10月13日。
④ 《组织泽仁公会声》，《四明日报》，1920年12月18日。

路毙各棺及各处孩尸分批掩埋，其余各处露棺先行出示登报并函致旅沪同乡会，……先请官厅传谕各地保鸣锣挨户晓谕"①。其经费来源包括道署拨款、城自治掩埋费（每年500元）与商绅捐款。可见，泽仁公会是一个官绅合办的慈善公益机构。根据部署，同年12月底前后，泽仁公会在甬上各大报刊登通告："……本会由本地官绅组织，设在宁波府学内，将城厢内外露棺先作掩埋，兹限自登报日起至本年阴历十二月底止，凡在城厢内外摆设露棺者，务宜来会详细报告。出立限据，由本会分别登录。至迟（限民国十年旧历二月末日为止）一律迁葬，如逾限不来报告，且不迁徙（自十年旧历三月一日起），由本会将各该露棺分别标明记号，迁至姜山，妥为安葬。幸毋自误，除由厅县出示布告外，恐未周知，再登报通告。"②

经过一年多的努力，到1922年春，第一步工作即"露棺已收肃清"。但第二步工作即迁葬浮厝问题却相当棘手。原议有人管理之浮厝于1922年7月止来会报告，"后为体恤贫民起见，又展期3个月"。但到同年10月止，来会报告者仅500余家。对此泽仁公会诸董事十分着急，"若再任其延宕，何日方能廓清"③。在此情况下，1922年10月12日，泽仁公会召开董事会，当场议决"一面再贴布告，一面登载甬上各报，作最后之催迁。至十月底止，若再不来会报告者，认作无主棺木办理，准由会内代为迁葬，其有主者限于阳春三月底为止，亦一律迁移"④。应该说，当时泽仁公会诸董事付出了很大努力，拆棺迁葬工作也颇有成绩，无奈后来"政局更张，该会无人负责，业已取消，迁葬之事遂告停顿"⑤。迁葬浮厝工作到20世纪30年代借助政府的力量才基本上得以完成。

---

① 《廓清厝棺之办法》，《时事公报》，1920年12月8日。
② 《鄞县城厢泽仁公会通告》，《时事公报》，1920年12月31日。
③ 《泽仁公会开会纪事》，《时事公报》，1922年3月13日。
④ 《泽仁公会董事会纪》，《时事公报》，1922年10月13日。
⑤ 《第十七次市务会议》，《宁波市政月刊》，1卷3号。

八、公益事业

受西方文明等因素的影响与推动，进入近代特别是民国以后，宁波慈善事业出现了新的变化，即公益化的倾向相当明显，人们关注的目光不再局限于济贫扶困事项或老弱贫残等弱势群体，而越来越关注事关区域社会发展与进步的公益事业。对此宅心慈善的严康懋也积极参与其间，尤其是在江东公会等地方自治事业和桥梁、道路、监狱、公园等市政建设方面倾注了很大精力与心血。

（一）从新江桥到老江桥

宁波地处江南水乡，境内江河纵横，桥梁成为城乡交通的重要组成部分。所以桥梁的兴建与改建不仅是市政建设的题中应有之义，也使甬人将其视为与修路同样重要的义举。所谓铺路修桥，人们往往相提并论，以至《鄞县通志》说："鄞人好建桥，其性习然也。有一人独建一桥者，有数人合建一桥者，亦有集微资而成一桥者，如一元桥等是，甚有一人独建数桥，如陈磬裁、姜忠汾等所建是。民国以来，新建改建者大小不下数十百桥。"[①]也许是地理环境使然，也许是父亲的影响，严康懋对于家乡桥梁的兴修有一种特殊的情结，他先后担任新老浮桥厂董事，期间他不离不弃，恪守职责，并出资出力、亲力亲为，为之倾注了很大的心血，成为其慈善公益事业的重要组成部分。

宁波城区为奉化江、余姚江、甬江三江汇合处，在汛期险情时有发生，甚至落水溺毙之事也时有所闻。为此受到地方人士的高度关切，清中期起民间或与官府合作成立此类救助机构，晚清时更有多个公所发起，如同治五年（1866年）创设于浮桥东岸关帝庙内的济生公所，以"浮桥每届潮汛涨落水流

---

① 《鄞县通志·工程志》，宁波：宁波出版社，2006年，第127页。

湍急，行舟每遭倾覆，以司事一人，住宿其中，雇小船一只，日夜轮视，遇有覆船，招呼两岸渡船援救，每救一人赏钱1600文，货物检归原主酌给酬资。公置市屋三间，租金充费"。期间，号称洋药商领袖的严文周于1877年发起赎回英人建造的新江桥后，不久又发起创办新江桥经理公所，专司修理新江桥之事。经费由洋药商抽费而来的平津会拨助基金1600元，常年经费则由各业岁捐以为补充。每家挨月轮值（遇闰月随本月），由"轮值之柱，按月向众栈匀派给付，周而复始"。①

据《鄞县通志》记载，严文周之后，新江桥经理公所董事一职"其子严英及周涛等继之"。尽管公所董事不止一个，但实际上由严主其事。②所谓子承父业，对于父亲的善举，严康懋自然格外重视，不敢懈怠，为此他尽心尽职。公所每年收入仅四千余金，而支出约一万金，不敷之款，俱由董事严康懋"兜底"。③"君复厚其基金，周其设备；且立同善会，以司拯济葬埋事，邦人传诵。"④关于同善会，《鄞县通志》记载说：该会附设于新江桥经理公所，"设有救生船，以拯溺者，遇有落水而无力棺殓者给以棺木一具、衣服数袭，无主而捞获者亦如之，存有基金五六千元，以充岁费。"⑤同善局（会）设于何时已不可考，但1910年9月21日的《四明日报》的一则报道说明其时该会已经存在，也颇能说明其作用。"十六日下午，有一醉汉行过新江桥，步履蹒跚，醉眼蒙眬，被风吹刮，沉落河中，经救生船迅速捞救。适值波流汹

---

① 见《鄞县通志·政教志》。对此，宁波本土学者水银认为经理公所与平津会均由严康懋于民初设立，他说：随着鸦片关税大幅提高，鸦片生意的日渐没落，负责新江桥修理的新江桥厂"立柱轮值承办"制便难以为继。民国初，新江桥厂进行了改组，成立了新江桥经理公所，隶属宁波商会。"关于平津会基金的材料很少，很有可能是严康懋为了让新江桥的岁修经费有个稳定的来源而特设的。可以猜测的是，该基金的本金，或许有部分来自于鸦片商立柱轮值期间的结余，但更多的，则可能来自严康懋个人资金的注入。"——林旻：《一些鲜为人知的新江桥往事》，《东南商报》，2015年9月6日。

② 鄞县建设局：《鄞县建设》第一辑，1934年，第118页。

③ 《新江桥管理委员会成立》，《宁波旅沪同乡会月刊》，第133期，第4页。

④ 蔡和铿：《严康懋先生行述》，《时事公报》，1929年11月9日。

⑤ 《鄞县通志·政教志》，宁波：宁波出版社，2006年，第1493页。

涌，直至立大轮边方始救起。幸气息尚温，即将湿衣换去，由同善局着人送归伊家。"①

新江桥经理公所在北堍处置有房产出租，以为桥梁修理等费用。1925年5月间，租户戴万通等商店占地造屋，有碍交通，被人举报，要求江北公会予以取缔。为此作为新江桥厂董事的严康懋二次去信江北公会，说明此事不得已的"苦衷"，要求"顾念公益，曲予通融"。其函分录于下：

函一：谨启者，敝厂因地势低落，不得已从新改造，惟经费支绌，将前面建筑街房四间，出租收花，以补助养桥之费，然浮桥乃是贵处之要道，今嘱让进，本当遵命办理，实缘工程已将完成，改让颇为不易，且一经退让，街屋出租亦颇为难，为此奉函相恳，务希顾念公益，曲予通融，照旧建筑，兹请贵会转达一分署，准予兴工，俾早落成，不胜感激，至切至祷。②

函二：谨启者，昨按奉贵公会来函内开，新浮桥建筑厂基，并前面改造街屋出租，以补助养桥之费，贵会认为占出街路，并南面马路，妨碍交通，主张拆让等云，其中谅诸君未尽详细，恐多误会，为此再函声明。敝厂基原有三间，外加源昌联□一间，共计四间，今日之改造，亦是四间，于南面并无占出。至于石碑，本在厂基之内，因店面出租，所以迁移后面，并非原立之地，且敝厂基南面以白水为界，今青年会所筑之水泥，搭盖道路，亦是敝厂之情让通融办理也。厂基改造之三间，照原址尚让准二尺另，在旧址可查，并无占出，源昌隔壁之一间，本与源昌相平，因既改造筑墙以轻风火，故而与三间迁直，将三间迁进之地，以补一间不足，当未造之前，曾经报告警署，派员丈量，核之头等街道，照章二丈四尺，并无违背，所以许可开工建造，今该屋已将完工，且于路政章程符合，特此再函声明，请为复议，并希鉴察为幸。③

① 《几葬绿波》，《申报》，1910年9月21日。
② 《江北公会交通股开会记》，《时事公报》，1925年5月29日。
③ 《厂董函请复议拆让屋基案》，《时事公报》，1925年5月29日。

146

但事情的进展似乎并不顺利，对于严康懋的诉求，同以地方公益事业为宗旨的鄞县江北公会诸董事振振有词，一副公事公办的架势。无奈之下，为求得江北公会的理解与通融，1925年5月30日，严康懋特地出席该会进行说明。会上严康懋的苦心终于获得公会诸董事的首肯，"佥以新江桥为地方公益，严君煞费苦心，应予维持"。报道说："鄞县江北公会交通股，为复议新江桥厂基占造案，于昨日下午四时开会，到会长余润泉，本股主任郑植生（王荫棠代），董事王荫棠、唐沛然、应道生、唐怀章（唐沛然代）、蔡宗黄（应道生代）、公安股主任朱舜孙，卫生股主任朱旭昌，教育股主任徐学传，慈善股主任裘珠如，经济股主任张性初，总干事金臻庠，提案董事陈荇荪等，江桥董事严康懋亦出席。由王荫棠代郑主席，宣读新江桥厂来商毕，即由严君说明改建情形（与昨登来函意同）。经众讨论许久，佥以新江桥为地方公益，严君煞费苦心，应予维持，且三间厂基于改建时曾让地二尺另，惟第四间（即兴源昌贴近一间）稍有占出，为兼筹并顾起见，议决将第四间让进一架，其余三间每间也让若干尺，以与第一间基脚并齐为止，严君亦以为然，遂通过……"①

可见，当时作为一个称职的慈善机构董事并非挂名了事，该期间还有许多不为外人知晓的周折与无奈需要应对与处理。至少从1912年至1934年，严康懋以其私财独立承担新江桥的岁修经费，时间长达22年，其中1929年严康懋去世后，由其代理人周巽斋负责。由于20世纪30年代起，新江桥上逐渐有了汽车通行，维修工程量加大，平津会基金也逐渐枯竭，缺口越来越大。为此力不从心的周巽斋不得不向商会辞职，1934年起，新江桥归属官办。

民初，严康懋还担任老江桥或曰老浮桥厂董事。据《鄞县通志》记载："浮桥厂在城东旧大校场侧……专司采储物料，监督工匠、水夫。"②与新江桥相比，20世纪20年代前后的老江桥险情不断，经常肇事，引起甬人严重关切。人命关天，严康懋感到自己责无旁贷，义不容辞。期间他为之多方奔走，竭尽心力，老浮桥的兴修成为他最大的牵挂。在浮桥冲毁时他督促工匠修理，

① 《江北公会复议厂基占造案》，《时事公报》，1925年6月1日。
② 《鄞县通志·政教志》，宁波：宁波出版社，2006年，第1491—1492页。

"他如改阔桥洞，以便行舟，加备铁锚，以固桥身，厥功尤伟。历年维持苦心，俱为众人所共见共闻"[①]。直至20世纪20年代中期几次发起建桥，奔走于沪甬之间，终因时局动荡、工程浩大而壮志难酬，抱憾而终。

老江桥旧称浮桥，横跨奉化江上，是老城区连接江东及鄞县东部、西南部的主要通道，"每日行人以万计"。当时老江桥为浮桥，以船排连锁而成。每遇雨季，奉化江水势湍急，时有险情发生。"一遇风潮，动辄偾事。辛酉壬戌间，连年水浸，遭灭顶者，更时有所闻。"[②]文献记载，该桥建自唐代，建桥一千多年来屡坏屡修，"桥之名虽存，舟漏木朽，铁绳断，竹索腐。灾变不断"。由于木造浮桥经不起风雨侵蚀，一遇台风过境，狂风暴雨，上游山洪暴发，江水激涌，浮桥就有断链折索、舟排飘散、行人落水等险情发生。仅1914—1923年10年间就有船排被风浪大潮冲散撞毁5次，大小事故72次，沉船61艘，落水死亡66人，遇险获救152人。

图8-1　民国初年的宁波老浮桥

1920年9月14—16日，宁波一地连日暴雨，以致奉化江潮流湍急，老江桥铁链被冲断，架板大船三只被潮冲至镇海。老江桥中间断脱三排，一时交通断

①　《道尹慰留老浮桥董事》，《时事公报》，1922年8月25日。
②　改建老江桥沪甬委员会：《重建灵桥纪念册·建桥劳绩者之姓名及事实》，1936年。

绝，行人只得搭舟以渡。严康懋为之心忧不已，急筹对策。他在督促桥工赶修的同时，根据其多年的观察与实地考察，建议将老浮桥移至大道头，"因该处潮流较为和缓，或者可免出事"[①]。严康懋的建议在1920年12月14日于总商会召开的老浮桥兴修会议上初步获得认同，并被推举为"临时董事，以便办事有所咨询，而利进行"。当时《时事公报》报道说：

> 鄞县江东老浮桥，前由奉邑公民周善安等禀请道尹速饬兴修各节，已志前报。兹闻此事于本月十四日在总商会开会汇议，到会者官场有黄道尹、林厅长、姜知事，绅商有李松侯、顾元琛、费冕卿、赵芝室、陈兰荪、徐镛笙、沈景荣、陈翰章、王叔云、蔡芳卿等诸君。当由徐镛笙君报告开会宗旨，略谓老浮桥旧有十六舟，一字平排为九洞，载在县志，旁岸三洞，西洞阔四丈二尺，东两洞阔五丈二尺、四丈八尺，中间六洞最阔三丈七尺，其次则二丈八尺、二丈六尺、二丈二尺不等。现因旁岸东西两洞为涨涂所塞，惟东岸第二洞较阔，可以行船，中间六洞每当秋令，潮流迅激而下，行舟触碰沉没已经屡见。兹拟改为七洞，分列十二舟，桥洞既阔，潮流势分，行舟之险庶乎可免，为时已久，遽议改革，或虑桥上行人易生危险，改易与否，自应详细讨论，以昭慎重。经众讨论，以改易与否，当以有无危险为断，前以桥洞既狭，潮流又激，触碰沉舟，已经屡见，改易旧形，危险可免。或虑桥洞既阔，桥上行人众多，压力过重，亦多危险，惟一为有形，一为无形，一为已见，一为逆料，拟以改易为宜，即使改易果有危险，可想种种方法补救，未便因噎废食，此主张改易之理由也。至改易方法，先由老浮桥厂董事悉心研究，详细讨论审定后再行征集意见，筹议经费。当推定陈兰荪、顾元琛、徐镛笙、严康懋、沈景荣诸君为临时董事，以便办事有所咨询，而利进行，议毕遂散会云。[②]

但此事由于涉及许多商铺的搬迁等复杂问题而未曾实现，"因各方多未允洽，且半边街鲜货行须迁至江东石板行跟，各商场亦须变更，因将斯议虽盛

① 《老浮桥移置大道头说之又起》，《时事公报》，1922年9月3日。
② 《汇议改修老浮桥》，《时事公报》，1920年12月16日。

传一时，未成事实"。①

1922年8月间，老浮桥三遭飓风袭击。其中8月6日，甬城风雨交加，至夜十时许，江水大涨，老浮桥被飓风汆开，"两岸链牙被风水冲击而拔出，致全排船身被水汆去"。交通断绝，行旅苦之。为此严康懋督促桥工赶修，工程"越一星期始行修复"②。但13日老浮桥遭二次飓风，工事不得不停顿。期间，由于老浮桥屡次出事，"物议沸腾"，对浮桥厂董事颇有责难。所谓出力不讨好，诸董事颇感委屈，乃于16日开会"声明辞职，另举贤能"。《时事公报》报道说：

> 本埠老浮桥厂，于昨日上午十时，在该厂办事处召集董事会议，到者梁廉甫、严康懋、徐镛笙、戴瑞卿、沈景荣、陈含章诸君。由梁廉甫主席，报告开会宗旨，略谓鄙人等董老浮桥事，当时因义不容辞，勉力担任，旧今两载，风灾荐重，以致出事二次，外界蜚言沸腾。今虽修理恢复，此后如何办法，应请讨论。经会议良久，议决致函警厅、县公署及商会，报告历年账略，以释群疑，并声明辞职，另举贤能云，旋乃散会。③

对于老浮桥厂董事辞职一事，当时宁波地方当局及各团体皆为他们叫屈，并纷纷致函予以挽留，其中会稽道尹函云：

> 接展大函，藉悉一切，此次大风雨老浮桥被江水冲激，全排漂流，以致行人受困。幸赖诸君子力筹修复，于数日之间即已恢复原状，行人无不交口称便。严君康懋又复亲往督看工程，日必数次，尤具热忱。即如去年大风潮桥身冲散，修理诸事，亦系诸君子擘画之功。他如改阔桥洞，以便行舟，加备铁锚，以固桥身，厥功尤伟。历年维持苦心，俱为众人所共见共闻，乃未明真相之人，横加责备。古人云心苟无瑕，何恤人言。此等昧于事理之言，尽可付之一笑，尚希仍以桑梓公益为重，力任艰巨，勿萌退志，为特专此布复。2

① ② 《老浮桥移置大道头说之又起》，《时事公报》，1922年9月3日。
③ 《道尹慰留老浮桥董事》，《时事公报》，1922年8月25日。

宁波总商会函云：

迳启者，此次本埠飓风爆发，风力较劲，为数十年来所罕见，以故甬江南北，船舶沉没，墙宇倾倒，声闻竟夕。而老浮桥乃亦于是夜随风漂散，交通断绝者累日，诚浩劫也。事后物议沸腾，不免遇有春秋责备贤者之义。并据会员陈荇荪君提出意见书一件，昨经召集职员常会，讨论结果，佥以诸公董理桥务，历有年所，任劳任怨，大众咸钦。此次风灾肇事，虽人力不可胜天，然此后朔风渐紧，秋潮愈恶，未雨绸缪，关系尤重，仰赖董事诸公，俯念地方公益，始终成全，设法整理，俾期善后筹议，为此专函奉达，敬祈采择施行，至深公感。①

1922年9月初，总商会再次致函浮桥厂董事，希望"诸公顾念地方公益，勉为其难，勿萌退志"。函曰：

接展大札并清册，备悉一是。当于本月四日召集职员会议，一致公决挽留。窃维诸公董理桥事，历年来，尽筹巨画，尽人皆知。今岁飓风爆发，灾害遍地，固不能委诸人事。观于第二次风灾后，老浮桥失锚断练，巨石撼动，即其明证，而诸公之苦心孤诣，亦于是乎白，至众口纷纷，莫衷一是，似可毋庸介意，准函前由，谨代表众商掬诚挽留，并璧清册，尚祈诸公顾念地方公益，勉为其难，勿萌退志，无任祈祷。②

同时，面对"外界蜚言沸腾"，老浮桥厂董事们没有自暴自弃，放弃职责。严康懋更是奔走其间，积极行动。第二次飓风过后，修复工程加快进行，期间他"亲往督看工程，日必数次，尤具热忱"③。为加固桥身，严康懋"特向申采办铁锚四门、铁链八节，于上月廿七将新锚抛定，连旧锚共计八门"。不料，8月30日又遭第三次飓风，"至十时许，因风转西南，潮流湍急异常，

---

① 《整顿声中之老浮桥问题》，《时事公报》，1922年8月17日。
② 《新老浮桥改建与修理》，《时事公报》，1922年9月7日。
③ 《道尹慰留老浮桥董事》，《时事公报》，1922年8月25日。

以致又被大船数艘，自上流冲下，撞断铁链，排船亦均氽至白沙、孔浦、洋关门口等处沉没"。老浮桥风水之患，民国以来，以此次为最烈。

闻讯老浮桥又出事，且修复需两星期时间，当时在沪的严康懋十分着急，"连日来函催请赶修，略谓该桥乃交通要道，岂可久断？若不赶修，不但地方上责有烦言，即扪心自问，亦何以对人？事前既不能挽回，事后宜本于良心，亦督促夫役日夜赶修……"①其关切之情与拳拳之心溢于言表。同时，鉴于老浮桥一再肇事，严康懋考虑再三，认为在原处修修补补无济于事，必须作一治本之策，于是又重提自己曾经提出的将老浮桥移至大道头的建议，并提出"将老浮桥改建铁桥，以为一劳永逸之计"。对此，《时事公报》记者为之叫好。报道说："……现闻严君因前次飓风老浮桥出事，又感前议之有裨益，遂又发议将老浮桥移至大道头，一面将老浮桥改建铁桥，以为一劳永逸之计。闻需银估计三十万两，迨铁桥造成，将大道头浮桥废去云。此为严君之拟议，记者甚望其有成事实之一日。盖老浮桥为奉化江水源出发之地，一有山洪即潮汛异常湍激，而此桥江面又狭，除非稍有潮汛即将桥排解开，否则终难免于出事，然解排亦属有碍交通，若改建铁桥，始可防免此患矣。"②

当时，老浮桥之改建问题引起了甬上各界的广泛关注，纷纷提出相关方案，或召集会议，协商办法。1922年8月15日，宁波总商会为老浮桥一事召开专题会议。报道说：

宁波总商会，昨日下午开职员常会，出席会董李义本、徐镛笙、周莲青、赵宇椿、卓葆亭、朱旭昌、屠鸿规、余东泉、袁端甫、毛安卿、陈竹生、黄光普、毛稼生诸君。三点半振铃开会，由屠会长主席。首议会员陈荇荪提议整顿老浮桥意见书，毕君宣读来函毕（函见前日本报），当由特别会董兼老江桥厂董事徐镛笙报告老浮桥沿革情形暨此次失事原因。略谓老浮桥厂董事，为梁廉甫、陈兰荪、秦珍荪、王叔云、严康懋、沈景荣、顾元琛、陈翰章、

① 《新老浮桥改建与修理》，《时事公报》，1922年9月7日。
② 《老浮桥移置大道头说之又起》，《时事公报》，1922年9月3日。

戴瑞卿诸君及鄙人十人，而秦君曾经辞职未补，其账目则由沈君负责。每年共有收入三千五百余元，适抵修理等费支出，尚有数百元可以余丈。惟如遭遇风潮，桥排冲坏若去秋之失事，将九排改为七排，需费八千余元；又改造新厂计需二千余元，共计万余金，除固有收入及旧丈千余元外，复由各董事募集五千余元，现尚亏负三千余元，由各董事分垫。但董事会每年仅开会二次，且亦有未到者，此实为董事之不称职。至此次出事，因前用铁链，向由温州买来，为练身不固，现已改用德国货。此次实被风大水急，将两岸练牙拔出，以致冲坏。本于前日可以修复，乃因二次飓风，大约明日（即今日）可以恢复。又桥上设立摊铺一节，因水夫十人，每人每月薪水仅一元，全以守望所摆设摊铺，以资津贴。惟每次开排排费，年计五百余元，则归水夫。今本会既为公益集议此事，应请派员清查账目。余东泉谓查账殊可不必，惟将桥上摆设摊铺，除四所守望所外，其余是否可以禁止。徐君谓此可办到。卓葆亭谓江桥上设摊，不但有碍交通，且于铁链桥板易致损坏，应请禁止。左君谓桥上摆摊，应绝端禁止，水夫宁可加予薪水。陈竹生谓此次出事，全是江桥夫不能先事预防之故，应将江桥夫切实整顿。朱旭昌谓厂中账略，可由该厂自行详细宣布，一面由本会致函该厂，严行整顿云。复绍各会董详加讨论，当议决如下，该厂账目，请由老江桥厂董事，自行露布，并由本会函致老浮桥厂董事，整顿善后事宜，以维地方公益。①

1922年9月25日，老浮桥厂召集讨论改建办法，因故离甬的严康懋让沈景荣代表自己出席。次日《时事公报》报道说：

宁波老浮桥因屡次出事，由应鸣和君等提议改建，及旅沪同乡会与宁波总商会往返函文，均已迭次本报。兹悉昨日下午二时，老浮桥厂征集同志诸君，讨论办法。到者有戴瑞卿、卓葆亭、沈景荣、史祖安、史济训、姚和清、任桂堂、柴莲浦、应鸣和、陈翰章（史济训代表）、穆子湘（应鸣和代表）、

① 《昨日商会职员会纪事》，《时事公报》，1922年8月16日。

153

严康懋（沈景荣代表）、邹子实、董道位（范君代表）。先由应鸣和宣告开会宗旨，略谓今日承诸公炙心公益，亲自莅会，共同讨论。鄙人日前赴沪，至同乡会，邀集办事诸君商议，极表同情，函达宁波总商会，开会公议。一面请工程师抵甬履勘，估计工程云云。戴卓二君，谓兹事体大，需款尤巨，须筹够款，方可进行。众赞成，当经戴卓沈史任姚应等诸君，各先划洋一百元，存储钜康钱庄，以为首倡，议毕散会，已五时许矣。①

1922年10月8日，刚成立不久的鄞县市民公会也开会讨论改建浮桥案：

由提案人包君说明理由，略谓本埠老浮桥，迭次出事，已有应鸣和君提议将新老浮桥改建，日昨并有工程司来甬勘察，但兹事体大，非集合各团体协力进行不可。本会既为市民公会，责无旁贷，应如何协同促进，请讨论。李酲白谓此事应分向各团体接洽，以期众擎易举。毛安卿附议。陈企白谓除通函各团体，促其共同进行外，并派代表前往联络。包正可谓此事应由交通股委员负责，再另推专员，以专责任。次张竹坪、徐晓笑、徐庚馥等均有讨论，议决公推代表，与各团体接洽外，一面通函各地同乡，请其协助，并推定郭荷沚，毛安卿与商会接洽。张竹坪、徐庚馥与县议会接洽，李酲白、陈企白与沪同乡会接洽，赵钵尼、戴粹章与杭同乡会接洽。其通函稿公推李酲白撰拟。②

1922年10月11日，老浮桥厂董事与改建老浮桥发起人联席筹备会议又在江东老浮桥厂办事处举行，尽管严康懋因病未能出席，但他仍向会议提出意见书并在会上"当场宣读"。会议决定设立筹备处，改建老浮桥呈请当局提倡，并议决筹款办法，"请愿县会核议"。报道说：

宁波老浮桥由应鸣和君等提议改建，以至工程司查勘经过，业已迭志本报。兹悉各董事各发起人，于昨日下午二时，在江东老浮桥厂办事处，开董事发起人联席筹备会议。出席者厂董沈景荣、陈含章（钟佐卿代表），发起人

① 《会议改建老浮桥纪闻》，《时事公报》，1922年9月26日。
② 《纪市民公会委员会议》，《时事公报》，1922年10月9日。

唐懋昭、余润泉（应道生代表）、任桂堂、柴莲浦，应鸣和、史济训、杨厚齐（徐仁扬代表）、应道生、史祖安、董道惠、周贵良、周憩堂、邹之实等，公推柴莲浦主席，报告开会宗旨，略谓改建老浮桥案，自本月五日经工程司测量后，一切情形，到会诸君，谅所洞悉，无待鄙人赘述。阅八日报载有市民公会委员包正科，提议改建浮桥与各团体协同促进，并派代表联络本会，既承炙心公益，应函致该会接洽。次讨论募捐问题，众谓今日到会人数不多，可俟县议会、总商会、市民公会及各团体开会讨论后，本会再开大会，以定方针。次主席将严君康懋提出意见书（严君因病未到），当场宣读。经众讨论良久，谓严君意见书，今日务须发表，俟本会答复后，再行宣布。次议筹备处地点，准附设老浮桥厂内，如有进行事宜，可到本处接洽。次唐懋昭、叶贤宾二君，当场过出筹备费洋各二百元。次议本会宜呈禀道尹、县知事，以资进行。附录呈道县原文及呈县议会请愿书如下：

呈道县文：为禀请提倡改建浮桥发交县议会核议事，窃本邑灵桥门外老浮桥，向用板船木桥。今年夏秋之际，迭遭风水，浮桥损坏，经该厂饬匠修竣。本月初间，又遭水灾，被甬川轮船撞坏，计需一月，可以修复。虽有渡船，行人如织，往来殊多困难。公民等有鉴于此，筹议改建，仿外埠西式水泥之桥，为一劳永逸之计。但兹事体大，需费孔巨，公民应鸣和与旅沪同乡会会董励建侯、袁履登、穆子湘诸君磋商，极表同情，遂即致函宁波总商会及县议会核议办理。鸣和旋甬，召集甬地同志诸君，在老浮桥厂内筹议办法，迭经报载。一面函达沪会，敦请工程师查勘。五日早晨，由工程司偕随员数人搭新宁绍轮船抵甬。公民等到埠欢迎，并引导工程司至老浮桥堍查看情形，测量江水浅深。六日返沪，拟绘图几份，俾得估计工程。查老浮桥自建筑以来，历年撞坏船只及落水溺毙之人，指不胜屈。此次一闻改建，无不赞同，事在经始，自当积极进行，恳请道尹知事俯赐察核，提付交议，俾兴大工，而利交通，实为德便。

呈县议会请愿书：兹因浮桥被今年数番飓风淫雨，叠次断练冲开，于行人大有违碍。为此各发起人创议筹款改建浮桥，以水门汀作基础，造成三眼大桥。此事经费浩大，谈何容易，非善为设法，难底于成。所最难者惟经费问题耳，今将筹款细目，为贵会约略言之：筹款：一工程捐，向章每件三厘，每年七八千元，今若再加三厘造桥捐，于众无甚损害，于公大有裨益，或抽收十年计算，加利约有十余万金。二公益事宜，不乏乐善好施之士，宁波以外繁盛商埠，广分捐册若干，可得巨数。三自商会开会后，各行各业以及城厢内外殷商富户，捐募侨资，积少成多，其经费实未可限量。其他应募款项，请贵会议决，次第进行。利弊：夫浮桥向章，帆船进出，可以开闭。改建以后就舆情意见，以不设开闭居多数，此中亦有理由。老浮桥地点，所开闭者除树、艚中路船、咸船，此外亦觉寥寥，况浮桥内木行不过三四家，从浮桥外卸艚带排，离该行近在咫尺，亦属易事，且浮桥内江水较浅，并无锚地，从前桥孔未大，有碍带排，不得已原艚放进。改建后桥孔已大，于带排甚堪自由。日前奉轮移锚，冲开浮桥，即此之咎，前车可鉴，望弗再蹈故辙。若中路船一年内惟四五月间之进出，即使进浮桥内不过从道士堰相近等处，即行分送。兹从浮桥外雇小舟分给，亦无留难之事。至咸艚或盐公所设立桥外，亦无不可。由此观之，浮桥不设开闭，无关紧要，况一经开闭，往往行人性急，每遭灭顶之忧，而且屡开屡闭，桥质易致损坏。双方计较，不设开闭利多弊少，此番改建，无非为永固起见。与其率由旧章，孰若改立新法。为此呈请贵会讨论造法，从长计议，事关公益，务望协力同心，以竟桥工，是否有当，尚其鉴核施行。

又市民公会按照前日委员会议决，为老浮桥改建问题，致各团体函云云，迳启者，宁波系通商口岸，为特别市区，商业繁盛，城内外市场与江东江北相衔接者，全赖新老二浮桥以通之，老浮桥水势尤急，迭次伤人出事，经敝会公议，此案虽已有应鸣和提议，将新老浮桥改建，日昨并召工程司莅甬勘察，惟兹事体大，非集合各团体协力进行不可。本会既为市民公会，责无旁贷，经众议决公推代表与各团体接洽，并推定委员，与尊处接洽，应如何协同促进之处，并请赐教一切，为此函达，即希查照。①

---

① 《改建老浮桥之进行》，《时事公报》，1922年10月12日。

期间，江东公民姚和清、洪之汇与从日本留学归国的鄞县人陈树棠等也纷纷提出改建方案。在社会各界的强烈呼吁下，作为民意机关的鄞县县议会也高度重视。1922年10月16日，县议会召集会议，经唐沛然等提议：

金以改建老浮桥事关全县水利交通，议决由参事会联合本埠各团体及外埠同乡，共同组织团体执行，当依照决议案通告各方参加。不数日，县议会议员应会椿、陈峻明、厉志、俞馥棠、周纬星、徐企勉、徐志鸿、桑伯固、屠怿恒、朱先、胡景文、忻振陶等，亦提出改建老浮桥案。筹款办法中，有一、工程捐（与上同略）。二、函请商会开会，请各行各业认捐或募捐。三、募捐。四、由参事会邀集各团体，分组募捐团。五、印制通行券，每本百张，每张铜圆一枚，每一人经过，须邀通行券一张，车轿以二人计算。通行券设寄售处，桥之两堍，派人验票。六、请求官厅提拨公款，函请县参事会，提交县议会核办。该办法经县议会于27日提出讨论，筹款办法第五项当经否决。①

11月5日，鄞县县议会议决设立桥工局，以老浮桥原有董事及改建发起人等暨其他各团体组织之，至此改建之议始成具体化。11月14日，各团体代表在县学明伦堂开会。当推定陈南琴、蔡芳卿、王思成、赵钵尼、周桂翔、朱奎荪、沈景荣起草桥工局组织法。11月21日，复经开会讨论组织桥工局案，议决由参事会通知各团体推选董事，并通过改建老浮桥工程局简章。附录于后：

第一条　本局为筹集经费，执行老浮桥改建工程事宜而设，定名为改建老浮桥工程局。

第二条　本局分设董事、干事两部。

第三条　董事部设董事长一人，董事若干人，以左列人员组成之：

（甲）老浮桥原有董事；

---

① 宁波市档案局：《宁波灵桥史料选辑》，杭州：浙江大学出版社，2015年，第87页。

（乙）各团体代表各一人；

（丙）改建发起人；

（丁）殷实绅商或捐募巨款者。

第四条　干事部设干事长一人，干事若干人，由董事部互推之。

第五条　本局视事之繁简，得酌用雇员。

第六条　董事部之职务如左：

（甲）关于经费之筹集及监理事项；

（乙）关于工程之审核及监察事项；

（丙）关于其他一切讨论事项。

第七条　干事部之职务如左：

（甲）关于执行董事会议决事项；

（乙）关于工程计划之审查事项；

（丙）关于调查报告事项；

（丁）关于其他一切进行事项。

第八条　董事长、董事、干事长、干事均为名誉职。

第九条　本局开支暂由改建发起人筹垫之。

第十条　本局附设江东老浮桥厂内。

第十一条　本简章有未尽事宜，由董事部议决修正之。

投标建筑老浮桥工程，于1923年7月22日在上海协泰洋行开标。由袁履登、穆子湘、乐振葆、戴耕莘等监视开标，最高价为495000元，最低价为211000元。[①]

1923年12月15日，宁波旅沪同乡会讨论重建宁波老江桥事，议决案件如下：

一、推举陈蓉馆、钱雨岚、孙梅堂、穆子湘、董杏荪、袁履登和戴耕莘

---

① 宁波市档案局：《宁波灵桥史料选辑》，杭州：浙江大学出版社，2015年，第87页。

等七人为筹备员，会同甬地筹备员协力进行。

二、设筹备处于宁波同乡会内，定名曰"改建宁波老江桥筹备处"，在宁波亦设一筹备处。

三、假定经费20万元，旅沪同乡筹四分之二，旅外各埠同乡拟各筹四分之一。①

直至1924年春，旅沪同乡会先后接到会董司徒克秋等三百六十余人函复，赞成列名发起，并有会员千余人，亦先后函致该会改建江桥筹备处，认定捐款为数颇巨。一时各方奔走呼号，群情激昂。迨至1924年9月，卒以江浙战起，地方不靖，各方奔走于消弭和平运动，而改建老浮桥之举，遂至偃旗息鼓而无形消灭。

此后一段时间老浮桥还算太平，但1926年8月24、25两日，大雨如注，继之狂风，各地水势暴涨，而奉化各乡因此山洪暴发。由鄞江、奉化江汇流甬江，水势湍急，老浮桥适当其冲。至26日上午七时，有大堆水藻自上流余下，势甚猛烈。桥东第二排浮船铁链被撞中断，西面第二排铁链亦告中断，而中段浮船五排遂遭漂泊。桥上行人小贩，坠江者十余人，三人溺毙，余众救起。当时，《申报》曾连续刊登了老浮桥失事消息，引起旅沪甬人的严重关切，文录于下：

老江桥被水冲毁全桥惨闻

宁波老江桥，为甬东行旅要隘，该桥年久未修，致桥身异常不固，兼之鄞江潮流湍急，故时发生被水冲断之虞。而此次则竟致全桥冲去，且伤人至十余，是诚为大惨剧也。兹将其详细情形，探录如下：前昨二日，宁波因飓风大发，故轮船皆已停驶。昨日自下午起，以至入夜，大雨更如倾盆，未尝少息。故各乡田水盈溢，道路且为淹没，以至鄞江一带，潮流直下，澎湃异常（有说某处山洪，亦有爆发，但现未证实）。此桥本已呈不安之状，至今晨七时，江东二区署巡长张民梁，查岗至该处，见状知将生变，乃即饬同第四岗（西塊）岗警董福升，第五岗（东塊）岗警黄志超，共同阻止行人。无如该桥，既为行

---

① 宁波市档案局：《宁波灵桥史料选辑》，杭州：浙江大学出版社，2015年，第88页。

经江东间之唯一要道，故始终不能驱散。至七时半，忽有大堆水草，顺流逐下，竟将该桥中排北首之铁锚链冲断。是时有中年某甲，即落水毙命。同时桥之东岸，第二排亦断裂崩倒，落水者不下十余人，余均惶惶跃上岸者有之，仍回至断桥上者有之，而西岸（即灵桥门方面）第二排，未过数秒，亦即断裂，幸未伤人。一时喊声哭声大起，秩序紊乱不堪，而其断桥上（全桥共五排计二排崩倒），亦尚有二三十人。幸尚有张巡长及警察黄志超（亦在桥内）维持，后众至大街头附近。闻某桅杆船尚停泊江中，经桥上大声喊救，该船始急起锚逃避。否则互冲之后，则不知又当死伤若许人也。该时大街头某小船夫，见状奋勇冒险摇船往救，张巡长及其余十人，得脱险登岸。至八时，该桥众至江天码头附近，又经各小船奋勇救下多人，故幸皆未殒命。现该桥至石版行路停住，不知将如何设法使之恢复也。而其落水者，因无从调查，故未知其确数及其姓名，而该处自该桥全排众开后，交通即已停止，行人必须至大街头过渡，惟因潮流湍急，且引渡者又非常拥挤，故颇危险，虽有一二警察在岸维持，然仍不济于事。①

老江桥冲毁续闻

宁波老江桥，昨日（二十六日）上午七时半，因被急流及水草，将其全桥冲毁一节，详情已志本报。兹闻当是桥未冲毁前，有柳阿品一名，肩挑鸭担（内鸭二十一只），自灵桥门至江东，行经江桥之第五排，该桥适行断裂崩倒，阿品急弃鸭倒卧该桥上。据伊云，前面一排（即第六排）行人，约计十余名，该时多已落水。惟昨日下午，又据该桥经理公司报告，谓当该桥断裂时，落水者四人，一人毙命，三人（即育德学校校役，昨误学生陈长庚，裕大蛋行陈三元及乞丐张阿琴）已救起云云。然究不知若干人，现一时尚不能证实。要之此桥断裂之惨剧，则已深印甬人之脑海。故多有议论其冲毁之原因，大致谓：（一）造桥处之江，面积太狭，以致潮流湍急，逾于上下游；（二）船身

---

① 《老江桥被水冲毁全桥惨闻》，《申报》，1926年8月28日。

木料不巩固，因未常修理；（三）浮船太密，以致加增阻力；（四）铁锚链原质不佳（据云，此链铁质，较新江桥等铁链为逊）；（五）多摆咸货摊，致铁链锈蚀；（六）鄞奉各山未植森林，以致时发山洪；（七）各乡内河不捞除水草。现又闻当地士绅如张申之君等，鉴此惨剧，均拟筹议善后计划，惟愿其共同早为解决也。现该处交通，仍须由渡船载运，而此被冲之浮桥，则仍在白沙跟，且闻昨日下午四时，该桥之浮船二只，竟脱离该桥，向下白沙方向漂去，后幸由小船设法撑回。现闻该桥经理公所，拟设法先将其毁桥拖回原处，再图善后方法云。①

老江桥冲断后三志

宁波老江桥，被急流水所冲断一节，详情已二志本报。昨日下午，记者又至各处侦查死者人数。据余大蛋行报告，该行除栈司陈三元被济生公司救起外，尚有小厨司名章金发（年仅十六岁，住江东教场底）已遭灭顶云云。此外落水者尚有多人。故前江桥经理公所报告仅死一人，实为不确。其桥身现因潮水甚大，且有一排沉溺水中，故一时不能拖回，约再过三四天，俟潮水稍平，即当用小轮拖回修理，惟该桥如不根本改造，以后仍属危险云。②

老浮桥出事后，甬上改建浮桥原有发起人复又旧案重提，严康懋更是痛忧不已，"决意进行改建"③。1926年9月16日，严康懋与乐振葆陪同工部局西人罗德，来甬测量。当时并议定下列各项：

甲、新桥说明　原有浮桥自东至西桥身长三百十尺，两堍各截进十尺，改为三百三十尺，用铁筋、水泥造之。分为三洞：中洞约阔百四十尺，中（其旁两）洞每约九十五尺。高度自水面至桥顶，相距十二尺。阔连两旁护在内三十八尺。桥上中道廿二尺，两旁各八尺。桥脚两座用金山石包做，头作尖圆形。

乙、募捐方法　改建费及购地购屋租屋并移搭临时浮桥等费约六十万

①　《老江桥冲毁续闻》，《申报》，1926年8月29日。

②　《老江桥冲断后三志》，《申报》，1926年8月30日。

③　《老浮桥今日测量》，《申报》，1926年9月18日。

元。除沪同乡会认定八万元外,不足之数,拟定募捐方法如下:

一、向各殷富劝募。

二、请沪同乡会查照募捐案内按数征收。

三、函请三公司,仿照华洋义振会办法,客身加收一成,以一年为限。

四、宁波城乡各商号,除银行、钱庄以及各大公司、工厂劝募特捐外,其余各商号按照全年房租捐募一成,房东、房客各出一半。

五、先印捐册一千本,分发各界劝募。

六、委托本、外埠银行、钱庄收款,并以原有老浮桥厂,因地处僻远,乃迁至咸和号楼上为临时办事处。[①]

1926年10月12日,沪甬两地人士在宁波翰香学校开联合大会,严康懋与会并在会上先后报告"宁波以前筹备情形、老江桥之水利",并出筹备费洋100元。最后,会议议决改建老浮桥,并议决:

一、推举虞洽卿等二十余人为沪甬筹备员,甬方除当日到会者外,具函各业推派两人,加入筹备。

二、俟筹备会成立后,征求稳妥图样、计划,依式进行。暂定经费六十万元,沪方认三分之二,甬方认三分之一。

关于此次会议,《申报》有详细的报道:

宁波老江桥因潮流湍急,浮船时被冲坏,故沪甬之宁波人士乃有改建之发起,详情曾志本报。兹悉十二日下午二时,沪甬人士假座翰香学校,开大会。到者官厅方面有道尹、厅长、知事,沪埠有袁礼敦、李孤帆、陈蓉馆等十余人,本埠各界、金融界、商会要人,及士绅张申之、严康懋、林芹香等,共计不下百余人。由朱道尹主席,陈蓉馆司仪,陈器伯、张葆灵记录,其秩序:一、开会。二、主席宣词。三、应鸣和报告灾情。四、徐镛笙报告老江桥董事

---

① 宁波市档案局:《宁波灵桥史料选辑》,杭州:浙江大学出版社,2015年,第89—90页。

图8-3　1927年前后老浮桥第二次筹备改建时设计的桥样

会成立经过及历史。五、严康懋报告宁波以前筹备情形。六、乐振葆报告上海
以前筹备情形。七、严康懋报告老江桥之水利。八、公决改建与否，当经众决
定改建。是时上海筹备员孙梅堂君，代表李孤帆君起立提议，该桥建在三江
口，并造三条，即三角桥。一由江北通江厦（即通城内），一由江北道以东，
一由江厦通江东，如此桥落成，即可一劳永逸，而宁波市面，当亦大受裨益。
惟经费约需一百五十万，并将计划图表呈朱道尹，后经众讨论多时，议决在一
月内如能筹足百万，即照此实行。否则筹六十万，以作改建老江桥之需。并议
决沪筹备员方面负担三分之二。此时忽有工人顾纪才，入内当众陈说改建老江
桥之必要，并亲自认捐三百元，众皆拍手。朱道尹并奖谓：皆如汝之热心，即
金桥亦可成云。九、公推沪甬筹备员，沪埠曾接洽者，有虞洽卿、方椒伯等
二十余人。甬埠除列席者皆推为筹备员外，并由商会抄录会董名录及各业要人
均敦请之，迨散会时已四时矣。[①]

　　此后，老浮桥改建筹备工作可谓紧锣密鼓地进行，严康懋先后被推举为
筹备处干事、甬筹备处副主任、工程股股长，他不辞辛劳，奔走于沪甬之间，

① 　《纪改建老江桥之重要会议》，《申报》，1926年10月15日。

表现出很大的热情。当时《申报》对老浮桥改建筹备工作进行了跟踪报道，从中也可以看出严康懋活跃而忙碌的身影。

老江桥筹备处开会纪

宁波老江桥改建筹备处于昨日下午，假座宁波总商会开会，到严康懋、张申之、俞佐庭等四十余人。公推严康懋主席，首宣开会词，次将议案摘要如下：一、筹备员无定额，并发函邀请，次函限五日内答复，否则作默认论。二、常务筹备员，待发函后再推。三、筹备处先推张申之、严康懋、金梦麟、郁穉盦、应道生、陈器伯六人为筹备干事。四、定十月初一日开下次筹备会。五、每册捐簿至少承募五十元以上。六、常务董事会分作四股：1.总务股；2.经济股；3.工程股；4.文书股。①

老浮桥进行中近讯

宁波各界发起改建老浮桥一节，详情曾迭志本报。兹悉昨日该桥改建筹备干事严康懋，特携德国博克咸工程师，前往该桥测勘。闻该工程司以该江岸并非十分辽阔，倘建三洞桥，恐阻碍水流。且水质颇咸，即钢骨水泥，亦不耐久，故不如建全钢桥，上置钢梁，既可永固，且亦美观，而工程亦与水泥桥相去无几云。后该工程师于昨日乘轮赴申，闻将草成详细计划后，当再征求该建筑筹备处意见云。又该筹备处于昨日开临时干事会，到张申之等六人，闻其议决为：（1）定每逢单日下午临时干事会同办事。（2）请筹备员函，预定发千封。（3）筹备员名册，以姓编序，重加复查云。②

老江桥改建进行近讯

宁波老江桥自改建筹备会成立，该筹备干事等进行不遗余力。兹悉该会定今日（初五）下午一时，假座总商会开筹备员全体大会，以讨论种种进行方

---

① 《老江桥筹备处开会纪》，《申报》，1926年10月21日。
② 《老浮桥进行中近讯》，《申报》，1926年10月28日。

针。而该会干事会则先于昨晚集议，计到者张申之等多人，议案如下：一、向本埠报登广告一天。二、拟定大会秩序。三、开列大会应用物件。四、各干事定是日上午到会场布置。①

老江桥筹备会纪

宁波改建老江桥筹备处，于昨日（初五）下午一时，假总商会开筹备大会，到者共计一百四十余人，公推张申之主席。首宣词，并谓沪筹备处由发起人中推出为筹备员，甬筹备处原请筹备员亦改为发起人，常务筹备员改为筹备员。次报告沪筹备处进行情形，次报告工程司接洽经过情形，次修改章程，次拟定募捐方法五条，次当场请各发起人认捐，计认定捐簿共一千四百十本，每本目的至少在五十元以上，预计约七万余元，次推出筹备员六十人，其正副主任由各筹备员公推之。议毕散会，时已四时余矣。②

改建宁波老江桥筹备进行讯

宁波老江桥为交通要道，兹因年久失修，危险堪虞，经甬沪两地绅商，发起改建新式桥梁，以垂久远，业已积极进行，并推定职员，分股办理，借宁波同乡会三楼为筹备处。兹悉于昨日在该会开职员会，其议决事项如下：①白十一月十一日起，组成筹备会，由筹备员每日到会办事，②工程最关紧要，甬人具有土木工程专门学识者，先期登报征求意见，③处名称老浮桥，应改为老江桥，④本处分事务、工程、捐务三股，公推筹备员三十人，事务股虞洽卿、傅筱庵、周炳文、谢衡牗、王云甫，内常住办事，总务陈蓉馆，会计钱雨岚、谢莲卿，文书赵沧容、励建侯，工程股严康懋、乐俊宝、张涵衷、董杏荪、何绍庭、张继光、穆子湘、李孤帆、徐永炎、周亭荪，捐务股陈子壎、孙梅堂、袁履登、方椒伯、楼恂如、余葆三、戴耕莘、胡甸荪、刘耀庭、周静齐诸君，并须续推，⑤平政祀附祀一项，应列入奖励章程内，一等三级以上，得有此资

---

① 《老江桥改建进行近讯》，《申报》，1926年11月7日。
② 《老江桥筹备会纪》，《申报》，1926年11月8日。

格，⑥事务捐募工程各股，所发函件稿底，由各股主任签字后缮发，⑦定期召集各股委员推定主任，⑧捐册序文具名用改建宁波老江桥沪甬筹备处名义。①

改建宁波老江桥进行讯

宁波老江桥，自年久失修，危险堪虞，经甬沪两地绅商，发起改建新式桥梁，一面征求图样，一面筹募捐款，业经分头进行，日昨甬沪两处筹备员开联席会议于宁波同乡会，到者为蔡芳卿、俞佐庭、应鸣和、应道生、陈器伯、周炳文、谢莲卿、钱雨岚、穆子湘、孙梅堂、赵沧容、楼恂如、乐振葆、何绍庭、王云甫、张继光、励建侯等二十余人。兹录其讨论事项如下：一、讨论桥工用水泥与钢骨，以何者为合宜，公同赞成用水泥钢骨建筑。二、研究将来包工问题，俟工程股决定后，再行酌办。三、临时浮桥，其地点由甬筹备处就近主持。四、由陈器伯宣读宁波濮工程师意见书。开会历二小时始散。②

老江桥捐务股开会纪

宁波改建老江桥甬筹备处，昨日下午二时开捐务股会议，到股员张申之、严康懋、陈南琴、俞佐庭等，由俞佐庭主席。首先报告：一、沪甬联席会议决各案，及推定之各主任。二、捐册已发五百八十册。次讨论，议决审定捐款持户赶印名册，分函各认捐人请将持户加入，以便专诚接洽。③

......

无奈，所谓万事开头难，正当沪甬双方积极进行，大有即日兴工改建之际，旋以北伐军兴，战事又起，酝酿多时的建桥伟举至此又戛然而止。

1931年，宁波商会诸人鉴于老江桥"年久失修，行旅戒惧，又创改建之议"。此次商会改建老江桥之议迅速得到旅沪宁波人乐振葆、张继光、张申之等人的积极响应，并随即在沪甬两地成立"改建老江桥筹备委员会"，负责工

---

① 《改建宁波老江桥筹备进行讯》，《申报》，1926年11月18日。
② 《改建宁波老江桥进行讯》，《申报》，1926年12月6日。
③ 《老江桥捐务股开会纪》，《申报》，1926年12月16日。

程勘测、筹款诸事。其中，"沪处分总务组、捐募组、工程组、会计组，捐募方法大率注重于殷富"，"甬处分总务股、工程股、宣传股，捐款以商捐、房捐为大宗"。当年与严康懋发起改建老江桥的"老同事"几乎都参与了此次改建工作。为此，尽管此时离严康懋去世已经多年，但这些老同事显然没有忘记当年的老友，并鉴于他此前为该桥改建所做的贡献与作用，改建老江桥甬筹备处委员会在商议人选时仍将他列名为委员，并荣居副主任一职。[①]

在沪甬两地宁波同乡的大力支持下，改建老江桥筹款等工作进展相当顺利。"不二年而款大集"，募集款项达70万元，50万元来自上海。其中，严康懋老友徐庆云及孙衡甫各捐5万元巨款，而同是严康懋老友的沪地筹备委员会主任乐振葆出力尤多，在沪筹款及个人出资即达40万元。[②]

老江桥改建工程由德国西门子承包，于1934年5月开工（参见图8-4），两年后即1936年6月竣工，老江桥被改建为"三联钢骨环洞式单跨拱桥"即灵

图8-4　1934年5月老江桥开工典礼

① 宁波市档案局：《宁波灵桥史料选辑》，杭州：浙江大学出版社，2015年，第25页。
② 宁波市档案局：《宁波灵桥史料选辑》，杭州：浙江大学出版社，2015年，第140-144页。

桥，桥梁重1052吨，长132米，跨度97.5米，桥面中间为车行道，宽11米，两
边人行道各4.6米。该桥长期成为宁波城市的标志性建筑（参见图8-5）。

图8-5　1936年建成时的灵桥外景

灵桥工程可以说是宁波帮合力支持家乡、造福桑梓的历史见证，也是近
代宁波人社会公益心的集中展示。不仅沪甬两地筹备委员会与捐助者名单几
乎集中了当时所有的著名宁波商人（详见表8-1和表8-2），而且这一历时两
年、耗资70万元的浩大工程的顺利完成，也得力于全体宁波人的参与。正如时
人所言："此二年中，富者慷慨以输其财，知者惨淡以输其思，劳者胼胝以输
其力，盖集全邑之心力、体力、财力以共成此伟举"[①]。期间，横跨余姚江的
新江桥，也发起将其由浮桥改建为钢骨水泥桥。老江桥与新江桥的成功改建无
疑使严康懋多年的夙愿得以实现，不仅加强了江东、江北与中心城区的联系，
也大大增强了宁波城市功能的发挥，由此使宁波作为一个近代城市初具规模。

---

① 宁波市档案局：《宁波灵桥史料选辑》，杭州：浙江大学出版社，2015年，第79页。

表8-1　改建老江桥沪筹备处委员名单

乐振葆	虞洽卿	张继光	金廷荪	孙衡甫	何绍庭
秦润卿	徐庆云	俞佐庭	袁履登	方椒伯	楼恂如
王皋荪	余葆云	徐永炎	穆子湘	张申之	谢蘅牕
黄延芳	徐懋堂	周枕琴	傅筱庵	朱守梅	方式如
秦善宝	戴耕莘	姜炳生	王云甫	何梅仙	孙梅堂
邬志豪	丛泉通				

表8-2　改建老江桥甬筹备处委员名单

王文翰	陈蓉馆	陈南琴	陈宝麟	俞济民	周炳文
俞佐宸	徐镛笙	周巽斋	蔡芳卿	郁樨庵	严康懋
沈景荣	陈如馨	卓葆亭	应鸣和	乌子英	徐瑞章
毛稼生	洪宸笙	袁端甫	陈来孙	金臻庠	

资料来源：《重建灵桥纪念册·会议记录》。

除桥梁外，渡船也是水乡交通的重要方面。但当时甬上三江口往来渡船不仅船只陈旧，而且码头简陋，旅客上下拥挤，险象环生（参见图8-6）。1926年4月，严康懋等人发起"将大道头渡船改为义渡，两岸建筑码头，换用平头阔底渡轮，以便过客搭渡，免有危险"。为此他们发出"通启"，以为倡议。其原函如下：

迳启者，甬江大道头咸仓门两处渡江者，日以万计，每逢雨雪大风巨浪，险象环生。所用渡船，纯以驳货小船代之，船头高笋，船板不平，男妇老少上落咸感不便，一或不慎，性命堪虞，为此邀集同志创议改良义渡，换造平头阔底渡船，两岸建筑码头趸船，以便旅行，而保生命，实为无量功德。兹定于夏正本月初十日下午二时起，至四时止，假功德林开发起筹备会，届时务请台端与会，讨论进行，千祈勿却。[1]

---

[1] 《大道头咸仓门改作义渡之提议》，《时事公报》，1926年4月20日。

图8-6　旧时宁波和义渡口

会议于1926年4月21日在功德林如期举行,并议决多个事项。《申报》报道说:

　　鄞县士绅周友胜、严康懋等,前欲改造大道头、咸仓门二渡,乃于昨日下午四时,召集就地重要人物,在功德林开会,到陈南琴、金臻庠、李水士等二十余人,首周君报告改建之意见,后陈荇荪及其余出席者,均谓经费太巨,乃议决先行整顿如下:(一)将原有渡船,详细查验,可用者照旧行驶,如不可用者,即饬其即日更换;(二)以后新添渡船,须造平头阔底船,俾渡客易于上落;(三)渡头须雇照料夫,以资照料往来乘客;(四)渡夫年龄,须在二十岁以上,五十岁以下,并议决以上办法,由到会者函请江北、江东、江厦三公会,筹议履行。①

(二)从万金塘到江东碶

　　兴修水利在地处江南水乡的宁波,不仅事关农业收成与百姓生计,而且影响城乡安危。对此,严康懋也相当关注,并积极行动,出资出力,兴修家乡水利。

　　1921年阴历七八月间,浙东一带山洪暴发,江水暴涨,绵亘六千五百余丈的奉化江南岸万金塘②一带遭洪水和大潮冲击而"隐受损坏,至十二月二十

---

① 《会议整顿渡头纪》,《申报》,1926年4月24日。
② 因清乾隆十六年政府拨款修筑该塘,耗资一万银两,故曰"万金塘"。

日夜午风雨骤作，塘忽崩坍，牵及民田数万亩"[1]。其中"东岸过渡道头并广济凉亭均有岌岌殆哉之势，水利、交通大受妨碍"[2]。而由于工大费巨，附近居民无力修复。严康懋不忍坐视，遂于1922年8月与同乡周涛等发起兴修万金塘。为此他们不仅"邀同知事亲往履勘，并带工程师实地量估"，而且"在该塘附近庙内召集就地绅耆会议办法"，要求"拨补官款，不足再由各绅民就地劝募"。对于此事，当时地方官似乎也相当积极，会稽道尹黄庆澜为此专门呈文浙江省当局，要求"拨附加捐兴修万金塘"。当时《时事公报》报道说：

> 会稽道尹黄君昨呈卢督办沈省长文云：据鄞县知事姜若呈称，窃职县东南乡首南区自江东大校场起，下至铜盆浦沿江一带，有一大塘曰万金，绵亘六千五百余丈，系前清乾隆十六年请帑大修，费逾万金，因以命名。其地江河相接，蓄淡阻咸，唯塘是赖，塘之要害，尤以周宿渡一带为最。缘地居鄞江下游，岸曲流急，而潮水又适当其冲。上年阴历七八月间，山洪暴发，江水盛涨，该塘已隐受损坏。至十二月二十日夜午风雨骤作，塘忽崩坍，牵及民田数万亩，只以工大费巨，附近居民无力修复。本月二十四日由该乡绅士严英、周巽斋并自治委员蔡玉祺等，邀同知事亲往履勘，并带工程师实地量估，将该塘已坍之处，一律修整，预计实需银五千余元。随在该塘附近庙内召集就地绅耆会议办法，佥谓需款既多，必先呈请拨补官款，不足再由各绅民就地劝募等语。知事查该塘不独防止咸潮灌入民田，且于交通上亦有极大关系。若全恃绅民募捐，断非旦夕所能收效，且塘之崩坍实在上年水灾范围之内，知事窃查职县统捐局增加一成赈款，逐月均收入钧署，留作旧宁属各县灾赈之用，且查奉化县因赈款不敷，已呈奉核准拨给两月捐款，职县事同一例，拟悉钧尹准予拨给前项赈银亦以两月为度，其余不足之款，再由知事劝令严周各绅设法募足以全要举，而慰灾黎，是否有当，理合具文呈请鉴核令遵，实为公便等情。准

---

① 《请拨附加捐兴修万金塘》，《时事公报》，1922年8月5日。

② 缪复元等：《鄞县水利志》，南京：河海大学出版社，1992年，第483页。

此，道尹查该塘于农田及交通实属大有关系，急应从速兴修，惟职署收存各项赈款，早已分拨无余。鄞县统捐局呈解本年四五两月分附加一成赈捐款项，前并奉化县请加赈款，亦已尽数拨给，并呈报鉴核在案，仅六月份附加一成赈捐银八百四十六元七角五分二厘，尚未动用，除指令准将该款尽数拨给，以资补助，其余不敷之款，仍督同该知事设法劝募外，理合备文呈报，仰祈鉴核俯赐照准，实为公便。①

无奈，当时的官府囊中羞涩，经济上早已罗掘俱穷，所谓的"官款"不过是"鄞县统捐局……六月份附加一成赈捐银八百四十六元七角五分二厘，尚未动用"②。面对困难，严康懋没有犹豫，更没有退缩，而是挺身而出，发起筹款修筑，并带头捐出巨款，最后"公同募筹经费，得万金有奇"。兴修工程得到了本地乡绅与百姓的广泛响应，历时两年而竣工，将该塘已坍之处一律修整，还一并修复渡头、塘路、凉亭，费银10464元。大功告成，当地百姓感激不尽。1925年，经本地自治委员蔡玉祺请求，鄞县知事江恢阅特为此立碑记之。义录于下：

万金塘禁碑

为布告事，案据塘界兼首南乡自治委员蔡玉祺呈称：窃首南乡公民严康懋、周涛、刘文照、刘星耀、邹憩棠、林宇棠、陈毓镐、潘松龄、林德馨、傅裕棠、戎乘、林德甫等会同委员集议重修，周宿渡地方有塘曰"万金"，居鄞江之下流，江河交接，蓄水以阻咸潮，实水利之保障，亦行旅之要道也。前清乾隆年间，请帑修筑，费金巨万，因以名之，载在邑志，班班可考。民国十年七月间，风潮大作，该塘坍塌及民田四、五万亩，东岸过渡道头并广济凉亭均有岌岌殆哉之势，水利、交通大受妨碍。爰由严君康懋等公同募筹经费，得万金有奇，阅二载始克竣工。董其事者周君巽斋募款独居多数，热心公益，其功自不可没。而监督工程不辞劳瘁，林君德甫亦与有力焉。兹将募款捐数开列花

①② 《请拨附加捐兴修万金塘》，《时事公报》，1922年8月5日。

户而昭翔实，并禁止掘取该塘涂泥以固塘基及道头，凉亭不许住宿乞丐、堆积杂物，便利行人。为此具文，仰祈察核，准予给示勒石，以昭慎重而垂久远，实为德便等情。据此，除指令外，合行给示布告，以便勒石而垂久远。特此布告。民国十四年。知事江恢阅。[1]

明清以来，地处水乡的宁波充分发挥民间智慧，根据本地实际与水利条件，因地制宜，兴修了一大批堰、埭、碶、闸、浦等小型水利工程，以控制涝旱，成为宁波水利工程的一大特点，也是中国水利史上的不朽篇章。其中，"碶"是指用石砌的水闸，可闭可启，以调节水量。旱时闭闸蓄水，涝时开启泄洪。就鄞东一地来说，新河、乌龙、乌丰、杨木、江东诸碶为鄞东泄水入江门户，宣泄颇畅。但长期以来，由于人口稠密，淤积日甚，不独影响水利，而且"秽气熏蒸"，危害公共卫生。为此，1922年时，严康懋等发起将新河头一带改筑通江水沟，"计用十八寸廿四寸口径水泥瓦筒九十丈，设进出水闸二道，费银五千三百余元，推陈纳新，河流顿洁，群众欢呼，气象一新"[2]。限于经费，其他各碶未及改筑。1925年年初，严康懋等又发起"将江东碶、乌龙碶旧有淤河，改为通江水沟"。为此他们呈文鄞县知事，并提出以商业收益补助公益事业的主张，即拆除河棚，新地招人承买，以充经费。《时事公报》报道说：

鄞县知事昨咨县议会文云，现据公民梁炳年、严英等呈称，窃本邑江东地方，容纳诸河水入江之道，有大石、乌龙、乌丰、杨木、江东诸碶，各碶距离不出二三里之外，故宣泄颇畅，惟市廛稠密之处，不无淤积秽浊之嫌。公民等曾于民国十一年，联名呈请钧署、警察厅、道尹公署、镇守使署，将新河、江东碶、乌龙碶、三眼桥等，统行改筑通江水沟在案。旋以限于经费，只将新河头一带，先行施工，计用十八寸廿四寸口径水泥瓦筒九十丈，设进出水闸二道，费银五千三百余元，推陈纳新，河流顿洁，群众欢呼，气象一新。惟江东碶、乌龙碶、三眼桥等处，未及改变，淤积日甚，且二旁市屋密集，尘芥杂

---

① 缪复元等：《鄞县水利志》，南京：河海大学出版社，1992年，第483页。
② 《江东添筑通江水沟之提议》，《时事公报》，1925年3月20日。

投，秽气熏蒸，实为传染病发生之源。市民创巨痛深，咸思改造。兹拟将江东碶、乌龙碶旧有淤河，改为通江水沟，聘请专家规划监工，以水泥瓦筒作沟，所有上面河棚搭盖，一律撤废，改成陆地。其江东碶一带，即将改成之新地，按照向来习惯，搭盖之时前后街屋，以四六分配面积。兹拟以新地面积之六成，尽先通知前业主缴值承买。其不受者始招他人承卖，至后街应得之四成，拟充作街道，而将后街市屋移入后方之新地，俾街道加润，即于其下安置通江新沟。惟乌龙即在旧道筑沟，由关系最切之业主，尽先缴价承买。以上述两项，所变卖之价，充该沟建造之费，并于杨木碶或道士堰左近，择其最适之处，加开碶闸一道。如上述经费有余，或另有捐集再将三眼桥等处，次第仿筑通江水沟，以排泄污浊，俾东乡之水，除原有水道可通外，复有数种吐泄之途，实于城乡水利及江东市民健康均有关系，事关公众利害，为特呈请县署察核，并于县议会开会期间，迅提交议，以成法案而资进行，实纫公谊等情。据此案关地方水利，最为重要，是否可行，除批示外，相应咨请贵会提出讨论决议，见复施行。[①]

对此，官府的反应相当积极，县知事接到呈文后，即交县议会讨论通过，决定"参事会与江东工程局共同执行之"。1925年4月1日晚，江东工程局为此举行董事会，作为该局董事的严康懋与会并被推举为九人代表之一，"与参事会协同进行"[②]。

期间，严康懋还被推举为鄞县城区浚河董事会董事。1922年7月3日的《时事公报》报道说：

鄞县城自治会，昨日下午为疏浚河道，召集士绅在府学明伦堂开筹议会各节，已志昨报。兹闻昨日到者张竹坪、励建侯、戴粹章、袁和笙等数十人。首由城自治委员朱荃荪报告上次开会经过情形（已志本报从略）及此次开会宗旨毕，公推戴粹章为临时主席，讨论进行办法。经众议决，除前次推定之各

① 《江东添筑通江水沟之提议》，《时事公报》，1925年3月20日。
② 《江东建筑通江水沟之进行》，《时事公报》，1925年4月3日。

区调查如江厦区余子权、杨采南，西北区林吟笙，东北区励焕文、姚德宰，西南区陆竹晨、林味庄，东南区张时逊、郭馥笙、郭革心、张立荪外，再推经济董事四十人（李松侯、胡叔田、陈莘庄、秦珍荪、顾元琛、费冕卿、陈子秀、严康懋、赵占绶、陈南琴、屠鸿规、郭荷沚、袁端甫、张竹坪、陈季衡、李霞城、姚次矗、赵芝室、袁和笙、屠康侯、余润泉、励建侯、陈子泉、陈子壎、梁伯璋、谢晋绥、赵宇椿、金梦麟、梁文臣、陈才宝、陈如馨、鲍经甫、王思诚、陈企白、袁霞龄、赵钵尼、戴粹章、黄际云、郭萍沚、毛安卿）诸君。如以后尚有热心士绅，愿充区董者，随时可以补入。一面先由城自治会向当选之董事，致函敦请以专责任。选毕，续议疏浚办法，及筹募经费事项。励建侯提议，略谓疏浚办法，非由筹募经费入手不可，现董事初次举定，经费尚无确数可定，故无讨论之必要。张竹坪起谓依鄙见疏浚办法及筹募经费事，最好待董事齐集后，另开董事会，由董事讨论可也。陈企白谓本席意见，以为筹募一层，前次既议决有三种办法，即一劝捐，用捐册向各方劝募之，二铺户捐，三强迫捐，即所谓船只使用费。此三项办法，不妨先将第二第三二款先行讨论。李松侯起谓船只使用费，万不可行，盖本会既名为办理地方公益，而搜括小民，是非公益，实为公害。张竹坪起谓船只使用费即使可以实行，而所入亦属无几，反足以引起地方恶感，且征收时流弊滋多，尤为防不胜防云。[①]

1922年7月18日，该董事会为浚河筹款，拟加收河棚捐房捐，以资补助，特致函县公署、警察厅，请为出示布告。原函录下：

致县公署函云，六月廿六日由城区自治委员遵照县署训令，邀集城区公民，开会讨论浚河事宜，佥以城厢河道，淤塞已久，自非设法疏浚，不足以洁饮食，而重卫生，公决组织浚河董事会，并公推董事四十人，以利进行，兹于本月一日开董事会成立会，即谓浚河之举，首重筹款，惟有将河棚捐暂时加重，城区原有房捐，酌量附加，以资补助，其河棚捐，按照原捐加收二倍，期

---

① 《浚河筹议会一席话》，《时事公报》，1922年7月3日。

以壬戌年七月一日起，至癸亥年三月底止，其房捐附加一成，亦以一年为限，统计两项捐数，不敷尚巨，再行订立捐薄，广为劝募，庶协力钦助，而易于集事，除劝捐另行组织外，所有河棚房捐，亟应举办，惟城厢内外，铺户众多，敝会成立伊始，加捐又属创举，率行征收，恐多观望，（切房捐附加，须由贵署并收，）应请贵署会同警厅先行布，庶各铺户咸知，事关公益，不致互相推诿，而误要政，相应函达，即希查照，实纫公谊（致警厅相同从略）。[①]

（三）从江东公会到江东时疫医院

20世纪20年代，在宁波一地颇为活跃的市民公会是一种区域性的基层自治组织，类似于苏州一地于清末民初出现的以街道为范围的市民公社。其章程称："市民公会本市民自决及主权所属之精神，由市民自动组织之。""以平民团体组合为原则。""由市民公会委员会行使其职务。""鄞县市民具有市自治制选民资格者均有选举权及被选举（委员）权。"[②]市民公会涉及的事业范围，城区最早成立的鄞县市民公会发起初衷似乎专为市政问题而来。该会发起人称"同人等因鉴于地方市政，常由于少数人包办，是以发起市民公会，伸免少数人之操纵，以期大公"，并把矛头直接指向成立于1920年的宁波市政筹备处，认为"现在之筹备员17人，均非全体市民所公推，应视为非法，吾人组织市民公会，即以反对市政筹备处为宗旨"。[③]但实际上，其活动范围并不限于市政，诸如卫生、教育、慈善乃至治安、对外交涉，甚至调解本区域居民纠纷都在其职责之内。

严康懋与市民公会最早发生联系是在1922年10月8日。成立于当年7月的鄞县市民公会在委员会议上，在讨论名誉委员一案时，包括严康懋在内的甬上各界14人被推举为名誉委员。报道说，该会在讨论名誉委员一案时，"主席谓按照本会章程，应推名誉委员十四人，请众推举，经众推定张让三、袁霞苓、王叔云、周藜光、陈南琴、陈才宝、顾元琛、金臻庠、严康懋、励建侯、林味

---

① 《加捐浚河请出示布告》，《时事公报》，1922年7月18日。

② 《市民公会筹备会开会纪》，《时事公报》，1922年5月1日。

③ 《市民公会筹备会纪》，《时事公报》，1922年4月3日。

庄、冯玉亭、王信懋、黄光普诸君，由会备函邀请之"①。但限于史料，我们只知道严康懋参与其中的是自己居住地所在的江东公会。如上所述，限于身体原因和个性，严康懋对于公共活动似乎很少参与，但对于江东公会却表现出很大的热情，不仅其创办的普仁医院成为公会会所，更是多方参与公会事务，对该会事业的发展做出重大贡献。正是由于严康懋等地方人士的热心参与和支持，江东公会在当时甬上诸公会中成立时间较早，发展十分迅速，各项事业也次第举行，不仅成为江东有力团体，而且名闻遐迩，在当时产生了重要影响。

江东公会章程规定本会区域由会员大会公决，以邮政路线及商市习惯为依据，东至下茅堂，北至和丰厂，南至白鹤桥，一面以沿江为界。其会员资格除商店会员外，"凡年在二十岁以上，识文字，住居于本区内，或旅外而有正当职业或在本区内服务者，均得照章入会"②。据其后人记载，严康懋回甬创业后不久即在江东大河桥附近（今为宁波中山东路251号）建了一所占地十余亩的大宅。这是一座有两层楼五开间两隔弄双楼梯的中西合璧式大宅，套房、小房无数，均由回廊相连，后面带有占地三亩左右的后花园一个。③江东公会成立于1923年8月④，严康懋何时加入江东公会已不可考，现有资料表明，他于1925年初公会第四次委员会上"替补"为委员（相当于董事）。1925年2月11日的《时事公报》报道说：

鄞县城区江东公会于昨日下午开第四次委员会，到者张振騤、金梦麟、包杏村、吴涵秋、包贞可、毕敏齐、包恩科、张葆生（代表）、姚和清等九人，已足法定人数。由金委员长主席，计讨论事项有五：（一）主席报告谢委

① 《纪市民公会委员会议》，《时事公报》，1922年10月9日。
② 《江东公会呈请备案》，《时事公报》，1925年10月11日。
③ 严令常：《缅怀先祖严康懋》。江东严宅规模宏大，在当时甬上相当出名，以致1922年11月间宁波各团体筹备迎接前司法总长张耀曾来甬考察司法时拟以此作为张的行辕，后由于凑巧其时严家有女出嫁而作罢。——《欢迎张耀曾之筹备忙》，《时事公报》，1922年11月23日。
④ 《江东公会开会纪》，《时事公报》，1925年2月11日。

员逝世，应以次多数严康懋替补，通过；（二）吴涵秋提议本会应照西北西郊公会例，向县公署立案并在警察厅备案，及函咨城自治各团体查照；（三）包贞可又提议此后决议录，应由主席及委员二人以上之盖章，方为有效，以照慎重；（四）张振騤提议现届各公会改选，本会容否改选。主席云本会章程，委员系仿商会会董例，任期二年，查本会成立于十二年八月廿三日至本年八月廿三日期满，照本会章程第十四条规定，应在九月份第一星期举行之。公决无异议；（五）包杏村提议，查本会各委员向不到会者，应根据第二次委员会议决案，作为不就职论，即延次多数楼恂如、励莲桥、王文葆、邱文品、钱和庭五君递补云。①

1925年9月6日，江东公会会员大会在七塔寺藏经阁举行，到会会员300余人，"济济一堂，极形踊跃"。会上，严康懋、梁文臣、楼恂如三人被推举为名誉会长。次日，《时事公报》在本地新闻中予以醒目的通栏报道：

江东公会开会纪事

到会员三百余人　推选严康懋为名誉会长

鄞县江东公会，于昨日下午一时，在七塔寺藏经阁开会，到有会员三百余人外，尚有二区韩署长、俞警佐、保安队何队长，济济一堂，极形踊跃。一时开会，共推金梦麟主席，张天一记录，先由金君宣开会辞，略谓本会改组动机，系在韩署长召集本区公民大会，讨论肥料公司事。席间有人提议为永久改善地方计，发起市政协会。鄙人以本会前因会员稀少，致难发展，且不免有少数人垄断之弊，若扩而充之，非特名正，且诸事皆利进行，因倡议不如改组本会，蒙通过，并积极进行，得有今日云云。次请陈器伯君报告本会经过情形，当由陈君报告鄙人对于一个区域内，组织许多团体，此事本不赞成，但因政体改造，市政急需人为，且吾鄞地大人众，不能顾及，因此组织江东公会，以佐城自治不及。此会则鄙人绝端赞成，自韩署长召集全区公民会议时，即当场推

---

① 《江东公会开会纪》，《时事公报》，1925年2月11日。

举各业领袖八九十人为征求会员，队长总干事亦在当时推出。筹备以来，幸蒙全区市民加入有六百人之多。至于前期文件等，已均由前委员缴于总干事，其在未成立前，发起临时治疫医院，成绩如何，想诸君自知。兹将各队长征求分数报告如下：洪宸笙六二，邱文品五九，钱华亭五五，王祖茂五零，楼韵卿三三，何翔生三四，包鞠庭三零，柴兰芳三零，包贞可三零，施梅堂二二，史镜祖二零，王怀明一七，张天一一七，王瑞远一四，陆银华一零，沈企旦一零，王德胜八，吴宏奎六，傅畅庵六，蔡彭年六，顾庆耿六，严荣甫五，陈器伯五，张葆灵五，夏庭献四，余祖惠四，陈奎元四，蔡寅年四，金梦麟二，徐廉卿二，李寅生二，李兰卿二，徐玉书一。次梁祖光、包鞠庭二君，均有演说。次讨论会章，对于定名准删"城区"二字。次提议事项，对于会所问题，由柴兰芳提议偕安公会及协仁局，议决保存，交董事会附议。次推职员，计推严康懋、梁文臣、楼恂如三君为名誉会长，忻汰僧、毕敏齐为法律顾问，通过。次票选董事会摄影、开票（因手续烦琐为时不及，容后续报），散会时已上灯云。[1]

不久，严康懋就收到江东公会发来的名誉会长聘任函："径启者，六月七日本会会员大会公推先生为名誉会长，素仰伟名，定多伟策，还乞俯与指导，共策进行，本会前途实利赖之。"[2]事务繁忙的严康懋一度致函公会要求辞职，但被公会董事会议决致函挽留。[3]不久，该会呈文鄞县县署，要求备案并出示保护，文录于下：

查本会曾于去年由会长金鼎等呈请司署立案，业蒙批准。又本年秋季本会改组，又蒙批内开，公会之改组纯以会员之公意为依据等语各在案。兹查本会业于本年九月七号开会员大会，由会员五百七十一人中投票选举董事五十六人，修正会章十三条，当场公推严康懋、梁文臣、楼恂如为名誉会长，忻汰

---

① 《江东公会开会纪事》，《时事公报》，1925年9月7日。
② 《江东公会函聘会长顾问》，《时事公报》，1925年9月14日。
③ 《江东公会董事会纪》，《时事公报》，1925年9月29日。

僧、毕敏齐为法律顾问。又照章于第一次董事会票选俞佐庭为正会长，梁祖光、金梦麟为副会长，邱文品、励连夫为经济监，洪宸笙为总干事，张葆灵等二十三人为执行干事。第二次董事会公举陈器伯为秘书长，余葆三等为名誉会董，并推韩馥泉、马茂松为常驻员，均已分别就职。查本会区域由会员大会公决，以邮政路线及商市习惯为依据，东至下茅堂，北至和丰厂，南至白鹤桥，一面以沿江为界，曾于大会前公开征求会员，四十天以后，仍可继续入会，其会员资格除商号会员外，凡年在二十岁以上，识文字，住居于本区内，或旅外而有正当职业或在本区内服务者，均得照章入会。现在本会所办临时治疫医院，业已结果，各大干路均已修竣，支路正在续修，息影公所正在募建，其他会务亦莫不积极发展。凡可为本区内谋幸福者尽当量力先后进行，所呈各节，理合呈请钧署备案。又恐一二不良分子捏造谣言，意图破坏，并请钧署出示保护，实为公便。①

期间，严康懋不仅积极参与该会会务，而且多方参与和支持公会举办的各项事业，如修筑道路、举办时疫医院等，为江东地方自治与公益事业做出了重大贡献。在会务方面，原来在甬上公共场合很少露面的严康懋却频频出现在江东公会及其举办的活动中，这从以下一组报道中可见一斑：

江东公会时疫医院开会纪

将建筑大规模慈善机关

鄞县江东公会临时治疫医院，昨日下午在征君庙开职员会，到者韩乐书、洪宸笙、王怀明、梁祖光、金梦麟、陈器伯、包鞠庭、王文葆、傅畅庵、干安澜、史镜涵。公推梁祖光为临时主席等，首由主席报告严康懋自沪来函，讨论募捐办法，并谓傅洪水、柳良才、陈松源、余葆三、严康懋五君各捐二百元，存严君处。次讨论本埠募捐方法，捐册已印就，先从各界各境入手，其各街募捐员前已推定。次陈器伯报告江东公会因办时疫医院，而严康懋主张续办

---

① 《江东公会呈请备案》，《时事公报》，1925年10月11日。

息影公所，鄞人唔梁文臣，主张同时举办寄枢公所，可并为一机关，统盘方针尚在计划中，众皆赞成。次励莲桥提议有贫苦求诊而为他种疾病者，本院当转速普仁医院，免其医药之费，若该院无额外开支，可由本院负担，通过。议毕散会，已五时矣。①

江东公会董事会纪

鄞县江东公会，昨日下午二时在普仁医院该会会所内，开第四次董事会，到者严康懋等三十余人，副会长主席，韩馥泉记录。甲、报告事项。一、县公署公函，内述增加渡资事。二、县公署指令，批准本会备案事。三、时疫医院账目，除收过当欠二百五十五元六角二分，当场公同认足。乙、讨论事项。一、息影公所名称不改，平时办理医养、成殓两部，夏秋之交，可办时疫医院，推王德麟为筹备主任，积极进行。二、息影公所一千七百元存长源庄，将时疫医院结余之款并入，以后捐款均入息影公所。三、洪宸笙、陈器伯二君提议东渡门过渡办法，议决规定一铜圆二小钱，或二铜圆找二小钱，函请县署核夺。四、梁文臣提议修路办法，请商同韩署长进行。五、梁祖惠博士今日可返甬，定下午二时在普仁医院开欢迎会，推金梦麟、洪宸笙、陈器伯三君为筹备主任，有种种秩序。六、议决向司令部备案，由本会发给各会员职业证，一面推金君领通行证。议毕散会，已七时矣。②

江东公会欢迎梁博士

鄞县江东公会，欢迎梁祖光博士由德回国，迭志本报。兹闻昨晨该博士到甬，由该会特开欢迎大会，到者有严康懋、卓葆亭、金梦麟及该会董事会员，并国粹学校学生、甘白学校学生等三百余人，来宾百余人。探得其秩序如下：一振铃开会，二宣开会词（严康懋），三致欢迎词（金梦麟），四致介绍词（陈器伯），五唱欢迎歌（甘白国粹），六欢迎舞（甘白国粹），七演说

---

① 《江东公会时疫医院开会纪》，《时事公报》，1925年8月30日。
② 《江东公会董事会纪》，《时事公报》，1925年10月23日。

（梁博士），八余兴，九致答谢词（梁祖光），十摄影，十一茶点，十二散会，并由该会董事设宴于普天春，以表雅意云。①

江东公会董事会纪

议决案七起

鄞县江东公会昨晚开第十三次董事会，到者金梦麟、王怀明、干安澜、吴香园、邱文品、钱华亭、楼韵卿、靳庆耿、何翔青、陈苓勋、严康懋、王如成、王德麟、严荣甫、史祖安、洪宸笙、陈器伯、傅畅庵、包菊庭、章泉菊诸君。金会长主席，韩祖光记录，议案如下：①息影公所地点案，议决购买，邱文品报告该处地形，严康懋规划建筑程序，即日进行；②大道头渡头亭楼，推王德麟办接管手续；③陈器伯报告市政筹备处通过补助江东筑路费一千七百元，议决具备管支路全部说帖，以便往领；④羊行弄路已包工，铸坊弄未完之工程，前因天气耽搁，日内进行；⑤年内未征收之房捐，三月底前推原干事往收，并分发警厅告示；⑥张汉渊、张葆灵等五人来函，为天一笋厂盗卖公地侵占官道事，推调查股调查；⑦前议决各董事介绍名誉会董一人以上案，其未介绍者再行函催。议毕散会已十一时矣。²

江东公会成立后，本着公会宗旨，大力举办诸多慈善公益事业，努力造福地方，而为时人所称道，其中尤以修筑街道、设立时疫医院最为显著，这也是严康懋着力最多的活动。

清末以来，宁波在市政建设方面长期滞后，这必然影响宁波城市近代化的进程。1922年初，《时事公报》在《路政改良之先声》一文中提出："宁波城厢内外的道路素不广阔，又不平直，不特僻街冷巷，交通不便，即通街大道，亦复崎岖不平，黄包车肇祸之事时有所闻。所谓路政之良与否，实关系于文明之程度，宁波所以屈守故步而不能与各商埠一律比美者，即是之故。"③

①　《江东公会欢迎梁博士》，《时事公报》，1925年10月24日。
②　《江东公会董事会纪》，《时事公报》，1926年3月26日。
③　《路政改良之先声》，《时事公报》，1922年1月21日。

不少有识之士对此提出强烈的批评并为改变宁波市政的落后面貌献计献策，更多的人士则在地方政府财政拮据无力进行市政建设的情况下自觉行动起来，他们或以团体的力量或个人率先示范，为宁波市政建设出钱出力，从而有力地推动了宁波市政建设的近代化进程。在这方面，当时以江东公会为代表的社会团体的作为最为引人注目。

20世纪20年代活跃于宁波的市民公会事业范围并不以市政为限，但所在地区市政问题显然是各市民公会最为关注的。各公会一般都设有工程股或路政股。在市民公会经手诸事中，兴修道路等市政建设也是其最为显著的成绩。在各市民公会筑路活动中，以江东公会成绩最为显著。时人称，当时在以江东公会为代表的社会团体努力下，江东一地"大街小巷，差不多都已修理完备，他们是多么受人称赞啊！"

早在1923年年初，严康懋与其他江东绅商发起成立江东道路改良会，致力于道路修筑、桥梁改造等市政建设。当年9月6日《申报》在以"江东市政新气象"为题的相关报道中说："鄞县江东人士，数月来对于市政，颇有一番新建设，如大教场之天水沟石戏台，与征君庙跟之自流井，均已告成；改造镇安桥，亦已于日前完工；和丰纱厂与南号北号各会馆，在酒井弄、泥堰头、三官堂、东胜街、树行街等处，建设条石道路，费款甚巨。兹闻该区人士，复有江东道路改良会之组织，将在后塘街、百丈街、灰街、大戴家弄等干路，重行修筑，公推韩乐书为干事长，陈器伯等为总务股，陈企旦等为工程股，严康懋等为财政股。又推定各街分段干事张葆灵等六十九人，定本月九号开第一次干事会，讨论进行方法云。"[①]该会仅干事即达69人，可见其规模宏大，而严康懋所在的财政股则担当了筹集经费的大任，所谓经费为百业之母，其在团体中的地位不可小觑。事实上，其间成立的江东公会即以该会为基础，该会骨干成员即是后来江东公会的核心分子。同时需要说明的是，《申报》报道中的江东道路改良会与后来报道中的江东道路工程局应该是同一团体，因为其组成人员基

---

① 《江东市政新气象》，《申报》，1923年9月6日。

本上相同。后来江东道路工程局相当活跃，1923年12月下旬，仅《申报》就有两次该工程局活动的报道，文录于下：

江东工程局职员会纪

宁波江东道路工程局十七日在二区署内开职员会，到者有韩乐书、史济训、卓葆亭等多人，公推卓葆亭主席，首由主席报告依街一段共收店铺捐九百七十九元五角，牧畜捐六百十四元，其未收者，由该段干事分头接洽。次讨论工程问题，先请工程股阮季周实地履勘估计，监工员一人，拟请邬孝仁担任，公推史祖安接洽，其工程先行计划，迨有把握后，即登报投标，议毕散会。①

江东道路工程局会议纪

宁波江东道路工程局，二十五日下午在征君庙开会，到者四十余人。首由张葆灵报告募捐经过，略谓现有捐款、房捐，百丈街约一千五百余元，后塘街二千元，灰街一千元，殷富捐约六千二百余元，现尚在进行中。其工程亦已有人包揽，并有工账送来，而百丈街后河，污秽不堪，急宜填平，与道路工程似应相辅而行。至于填平桥梁方面，前如云轻车公司拨助二千元，专为修筑桥梁之用，本局当继续请求。次议决修筑道路，先从灰街入手，并改筑瓦筒水沟，议毕散会。②

江东公会成立后致力于所在区域道路的修筑，至1925年10月间，"各大干路均已修竣，支路正在续修"③。在此基础上，该会名誉会长梁文臣又提出新的筑路计划，以"圆满其事"。为筹集筑路经费，江东道路工程局于1925年12月发出募捐通告，要求江东市民"振再接再厉之功，收尽善尽美之效也，因述

---

① 《江东工程局职员会纪》，《申报》，1923年12月20日。
② 《江东道路工程局会议纪》，《申报》，1923年12月29日。
③ 《江东公会呈请备案》，《时事公报》，1925年10月11日。

微旨，辄尘清听，请乞赞襄"①。

1926年4月间，严康懋等又发起兴修江东大石碶（俗名四眼碶）起至白鹤桥止一带道路。报道说：该路"为东南二乡之要道，行人如织，日夜不绝，惟因年久失修，崎岖不堪，兼之河塘倒坍，凹凸异常，往来行人，偶不经心，失足堕水者时有所闻，生命危险，何堪设想。近闻该地巨绅严康懋、梁文臣、卓葆亭、史济训、姚和清等鉴于斯，拟集巨资，发起兴修，筹募经费，不日便可动工，他日大道康庄，行人受惠，实非浅鲜也"②。其时，严康懋等人还发起建造（江东）后田洋与顾家桥衔接之洋松木桥。报道说："本埠江东官绅韩乐书、金梦麟、严康懋、傅振元、徐文彬、何秉衡、凌顺宝、王如成、王文葆、姚和清、陈滋生、邱文品等，发起创建后田洋与顾家桥衔接之洋松木桥一架，以利行人，业由该发起人，拟定于夏正本月十一日下午二时，假弥陀庵开会，讨论进行办法云。"③

进入民国以后，宁波等地时疫危害甚烈。为应对疫情，救治病人，严康懋从1918年（有记载）起开始创办时疫医院。限于史料，我们并不是很清楚后来其创办时疫医院的情况，但至少可以知道在1925—1927年间，他三次发起创办时疫医院，其中两次都是通过江东公会大力促成的。

早在1925年8月17日，为开办江东公会时疫医院，江东公会在普仁医院召开筹备会，严康懋担任会议主席，报告会议宗旨。会议讨论并决定了时疫医院的"进行方法"。报道说：

鄞县江东公会发起临时治疫医院，业志昨报。兹闻昨日下午二时，在普仁医院开会，到者有严康懋、韩乐书、金梦麟、陈器伯、何翔生、傅畅庵、蔡寅宾、包鞠庭、陈苓勋、王德麟、唐颖泉、邱文品、郑庭医、洪宸笙、王鲁水、史镜涵、梁祖光、郑乐三等多人。公推严康懋主席，报告开会宗旨，次讨

① 《江东道路工程局劝募筑路费》，《时事公报》，1925年12月16日。
② 《鄞东士绅议修道路》，《时事公报》，1926年4月22日。
③ 《后田洋拟建木桥》，《时事公报》，1926年3月24日。

论进行方法，议决如下：一、地址限日内觅定，二、经费定二千元，三、时期定为二月，四、职员公推如下：总务股梁祖光主任，金梦麟、邱文品、何翔生、史镜涵，医务股陈苓勋，交际股洪宸笙、王鲁水、傅畅庵、王德麟、蔡寅宾，经济股严康懋、梁文臣、余葆三、俞佐庭，文书股陈器伯、包鞠庭、韩馥泉。又推韩署长俞警佐为募捐董事。又推严康懋、俞佐庭、张瀛洲、余葆三、梁文臣、梁薪荷、陈笙龄、陈有坤、楼恂如、傅洪水、邹憩棠、王桂馥、徐庆云、吴梅卿、王海帆、卓葆亭、乌子英、李纯徽、郑乐三、秦鱼介、东秀善等二十一人为经济董事，对于各项事务，分别进行。次由严康懋提议江东区内，为客籍伙友养病或身故成殓起见，应设立永久场所。经众讨论结果，一致赞成，议决建筑新房舍，约九间，三间为一局，均用平房，建筑费约三千元，地址尚在商榷中。议毕散会，已六时矣。又闻该院医士除梁祖光、陈苓勋外，尚拟聘请医士一人、看护若干人云。并闻该会昨复江北公会函云：接诵来函嘱本会赶办临时治疫医院等因，即商诸敝董事严康懋、梁文臣等，当允发起，并召集本区绅商假普仁医院开筹备会，讨论进行办法，结果准遵来函赶办，承贵会殷殷敦促，无任感佩，专此奉复。①

对此，上海的《申报》也有报道：

江东公会，为设立临时治疫医院，昨日下午假普仁医院开会。议决：①地址限日内觅定。②经费改定二千元。③日期展为两个月。④职员推总务股五人，经济股四人，交际股五人，文书股二人，医务股现有梁祖光，陈苓勋二人。闻尚拟再聘二人，又推韩署长、俞警佐为募捐董事，又推严康懋等二十一人为经济董事毕。次严康懋提议江东区内为客籍伙友养病或身故成殓起见，议决建筑新房舍为永久场所，约九间，三间一局，均用平房，经费三千元，地址尚在商榷中。②

---

① 《江东时疫医院筹备会纪》，《时事公报》，1925年8月18日。
② 《江东时疫医院进行消息》，《申报》，1925年8月18日。

同日，以严康懋为首发出募捐启事，号召本地人士"惠然解囊，济此急需，集腋成裘，多多益善"。文录于下：

人自谓万物之灵，其养身也，莫不取食于万物。昔佛为王子时，见农夫锄田，蚯蚓甲虫，悉皆暴露，鸦鸢从而啄食之。感人类之残忍，以一身而杀万物，因而发愿出家，欲使宇宙人生，同归涅槃。近代科学日进，始知万物之杀一身，较一身之杀万物尤为剧烈。空气也，水也，苍蝇也，万亿微生物之媒介也，或为肺痨病虫，三数年即可杀人；或为虎列拉菌，三数小时三数分钟即可毙命，尤为可惧。在此相斫之世界中，非用科学之医术，不足以奏功效。吾甬市政，尚未修明，公共卫生，亟待普及。当此夏秋之际，正虎列拉菌横行之时，杀人之速，言之震骇，设院以治，刻不容缓。死生亦大矣，可不念哉！同人等有鉴于此，爰有江东临时治疫医院之设立，布施成仁，须惟热心慈善之诸君子是赖。语云自扫门前之雪，而不顾他人瓦上之霜，犹无碍己。若夫空气之流动，饮水之侵入，苍蝇之传播，固非闭关足以防之也。观近日甬人呻吟待毙于虎列拉菌蔓延之下者，恻隐哀怜之心，自油然而生。渡物救人，原无二理，返寂厚生，元盖有同情。是院也，为期约二月，需款约二千，敢乞惠然解囊，济此急需，集腋成裘，多多益善。若能另筹建筑之费，使客籍伙友，有养病成瘥之所，则为永久之图，而诸君子绵延之泽，更无涯已，是为启。①

1925年8月19日下午，严康懋等江东时疫医院职员举行会议，具体商议医院开办事项，严康懋担任会议主席。报道说：

鄞县江东公会举办临时治疫医院，各项进行消息迭志本报。兹闻昨日下午二时，在普仁医院开会，到者有严康懋、王怀明等诸君。公推严康懋主席，何翔生报告临时院舍，已商定后塘街合兴公所，原定之货，已由严君向永泰厂经理顾麟耽商就移栈，次梁祖光报告药品医具已向沪甬分别订购，大

---

① 《江东时疫医院之进行》，《申报》，1925年8月19日。

约四日内即可成立。次邱文品报告冬防局用具皆可移用，次推定韩馥泉、马茂松二君为常驻员，经济出纳推梁祖光签字认凭，次添推顾麟耽、王怀明、史祖安入交际股。次送函至市政筹备处领开办费三百元，并推陈器伯、金梦麟接洽，次备材问题，陈苓勋报告余葆三君处可以领取。次议决各职员轮流值日，每日二人，次梁祖光、陈器伯提出医务规则十一条，通过后付文事股揭示院中，议毕散会。又函鄞县江东临时治疫医院，于昨日下午二时在普仁医院开第一次职员会，讨论进行方法。兹将该职员严康懋、韩乐书、梁文臣、梁祖光等函致仁泽医院苏院长云：敝会鉴于近日时疫蔓延，议决举办临时治疫医院一所，并拟添聘医士一二人，男女看护各二人。素仰贵院热心慈善，还乞给予协助，惠尽义务，济人之疾，救人之生，想有同情。如蒙允许，请即函复，以资接洽而利进行，无任盼焉。又闻该院所用药物，均采用上等货色，已分别向沪甬购办，医士则已由陈主任与华美医院洪家翰君接洽妥当矣。①

经过紧张筹备，4天后即8月22日，时疫医院就开门收治病人。当日《时事公报》以"江东时疫医院今开幕"为题报道说：

鄞县江东公会，举办临时治疫医院，积极进行，不遗余力。昨日全体义务职员，均将各项手续，筹备完全。兹将确讯列举于下：地点，征君庙，开诊期，八月廿二日即七月初四（今日），医务除主任陈苓勋尽义务外，另聘前任慈西金川医院院长陈潘清为正医士（陈君又历任廿四间五乡碶西公立医院医士职）。男看护二人陈万春、方星贵，系向普仁医院借用；女看护一人。又闻该院定今日下午一时开职员会，并摄影以留纪念。②

时疫医院开办后，积极救治病人，成绩斐然。为扩大影响，该院还在《时事公报》等报刊刊登免费救治的消息。到9月初，不过10日左右即收治者

---

① 《江东时疫医院职员会纪》，《时事公报》，1925年8月20日。
② 《江东时疫医院今开幕》，《时事公报》，1925年8月22日。

"二百号左右，不及救治者只四人，成绩可谓佳矣"①。当时，《时事公报》还逐日刊登该院收治病人的情况。

这期间，严康懋对时疫医院十分关心，不仅自己主动捐款，而且在上海积极募款，有时还"来函讨论募捐办法"。他创办的普仁医院与时疫医院更是关系密切，其中该院两个男看护与一些医疗设施就临时借予时疫医院，院长陈苓勋则兼任时疫医院院长。当时时疫医院还决定，"有贫苦求诊而为他种疾病者，本院当速转普仁医院，免其医药之费，若该院无额外开支，可由本院负担"②。

本年江东临时时疫医院于9月下旬结束，成绩颇为圆满，"自开办以来，征诸地方舆论，尚称相得，颇堪告慰，计前后四十天，诊者四百余人，不幸者二十余人"。医院全部用款二千元，其中仅严康懋在上海募捐即达千元。③

1926年7月底，严康懋又参与发起时疫医院，7月29日，江东公会为注射防疫针并举办临时治疫医院事开临时会，"确定一切计划"。报道说：

鄞县江东公会，前晚为注射防疫针并举办临时治疫医院事，开临时会，到者严康懋、韩乐书、陈苓勋、包贞可、洪宸笙、楼韵卿、王汝成、陈器伯、钱华亭、邱文品、章泉锵、干安澜、何兰生、施梅堂、傅畅庵诸君。副会长陈企伯主席，议决事项如下：1、施打防疫针，以会员及会员所介绍为标准，不收分文。2、施打期限定为十天。3、施打地点为该会所内普仁医院。4、打者先者索免费券。5、临时治疫医院预算二千元。6、地点假征君庙，推干安澜、王汝成接洽。7、期限约二月。8、捐款方法，以去年捐册为根本，沿户劝募之。9、去年物品，由洪总干事保存，可按簿点用。10、院长一人、医师一人、助手二人、看管二人、夫疫四人、饭司一人、女佣一人，由院长商同会长聘用之。11、公推陈苓勋为院长，王怀明为事务长，干安澜、王汝成副之。

① 《江东时疫医院之近讯》，《时事公报》，1925年9月6日。
② 《江东公会时疫医院开会纪》，《时事公报》，1925年8月30日。
③ 《江东临时治疫医院会议结束》，《时事公报》，1925年9月28日。

12、全体董事轮流值日，每日四人，到者需签名。13、事务员由公会马韩二君兼任，另给补贴。14、捐册推秘书长拟就捐启后，印发六十本。15、各项开支均照去年核减。16、门岗日间巡防、夜间警察，分别接洽之。议毕，对于征求会员办法，多所商榷，散会已十时矣。①

由于文献的缺乏，该院具体情况不得而知。②但其嘉惠贫病、造福地方社会，当可想见。

期间，严康懋还积极推动江东公会创办当时号称"大型慈善机关"的息影公所。资料显示，该公所此前已有举办，1925年8月间，严康懋主张续办。在8月17日举行的江东时疫医院筹备会上，"严康懋提议江东区内，为客籍伙友养病或身故成殓起见，应设立永久场所。经众讨论结果，一致赞成，议决建筑新房舍，约九间，三间为一局，均用平房，建筑费约三千元，地址尚在商榷中"③。此后，严康懋多次提及此事并着力推进，在9月18日召开的江东公会董事会上，当时人在外地的严康懋特地来函表示意见。据称，会议讨论到息影公所时，"陈器伯报告梁文臣提议设一大规模之慈善团体，以便募捐便利。严康懋来函意见，范围太大，应先办息影公所。不过对外募捐，不妨一次劝募云云。众讨论良久，决定依严意思，先办息影公所，次议向外募捐册名义，决用息影公所四字。"④此后，息影公所筹备工作持续进行。到次年3月，息影公所建筑地址由公会议决购买，并由"严康懋规划建筑程序"⑤。为此，严康懋等公会董事还前往实地履勘。报道说："闻该所地点已购定江东五河桥下基地一方，计洋八百元，业由该会董事严康懋、金梦麟、洪宸笙、陈器伯、邱文品、钱华亭等实地履勘后，订立正式契据。自浮厝迁后，即当建筑房屋二进，对于日光、空气尤所注意云。"⑥

① 《江东亦举办时疫医院》，《时事公报》，1926年7月31日。
② 1926年的《时事公报》现仅存3—7月份。
③ 《地方通讯·宁波》，《申报》，1925年8月20日。
④ 《江东公会董事会纪》，《时事公报》，1925年9月19日。
⑤ 《江东公会董事会纪》，《时事公报》，1926年3月26日。
⑥ 《息影公所地点已定》，《时事公报》，1926年3月26日。

（四）从模范监狱到中山公园

近代宁波市政建设长期滞后，引起了本外地宁波商人的高度关切，他们或献计献策，或出钱出力，直接参与建设。在这方面，严康懋除了前面所述广泛参与道路、桥梁建设外，还积极参与监狱、公园等市政公共设施的兴修而名噪一时。

鄞县一地作为浙东重要县份，长期设有监狱，收押囚犯。20世纪20年代前后，鄞县监狱关押的囚犯不下数百人，人满为患，加之监狱设施简陋，条件恶劣，不时传出囚犯患病死亡的消息。如1922年2月11日《时事公报》以"监犯病故者何多"为题报道说："鄞县监狱署所拘禁之囚犯不下数百人，而罹病者几及其半。近闻自腊月至今，未及一月，监犯患伤寒病身故者，有三十余人之多。故吴监狱官逐日多请西医诊室，以资预防云。"[1]3月17日该报又以"监犯又毙四人"为题报道了此类消息。囚犯的处境引起了甬上社会各界的高度关注，纷纷要求改善囚犯的条件。就在3月17日《时事公报》报道监犯病故消息的同一天，该报即发表了《且先研究改良监狱》的时评，呼吁"替犯人做一些实际上的好事"。

为此，早在1920年，鄞县模范监狱即宁波第二监狱经呈准司法部批复筹建，"惟预计购地及建筑等费须洋六万元（在北门外，计地十一亩另），一时颇难筹措"[2]。当局财力空虚，难为无米之炊，不得不将目光投向宁波绅商群体。当局的呼吁得到了地方社会的积极回应，其中严康懋的表现尤为积极，可以说出钱又出力。他不仅率先捐款并募集五千元，还担任该项建筑工程处会计董事，为之奔走出力。期间还发生了一段插曲，省高等检厅来电要求将劝募之款，"提存中国银行保管"。颇有底气的董事们"佥谓此项之款，皆由就地绅商募捐而来，并非官款，决不能擅自提移"。报道说：

---

① 《从模范监狱到中山公园》，《时事公报》，1922年2月11日。

② 《模范监狱筹费踊跃》，《时事公报》，1920年6月22日。

鄞县筹建第二监狱，由地方检察厅长金君及鄞县姜知事向该地各绅商劝募巨款，以备积极进行各节，已迭志本报。兹闻金厅长等于昨日接有高等检厅来电云，应将劝募之款，提存中国银行保管。金厅长接函后，于昨天下午召集就地绅商至检厅开会讨论，到会者金厅长、姜知事及董事余润泉、严康懋、赵占绶、屠鸿规、陈季衡、胡叔田等八君。二时半开会，由金厅长报告开会宗旨毕，经各会董事讨论后，金谓此项之款，皆由就地绅商募捐而来，并非官款，决不能擅自提移。遂议决准归旧存之泰源、鼎丰两钱庄存置，并责成工程处会计董事赵占绶、严康懋二君保管云。议毕散会，已四时矣。①

在地方社会的大力支持下，1922年后鄞县模范监狱的建设颇为顺利。到1925年夏，各项工程基本完成并于当年9月1日正式成立。8月22日，《时事公报》以"新监狱正式成立有期"为题报道说："宁波第二监狱自陈陶二厅长亲自收工后，复委李某为筹备员，积极将署内器具对象，从速备办。兹据呈报，业已筹备完竣，所有电灯电话以及监犯浴室，亦设备齐全。惟新委之监狱署长谢福慈尚在绍兴，已由厅催其早日将绍兴管狱员职务交卸后到甬，以便于九月一日正式成立云。"

其后，鄞县监狱对严康懋仍然多有依赖。1925年12月，鄞县监犯解至北门第二监狱后，"所有监犯病毙棺木二十余具，由金厅长商之严康懋君，设法迁移。当出资雇工，赴铁沙汇地方埋葬"②。

鉴于严康懋等鄞县绅商在鄞县监狱建设中的重要贡献，北洋政府司法部呈文予以嘉奖。司法部在呈文中称：

为呈请事，据浙江高等法院检察厅检查长陶思曾呈称，窃查鄞县新监自筹备以来，先后由绅商捐募款项，为数计达四万四千七百五十余元之多。现在该新监工程业将告竣，成立之期为日匪久。虽动支公款亦有巨万，然非该绅商等急公好义，踊跃输将，则该新监难期速成。谨依司法部呈准公布之修正捐修

① 《检察长筹建新监之苦心》，《时事公报》，1922年4月13日。
② 《监犯移押新监狱》，《时事公报》，1925年12月9日。

新监奖励章程，拟请将捐募款项之严英等七员给予奖励等情呈报前来，本部复核无异，拟请俯准，给予匾额，以资激励，理合缮具清单，呈候钧鉴施行，谨呈，十四年二月三日，已奉指令，谨将请奖捐募浙江鄞县新监建筑经费绅商员名列后，

计开：

严英，查该绅捐洋五百元，经募洋五千元，核与修正捐修新监奖励章程第三条第一第二两项相符。

陈俊伯，查该绅经募洋五千零四十元，核与修正捐修新监奖励章程第三条第二项相符。

赵自贞，查该绅捐洋三百六十五元，经募四千九百八十五元，核与修正捐修新监奖励章程第三条第二项相符。

徐懋堂、张天锡、秦际翰、俞福谦，查该绅等各捐洋一千元，核与修正捐修新监奖励章程第三条第二项相符。

以上七员拟请给予"惠及图圄"牌匾。①

民国以来，宁波一地尽管时有筹建公园之议，但由于经费问题一直没有着手进行。1927年5月宁波市政府成立后，宁波各界发起筹建以孙中山之名命名的"中山公园"，并组成筹建处。6月1日，筹筑中山公园委员会成立，会上议定地址为旧府署，经费20万元，筹备费由委员每人联垫50元，当场公推委员35人，严康懋以票数第二高票当选为筹备委员。次日《宁波民国日报》报道说：

宁台温防守司令王达天氏，以筹建中山公园，势在必行，特于昨日（六月一日）下午一时在司令部召集各筹备员会议。除王司令、章总参谋、韩秘书、副官长均亲自出席外，到者吴公安局长、傅县长代表姜伯嗒、王工务局长、蒋教育局长、海关监督代表陈企白、公安局秘书李树滋及商界领袖金臻

---

① 《司法部呈临时执政请将捐募浙江鄞县新监建筑经费绅商严英等奖给匾额缮单呈鉴文》，《公文》，《政府公报》，第216册，第248页。

庠、董惟扬、韩乐书、俞佐宸等一百三十余人。

　　首由王司令致开会辞略，谓今天蒙诸位来宾光临，发起同人等非常光荣，兄弟代表发起同人表示十二分的感谢。中山先生之伟大人格、革命精神，足为吾人之模范，现在先生虽死，先生之精神未死。吾人为先生永留纪念先生之伟大精神起见，实有建设中山公园之必要。概言之，中山公园即以纪念中山先生是也。袁世凯害国害民，吾人要消灭之，惟有实行中山主义，提倡中山主义，建设中山公园，一方面亦是提倡中山主义之一工具。再就市民卫生娱乐上言之，中山公园之建设，尤为目前切要之图。兄弟与吴袁张傅诸同志，受托筹备，设建中山公园，同人等觉得此种重大工作，必须请求全体市民之援助，方克成功。此今天所以邀诸位来宾开会。诸位来宾皆是甬埠人众望所归，亦即甬民之代表。兄弟十二分热望，诸位能以全力援助，公园之成功，非特同人等之幸，抑即中山主义与甬埠市民之大幸也。二，金臻庠提议，推王司令为主席（全体欢迎）。三，金臻庠提议：（甲）组织问题。（乙）地点问题。四，陈器伯提议章程付讨论，1、议决筹备主任改为委员长，由委员会选举执行委员三十五人，内推委员长一人副委员长一人。2、总务股职权，除原文外，加"以及不属于其他各股事项"。3、原案"股"改为"科"，科以下再分设各股。4、总干事取消。5、第七条改为第五条。6、委员会议每月最少三次。7、第九条改为第七条。8、筹备地点定总商会。9、第十条改为第八条。10、公园地点定旧府署空地及教练所。11、人选限制：一、资望，二、财力，三、时间。五，公推筹备委员三十五人，姓名如下：王俊一二四权、严康懋一二一权、俞佐庭一二零权、章伯东一一八权、吴万钧一一七权、张申之一一三权、金臻庠一一二权、陈南秦一零九权、傅屏侯一零八权、胡叔田一零七权、袁端甫一零七权、赵宇椿一零七权、余润泉一零八权、俞佐宸九七权、毛稼生九五权、董惟扬九五权、韩铨丰九四权、李树滋九四权、陈伦孝九四权、陈如馨九三权、周子材九三权、裘珠如九二权、费善本九一权、金梦麟八九权、韩乐书八八权、徐镛笙八五权、陈器伯八五权、蔡琴孙八零权、王玉川七八权、圆瑛和尚七八权、钱庸笙七八权、洪宸笙七三权、陈富润七二权、张子相七一权、蔡芳卿七一权，候补施仰三、姜伯嘈等十八人。六，公园经费，总额定为二十万元。七，筹备费由委员每人联垫五十元。八，限六月十五日起开始工作。九，下次会议定四日下午四时，由袁端甫、陈如馨、陈器伯、金臻庠负责筹备。十，工商友谊会于前年曾有发起建设公园捐集若干金，因地基纠葛，迄未兴工，现在中山公园筹议建设，应将此项捐集之款，交由筹备处接收，公推由筹备委员向该会接洽。议毕散会已五时矣。

《宁波中山公园筹备处简章》如下：

第一条、本处为宁波各界人士所发起，以筹建宁波中山公园为宗旨，定名曰宁波中山公园筹备处。第二条、本处筹备员无定额，得随时添推之。第三条、本处设执行委员三十五人，由筹备委员公推之，执行委员会公推正副委员长各一人，分设三科如左：（甲）总务科，掌文书庶务会计及不属于其他各科事项。（乙）财政科，掌捐募保管出纳等。（丙）工务科，掌设计包工监工等，上列三科每科十一人，互推一人为科长。第四条、本处得酌用雇员若干人，以事之繁简定之，受正副委员长各科长之指挥，分掌处务。第五条、筹备员大会无定期，执行委员会每月二次，均由正副委员长召集之。第六条、本处筹备员皆为募捐员，其募捐优胜纪念条例另订之。第七条、本处暂设宁波总商会。第八条、本处至中山公园落成日撤销之。第九条、本简章经大会通过后，发生效力，其有未尽善处，得随时修正。[①]

在社会各界的大力支持下，中山公园建设工作顺利进行，并于1929年秋落成（参见图8-7）。"其址包括旧道署、后乐园、府后山等，占地约60余亩，新建各式房屋21宅、亭台4座、牌坊2座、过廊3处、桥梁5座，以及围墙、花圃、假山等，所需款项皆由募捐所得，耗银11万元。"[②]该款项全由募捐而得，其中严康懋所在的宁波钱业出力最多。此外，宁波总商会捐

---

① 《筹筑中山公园委员会成立》，《宁波民国日报》，1927年6月2日。

② 蔡康：《老宁波》，宁波：宁波出版社，2007年，第95页。

图8-7　1929年建成时的宁波中山公园大门

款28000元，殷富捐款18300元，承源、敦裕等钱庄借垫16000元，[1]建成后的中山公园成为宁波市民休憩与活动的重要场所。我们可以从中山公园建成后时人对其称颂之词来一窥中山公园的美景："金风玉露扶轩凉，小筑刚邻揽秀堂。数朵红云从地起，一泓秋水濯天长。寻幽何虑折游屐，得句无妨投小囊。襟袖年来尘垢满，残荷声里濯缨棠。"[2]

---

① 《鄞县通志·工程志》，宁波：宁波出版社，2006年，第399页。
② 政协宁波诗社：《宁波地名诗》，宁波：宁波出版社，2007年，第76页。

九、"义之所至，无役不从"

长期以来，灾难救助是慈善事业的重要组成部分。特别是进入民国后，天灾人祸不断，严重威胁人们的生命财产，也对慈善界构成了重大挑战。期间，除日常热心公益、乐善好施外，面对天灾人祸等突发性、临时性灾难救助，宅心慈善的严康懋也常常挺身而出，慷慨赴义。

（一）从江东平粜局到华洋义赈会

宁波人多地少，人地矛盾由来已久。特别是进入民国以后，随着人口的增加与农业商品化程度的提高，宁波一地粮食短缺情况日益严重，尤其是在青黄不接或荒年之际，这一问题趋于尖锐。为此人们纷纷行动起来，为解决或缓解这一问题做出努力。在这方面，严康懋也颇有作为。他不仅设立义庄，购置大批粮田，以出产救济族人，而且经常在青黄不接或荒年之际设立平粜局，以济贫民。1920年7月13日的《时事公报》就报道了严康懋出资在城区江东石戏台跟府主庙设立平粜局，"每日售米达五十石以上"。由于主持人严康懋考虑十分周到，如男女左右分列，设有凉棚茶缸，保护残废贫民，还施赠避疫痧药，结果相当圆满。该报誉之为"足为平粜局模范"。报道说：

宁波江东石戏台跟府主庙自本月三日由严康懋君独出巨资创设平粜局一所，已志五日本报。昨日本报派员参观，兹得其详细报告如下：

记者到时已七时，见该处男女已集千余人，该局门前地极宽阔，男女左右分立，并搭有凉棚，以御烈日，施设茶缸，俾可止渴，此其办法已为各处所罕见。至七时半，来人较多，遂将左右各口关闭，男人先从右门入内买筹，再至殿前换米，从后门而出。男人粜毕后，尚有老人、双目失明及跛脚者，咸由巡防保护进粜，可谓博爱之至。继由妇女逐一进粜，秩序更属整饬。局门前由二区韩署员、沈巡官率同警察巡防维持秩序。该局一切要务概由司事陈廷树、施耀卿二君随时指挥，严康懋君亦亲自观察，一片热心极可钦佩。当妇女进粜时，有一妇女身患痧症，由韩署员给服痧药，并先给粜去，洵可称无微不至。粜毕已九点钟。至其平粜办法，每人一筹，给米三升、铜圆廿四枚或角子两角，惟幼孩今日起每名一升。昨日共粜米三十五石，计一千二百余人，凡一般贫民莫不感激鸿施，啧啧称办法之尽善尽美，如严君者可谓乐善不倦矣。①

此次平粜历时42天，"共售米二千二百余石"。由于严康懋等人的努力，此次平粜取得了很好的效果。时人称："鄞县城厢自平粜开办以来，成绩以江东为最。"②

进入民初，为应对频发的自然灾害，宁波华洋义赈会成立了。华洋义赈会最早成立于1906年的上海，这是一个由中外人士共同发起成立应对自然灾害的临时性公益团体，随赈灾工作结束而自动解散。各地分支机构的主要工作是分配由上海总会转拨的赈款，并勘察灾情，决定赈灾办法。由于华洋义赈会财力雄厚，而且赈灾工作得力，影响广泛，对于推动各地赈灾工作发挥了重要作用。由于史料的缺失，宁波华洋义赈会始于何时已不可考，但至少20世纪20年代宁波一地多有华洋义赈会的组织。1921年夏秋季节，宁波水灾为患。为开展赈灾活动，在会稽道尹黄庆澜的推动下，于当年11月组成宁波华洋义赈分会，董事会由甬上中西人士组成，严康懋即为六个中方董事之一。11月14日，《申报》报道说："会稽道尹公署，昨日下午开华洋义振会，到者中西来宾三十余人。举定会长二人，一中一西。中会长黄道尹，西会长甘税务司。董事中六人：屠鸿规、费冕卿、陈南琴、余润泉、严康懋、胡咏骐；西四人：巴先生、梅立德、郝培德、赵主教。书记则定中书记二人，一由董事内选出，陈南琴被选为书记，一由黄道尹委署内科员任之；西书记则梅立德被选；并议定名称为华洋义赈会。因上海将于十六日开华洋义振会，故甬地先事成立，以备派代表加入。加入以后，即以甬地

① 《江东平粜局之优点》，《时事公报》，1920年7月13日。
② 《平粜局定期截止》，《时事公报》，1920年8月15日。

之会为上海分会。昨日当派定代表中西各一人，中胡咏骐，西郝培德。胡代表拟定今日下午赴沪，郝代表则稍迟赴沪。至会中通信地址，暂假道尹公署。会中职员，则对于赈款，有募集保存之责；而对于工程，则有监督之责。"

此后多年夏秋间，浙东地区水灾频发。为实施救济，宁波一地续有华洋义赈会的发起，而作为董事的严康懋也多有参加。相关报道辑录于下：

华洋义赈会董事会纪

宁波华洋义赈分会，于昨日（二日）在会稽道尹公署开董事会。到者黄道尹、严康懋、余润泉、屠鸿规、戴安德、胡咏骐、甘税务司、巴教士诸君。首由黄道尹将镇海塘工局修正承揽及估价单交议。经众讨论，公决上海华洋义赈会拨来修理塘工款计八万六千元，已拨交土塘二万九千八百元，现拟将五万元先拨石塘，暂留六千二百元，以备土塘或有损坏尚须修补之用。倘土塘无须补修，则此项余数，仍悉归石塘之用。至石塘公议照新修承揽据修理，由道尹咨照镇海塘工局，即日开工。承揽内订定十万零六千五百八十元六角三分八厘，又不入承揽内之水泥、黄沙、碎石、石片、乱石、工用器具及塘工局一切开支，尚需银圆一万八千六百五十七元六角，共计十二万五千二百四十六元二角三分八厘，除本会拨款外，不敷尚在半数以上，由道尹及上海塘工协会筹募成数。次议鄞县北门外南港塘，前由本会拨洋五百元补助，现该处董事，因款项不敷尚巨，目下市面不佳，一时无从筹募。拟将已有之款，暂存银行，由各董事保管，俟将来募足款项，再行动工。议决准其暂留。次甘税务司提议，此次本会最后会议，特以会长资格，对全体董事表示感谢之意。复董事起立，对于巴教士实地调查灾区之功，表示非常感谢，并由甘税务司提议，另送巴教士酬谢金二百元，以表谢意，众赞成。次公决全体董事会纪事，假甘务司公馆摄影，以志纪念，议毕遂散会矣。[1]

---

[1] 《华洋义赈会董事会纪》，《时事公报》，1922年6月3日。

宁绍台华洋义赈会董事会记事

宁绍台华洋义赈会于二十八日下午二时假座道尹公署开董事会。到者中西董事十余人，由正会长黄道尹主席。兹将议决案次弟录下：一、上海华洋义赈会来函谓此次所拨六万五千元，均为防灾之用，惟如何用法须得沪会同意方可支拨，此函是否照办案。中董事陈南琴起谓，本会一切议决，须由沪会同意，然后可行，则本会等于虚设，所有事皆失议决权，本席主张否决，附议者过半，通过。二、沪会拨到台属特别赈款一万元，又宁绍台温处五府属防灾费六万五千元，应如何支派案。黄会长谓台属今年灾情重大，应将五府属之款分拨一万元于台属，甘副会长又谓拨一千元，充作青田县火灾费，通过。三、余润泉提议将轮船附收赈捐余款之数，为一万七千余元，此款七千五百元拨充镇海西塘修筑费，尚余九千余元，酌拨奉化工赈费若干，通过。四、绍兴旅沪同乡会来函，请于防灾经费内酌拨曹娥江口石塘修筑费案。议决于防灾费内拨给五千元，以充作修筑之费。五、临海县报被灾情形请拨款赈济案。六、温岭县具报被灾情形请拨款赈济案。七、黄岩县金清乡公民汪衣正等函请拨款赈济案。八、黄岩县呈报被灾情形请拨赈济案。九、黄岩县修筑闸塘请拨款案。以上五案，均议定会同支会勘估后，再行议拨。十、乐清县呈送灾况图表并请筹拨款案。十一、处州支会代电报告处属各县本年被灾情形并请续拨振款案。议决均由五府属之防灾费项下酌量拨发。议案毕，又由甘副会长向众报告工程师测量曹娥江工程之情形，谓自江之发源处起至杭州湾止，全埠修筑经费，为一千九百万，现拟修筑曹娥江口之一段，约需洋四十万元，并报告不能测量台属金清之原因，系工程师因病不能前往云云。报告毕散会，时已四时矣。[1]

这期间，华洋义赈会董事会经常开会，讨论决定有关事项。例如，1922年9月13日宁绍台华洋义赈会董事会成立后，于"被灾最重各县派员前往组织支会，筹办放赈"[2]。到11月底，各县已成立支会8个。其中，镇海、奉化、慈溪、象山和定海等地支会纷纷设立，有力地推动了当地赈灾工作的开展。11

---

① 《宁绍台华洋义赈会董事会记事》，《申报》，1923年12月31日。

② 《义赈会分组支会》，《时事公报》，1922年10月11日。

月2日，董事会又在会稽道尹公署开会，进一步议决赈灾办法14条。主要有：（1）灾户极贫者放赈灾，次贫者平粜，壮丁工赈，田地无收衣食无着者为极贫，田地歉收衣食无着者为次贫。（2）调查及放赈之手续用三联单，一联于查户特贴灾户门首者，随执一联发交灾户，凭此取赈集，一联存根，极贫次贫之别，于联单上用暗号识之。（3）各县知事代表回县后，即派员调查，查毕报道，由道会同华洋义赈会、沪同乡会派员抽查，查毕即开始放赈，惟调查报告，至迟不得过阴历十月初五日，抽查报告，至迟不得过十月二十五日，放赈期间至迟不得过十一月初五日。[①]

除建立组织、议定赈灾办法外，勘察灾情、募集并分配赈款是华洋义赈会董事会的又一项重要工作。华洋义赈会各分支会成立后，纷纷派员前往灾区勘查。华洋义赈会的赈款，主要来自上海华洋义赈会的拨款及向社会各界劝募所得。劝募捐款分直接捐款、册募和代募三种。直接捐款即义赈会直接收到的捐款；册募即义赈会将捐册发给经募人，请其向各团体和个人劝募捐款，如向宁波总商会册募壬戌水灾赈款；代募即由各慈善家代为劝募捐款，如派董事赴沪与美国大慈善家法克司接洽，请其回美筹划赈款，接济浙灾。

至于赈款分配办法更是华洋义赈会救灾工作极为重要的环节，而且颇受各界关注。下面以1922年12月该会举行的两次会议为例考察其赈款分配情况。12月17日，宁绍台华洋义赈分会在会稽道尹公署开会，到会者中西会长、董事暨各县代表共28人。由黄会长主席报告开会宗旨。"首议上海华洋会续拨到赈款十万元之支配法，宁台温处各董事及代表今以所有沪会拨到赈款，自应由宁绍台温处五属平均分派，且从前已经分派绍属等处赈款十万元，亦应计算在内，照二十万之数平均分配，而绍属董事则坚以绍属灾情重大，为此应多拨，不宜再提前款。讨论多时，议以此次十万元赈款照各县所报告灾情为标准，先行分配。宁属得一万二千元，台属得二万元，绍属得二万七千元，温属得一万五千元，处属得二万七千元。列席者仍有争执，以为报告书多不确实，结

---

① 《纪前昨两日之道署赈务会议》，《时事公报》，1922年11月3日。

果议派代表前往各灾地抽查。次议宁属各县分配数目（宁属赈款除沪会拨到外，尚有轮船赈捐在内），计奉化得急赈费六千五百元（另加工赈费七千七百元），定海得八千元，镇海五千元，鄞县五千元，慈溪先拨二千元（候巴副会长勘后再定确数），象山得二千八百元。次议镇海县支会请购发棉种十万斤问题，议决以镇海所应得之急赈费五千元内，听其自行购储，不再由本会另购，以免开各县灾区先例。"①

1922年12月27日，宁绍台华洋义赈会又召开会议，列席者有中西董事及黄岩、仙居、处州、温岭、临海、天台等地代表22人。"首议台属灾轻之区查报灾口多于灾重之县，应如何给赈……次议余姚极次贫总数九万五千余口，应如何给赈，议决九万五千灾民，作为次贫。次议……定海冬赈，原议放茹丝，现据知事报告拟改放现金，以收到本会之八千元每户摊给，议决不赞成放现金，仍放茹丝。次议镇海支会请补助疏浚中大河局经费，议决留待将来再议……"②

期间，严康懋还积极参加其他灾害赈济活动，如1922年9月间宁波一地大水后，赈济灾民成为当务之急。灾民的困境也成为严康懋的牵挂，鉴于"今秋各邑灾情过重，饥民嗷嗷，无所得食，旧历中秋节近，向例各店铺皆须设备酒筵，今秋遭此浩劫，何如省却此举，俾得将此款项补助灾区"。9月28日，他与宁波总商会会长屠鸿规、袁端甫等特印发传单，分发各店铺，发起"劝节筵资赈济灾民活动"。略称："嗟我宁属，四被风灾，哀鸿遍地，惨不忍闻。中秋重阳，佳节迭届，庆赏设筵，商场习惯，一念灾民，判若霄壤，珍馐何忍下咽。敬劝宝号，大发恻隐，省一餐食，活多数命，家喻户晓，为数较巨，如荷赞同，款缴商会，集腋成裘，藉充急赈，发起呼吁，无任祷企。"③活动得到了各商号及个人的广泛响应。到10月13日，不过半个月时间，《时事公报》已连续五次刊登节宴助赈者名单。其中10月13日刊登的有："裕成当8元，东来纸号10元，升大北号10元，乾益米行5元，丰和米行5元，益丰米行5元，同昌

---

① 《华洋义赈会开会纪》，《时事公报》，1922年12月17日。

② 《宁绍台华洋义赈会开会纪》，《时事公报》，1922年12月28日。

③ 《劝节筵资赈济灾民》，《时事公报》，1922年9月28日。

广帮4元，又中国银行加助双十节宴资24元。"①期间，严康懋所在的宁波钱业还纷纷为赈灾捐款，到11月23日，大小钱业即捐款银1500元，解缴四明银行入册，成为当时甬上捐款数目最多的行业团体。②

另据其后人回忆，20世纪20年代，严家汇头村发生一场火灾，烧毁了20多间楼房，有20多户人家流离失所，无家可归。严康懋获知消息后，即慷慨解囊，拨出巨款无偿帮助这些同族村民按原样重建家园。

无独有偶，20世纪20年代后期，甬上文化界人士发起整理出版由晚清宁波文化人董沛、忻江明辑选的《四明清诗略》，全书合计38卷，可谓卷帙浩繁，是宁波历史上重要的一部乡邦文献。对此浩大的文化工程，宁波商人也积极行动，予以鼎力支持，其中严康懋与乐振葆、陈子壎等9人均捐款银500元，为数最多（参见图9-1）。③

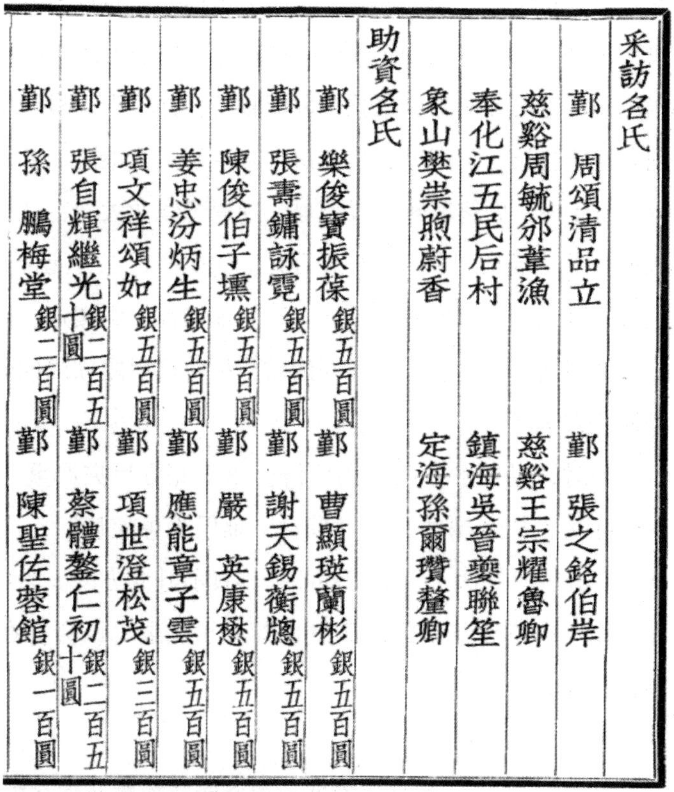

采訪名氏	助資名氏
鄞 周頌清品立	象山樊崇煦蔚香 定海孫爾瓚鳌卿
鄞 張之銘伯岸	奉化江五民后村 鎮海吳晉藥聯笙
慈谿周毓郱葦漁 慈谿王宗耀魯卿	鄞 樂俊寶振葆 銀五百圓 鄞 曹顯瑛蘭彬 銀五百圓
	鄞 張壽鏞詠霓 銀五百圓 鄞 謝天錫衡朒 銀五百圓
	鄞 陳俊伯子壎 銀五百圓 鄞 嚴 英康懋 銀五百圓
	鄞 姜忠汾炳生 銀五百圓 鄞 應能章子雲 銀三百圓
	鄞 項文祥繼如 銀五百圓 鄞 項世澄松茂 銀三百圓
	鄞 張自輝繼光 銀二百五十圓 鄞 蔡體鋆仁初 銀二百五十圓
	鄞 孫鵬梅堂 銀二百圓 鄞 陳聖佐蓉館 銀一百圓

图9-1　刊于《四明清诗略》卷首的资助者名单（部分）

---

① 《节宴助赈之继起》，《时事公报》，1922年10月13日。

② 《总商会解缴大批赈款》，1922年11月25日。

③ 宁波市鄞州区政协文史资料委员会：《四明清诗略》，宁波：宁波出版社，2015年，第3页。

（二）大爱无疆

严康懋晚年大部分时间居住在宁波，其慈善事业以家乡宁波为主，但并不限于宁波。期间，他在积极投身家乡慈善公益事业的同时，还多次参与省内外赈灾及其他公益事业。

1920年夏秋，北方顺直晋豫鲁五省及本省台属灾区甚广，饥民遍地。为此，宁波总商会会长费冕卿因会稽道尹黄庆澜之邀，要求各业筹款赈济。当时严康懋即参与其事，不仅自己捐款洋300元，而且积极募捐，其所在的钱业迅速筹集起4000元。报道说："宁波会稽道尹黄君近为顺直晋豫鲁五省及本省台属灾区甚广，饥民遍地，前日由各处发到捐册请为劝募。当经通知商会会长费冕卿转邀集各业筹议集款，以资救济，并于十一号晚由道尹在普天春设宴。到者有费会长、陈南琴、余兰泉、陈兰荪、严康懋、董惟扬、俞佐庭、陈子壎等二三十人，席终叮嘱分投筹募。现探悉钱业大同行认捐二千八百元，小同行认捐一千二百元，中国银行五百元，四明银行二百元，通商银行二百元，华孚银行一百元，共已捐有五千元。其余如当铺、银楼业、南北号等均有巨宗捐款云。又闻据道尹之意，已商同诸君，拟将募得之款以四分之三拨助台赈，余则汇入北方旱区云。"①

当时，设在上海的中国广济会鉴于北方旱灾严重，"因念北方被灾同胞既受冻馁，扶老携幼，拖男带女，难保不患疾病"，决定向灾区派遣救济医队，"分请中外医士，随带药品，不日前赴北方"。为此，发起募捐并棉衣粮食，作为广济会董事的严康懋也参与了此事。该会曾在申新两报连续刊登启事，进行动员。

敬募出发北省救济医队经费并棉衣粮食

本年(1920年)北方各省尽闹旱灾，地方之大，灾民之多，为向来所未见，中外绅士千方百计设法募捐，真是无量功德，本会亦慈善团体，对此大灾，理

---

① 《官商一心协筹赈款》，《时事公报》，1920年10月14日。

应救济，因念北方被灾同胞既受冻馁，扶老携幼，拖男带女，难保不患疾病。前接直隶义赈会曹省长先后来电，嘱请本会派遣医队前赴北方，拯救灾民，复接本会调查员来函电，皆说灾民团聚津埠，发生痢疾、疟疾、霍乱等症，贫病交缠，衣食且不能得，何况延医服药呢。本会闻之恻然，日前开董事会公议，赶即组织救济第一医队，分请中外医士，随带药品，不日前赴北方，专事救灾民之患病者。有人说道，灾民第一着重在衣食，医药似在其次，不知无病灾民，自然先求保暖，如其有病则医药比衣食尤急。本会天职所关，不得不勉为其难，筹垫款项，出发医队，并制备棉衣粮食。如遇病民之无衣食者一面治病，一面发给衣食。惟经费浩繁，力难为继，仰求各界善士、老爷太太、少爷小姐大发慈悲，随缘乐助，捐款不拘多少，或即大小新旧棉衣饼干杂粮，能捐一分即救灾民一命，实在是救命公德，积福无穷，如蒙慨助，请送至上海北京路本会收捐部，当给收条并且登入申新两报，以扬诸大善士仁风呢。

中国广济会董事部朱葆三、周金箴、王荫亭、徐千麟、裴焦苏、孙衡甫周湘云、周纯卿、宋德茂、严康懋、洪文廷、赵芹波、王绍裘、严伯卿谨启。①

1922年10月间，由于当年浙江省连续遭遇大水，灾情严重，官绅发起浙赈征募大会，拟募集经费400万元。其中，宁波一地要求筹募4万元，分为28队。当时，甬上官绅都踊跃从事，有的一人担任一队，有的二三人担任一队，严康懋即自己担任一队。②

期间，严康懋还经常向沪上慈善公益机构或团体捐款，而见诸各机构启事或征信录中。例如1928年6月，向中华妇女慰劳伤病军士会捐款。③1929年8月，他又分别向中国红十字会时疫医院、沪南神州医院捐洋100元。④

1922年6月，为响应全国各界关于筹款赎回被日本霸占的山东胶济铁路，甬上各界发起成立宁波筹赎胶济铁路会，严康懋被推举为干事会干事兼任经济

---

① 《敬募出发北省救济医队经费并棉衣粮食》，《申报》，1920年11月2日。
② 《浙赈征募大会筹备会纪详》，《时事公报》，1922年11月24日。
③ 《中华妇女慰劳伤病军士会征信录（四）》，《申报》，1928年6月19日。
④ 《中国红十字会时疫医院谨谢》、《大东门内肇嘉路宝祥里沪南神州医院敬谢诸大善士》，《申报》，1929年8月11日。

股副主任。[1]报道说：

筹赎胶济路干事会第一声

宁波筹赎胶济路事，于昨日午后二时开干事会，到者约四五十人。公推陈南琴主席，宣开会词毕，即选举正副干事长。开票结果，王镇守使得三十七票当选为正干事长。陈南琴二十八票，费冕卿二十五票均当选为副。次议决分总务、文牍、交际、调查、经济、演讲六股，并推出陈季衡、屠鸿规为总务股正副主任，徐修甫、陈器伯为文牍股正副主任，陈才宝、金臻庠为交际股正副主任，赵子椿、余东泉为调查股正副主任，余润泉、严康懋为经济股正副主任，王思诚、金梦麟为演讲股正副主任。次议收款方法，议决暂行仿照上海办法，并议决中国、四明、通商三银行及本城各大钱庄为存款处。次讨论筹备期内经费，议决由各干事负担，暂由干事长及各股正副主任认垫。次陈忻金提议征收彩票捐案，由提出者说明理由，经胡咏骐、陈如馨、王信懋、余东泉、毛稼生、杨传炳、左竹士、陈才宝、黄光普等详细讨论，均以意善而事难行，表决结果不成立。次陈孟璇提议轮船火车附加捐案，复经忻汰僧、陈如馨、余东泉等讨论许久，议决函商轮船公会再定，惟以本国轮船为限。次推举各股干事，兹照录如下：总务股：胡咏骐、赵钵尼、胡叔田、徐蓁青、郭荷沚、袁霞龄、魏伯桢、徐镛笙；文牍股：朱赞卿、徐庚馥、忻汰僧、乌一蝶、朱荃荪、陈璈笙、范菜荪、周蕙馨、冯莼管；交际股：周子衡、毛稼先、杨诵仁、杨传炳、蒋东初、蒋达三、张天锡、谢友麟、卓葆亭、孔馥初、胡子程、周宁甫、范文甫、沈仰峰；调查股：李佐庭、任莘耕、应保庚、陈如馨、毛安卿、张永睦、濮卓云、郑葆三、郑植生、孙鲁贯、王信懋、黄光普、陈荇荪、孙康宁、邬全松、冯玉亭、史翔熊、陈孟璇；经济股：赵占绶、李霞城、袁端甫、李松侯、卢志青、徐源祥、方佩绅、蔡酉生、叶德政、丁仰高、陈子壎、胡仰之、费善本、翁济初、鲍云伦、罗伸符、盛省传、孔郁齐、秦珍荪、林黎叔、

---

① 《筹赎胶济路干事会第一声》，《时事公报》，1922年6月12日。

丁忠茂、袁友仁、袁和笙、翁宝甫；演讲股：王祥辉、叶健之、凌祖辉、徐勉伯、蔡五昌、张承哉、施竹晨、张照绥、李玉佩、周枕琴、王东园。次讨论募款方法，公决由本会函致商会邀集各业董商议办法，并函致教育会关于各学校募款方法，一面由各股分头并进，议毕散会。①

当时，筹赎胶济路运动在各地开展得有声有色。在全国人民的努力下，1923年1月1日，中国得以收回胶济铁路，开近代中国通过外交手段收回铁路路权的先河，也成为当时全国保路运动的重要成果之一。

---

① 《筹赎胶济路干事会第一声》，《时事公报》，1922年6月12日。

十、亲　友

　　人类社会活动是多面的、立体的，而不是单一的、平面的。个体在社会中往往扮演着多种角色，如果仅从一个方面进行了解，得到的结果是片面的。其中，家庭是社会的细胞，是个体作为社会人而存在的主要组织形式；友人即现在所谓的朋友圈，则是个体社会关系的主要载体。也就是说，家庭和朋友都是个体开展社会活动的基本形式，也是我们了解与研究历史人物应该予以关注与重视的重要环节。

（一）家人

　　岁月沧桑，风吹雨打，如今包括家谱在内的严康懋家人的文献史料已难以寻觅。幸运的是，其孙严令常早年曾经常听其父辈讲起严家的人与事。据此，他撰有《祖父逸闻数则》一文，对其家人进行了比较详细的回忆与记述，兹辑录于下，聊补于万一。据初步统计，目前严康懋的直系亲属大约百余人（参见图10-1），他们活跃在海内外各领域，其中不乏科学巨匠与业界精英。

　　严康懋的独子严祥琯（参见图10-2）出生于1912年，在严康懋五个子女中年龄最小，1929年严康懋病逝时严祥琯年仅18岁。他有三房妻室，正室蔡霞卷（参见图10-3）来自潘火桥蔡家，系宁波德和公洋行总经理蔡鉴堂之女、德士古洋行前身买办蔡同和之妹，严蔡两家联姻可谓门当户对、珠联璧合。

祖父逸闻数则

严令常

　　祖父严康懋在20世纪20年代在宁波并不是最富有的商人，但他建树的事业之广、之盛，做的善事门类之众、项目之多、时间之长、资金之巨，在宁波商界可谓凤毛麟角，在我《缅怀先祖严康懋》一文中已有所记述。因我在祖父

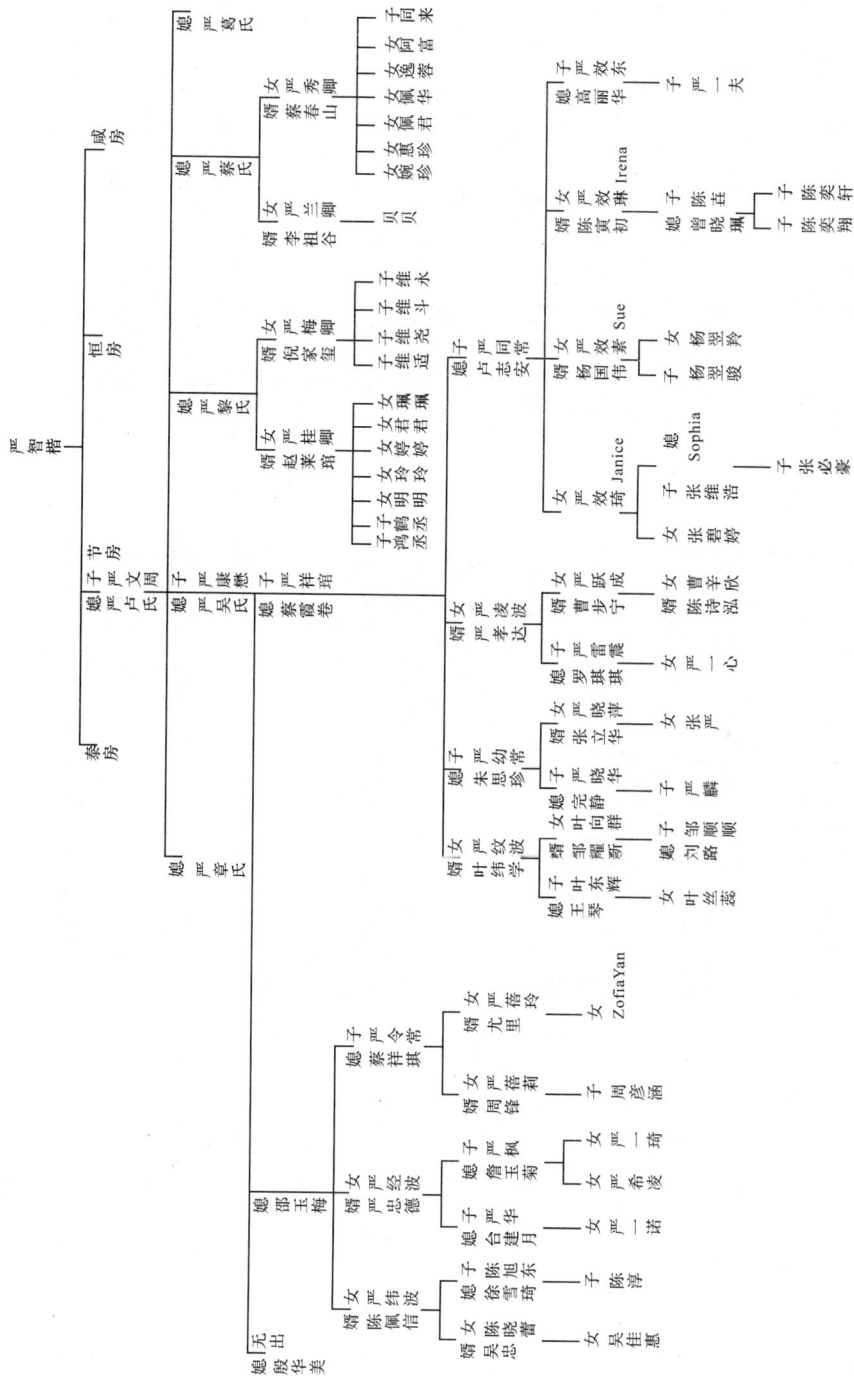

图10-1　严节房族谱

图10-2　1982年严祥琯七十大寿时全家福

图10-3　1983年严氏后人合影，后排左第一位为赵莱琯，
第一排左起为邵玉梅、严定仙、严桂卿、严兰卿、蔡霞卷

1929年仙逝6年后才出生，故对大家庭内部的陈年往事知之甚少。下面主要是
根据二姑母严兰卿生前向我讲述的有关祖父的故事及近来"善园"董事长陈耀
芳先生发现并提供的有关我曾祖母的寿辰资料，在这里再补充点滴逸闻。

1. 祖父的母亲严卢氏太夫人

曾祖母严卢氏太夫人自从进了严家大门以后，一直与人为善，和睦相处；对正室曾祖母敬爱有加，嘘寒问暖，关怀备至，和睦相处18年。尤其当曾祖母病重时，她更是夜以继日，亲自照看；待其过世后，春秋祭祀也从不间断。曾祖父子香公有四房兄弟，曾祖母都将他们视为亲人，兄弟妯娌之间遇事都抢着做，不分你我，十分融洽。对家务更是克勤克俭，持家有方，是曾祖父的贤内助、好帮手。祖父事业有成后，她仍然一以贯之，崇尚节俭，布裙木钗，不事矫饰。但她宅心仁厚，生性善良，爱做善事。每逢节日，她就在家门前无偿发放米券，1升、2升不等，穷苦人家常涌到家门口排队领取米券，以解燃眉之急。尤其在她六十大寿来临之际，宁波地区饥民累累，太夫人不忍心只图自己享福而无视同胞凄凉，就命儿子康懋公将办寿宴的花费全部捐给施粥厂，以充实其济民资金。过了十年，到1920年7月，在曾祖母七十大寿时，又巧逢饥荒，米价暴涨。她又对儿子康懋公说：“邀请亲朋好友为我祝寿，当然是你的一片孝心，可我不喜欢这种侈靡之风，不如拿办寿宴的钱开设平抑米价的‘平粜’局，救济乡亲父老，更有意义。”康懋公谨遵母亲之命，在宁波东区设立平粜一局，以平价卖出粮食数千石，救一方百姓于火热。时至今日，凡上了年纪的宁波人都还清晰记得严婆婆的善心和善行。

曾祖母的言传身教对祖父起着潜移默化的作用，对他一生影响深远。曾祖父子香公在世时，在严家汇头村创建了严家宗祠。到了祖父这辈，他为了纪念曾祖母严卢太夫人的善行义举，特在宗祠后面扩建女祠，纪念列祖列宗中的女性，这在当时也是体现男女平权的一个划时代的创举。

为让她老人家清静修养，祖父特在宁波江东大河桥大宅右侧另建一幢两层楼三开间的小洋房让她独自居住，庭前有假山流水，每日请安，侍奉左右尽孝（参见卢太夫人六十大寿序、七十大寿序）。

2. 祖父与祖母

祖父前后有过五房妻室，第一位祖母严蔡氏是大姑母严秀卿、二姑母严兰卿的生母。听说两位姑母尚在襁褓中时，她就撒手西归了。

第二位祖母姓黎，生了三姑母严梅卿和四姑母严桂卿。在第一位祖母去世后，她就被扶为正室，掌管严宅内务。她为人能干，办事井井有条，对所有

211

孩子视同己出。

祖父事务繁忙，有妻主内，才有精力和时间承担、处理一大堆社会事务。另外挣了偌大一份家业，自然希望后继有人。但几千年来的社会风气都是重男轻女，前面两位祖母虽然生了四个女儿，但"女大不中留"，女儿出嫁后不再用父姓。"不肖有三，无后为大"等旧思想根深蒂固，认为只有生了儿子才能传宗接代，而且多子多福，多多益善。

祖父又娶了第三位祖母吴氏，也就是我父亲严祥琯的生母，可惜她也英年早逝。

第四位祖母姓葛，膝下无儿女。

第五位祖母姓章，亦无子女，一直活到21世纪初，享年95岁。她的生活，主要依靠祖父留给她的房产和遗款。我们儿时，逢年过节都要向她拜年请安。1940年以后，她与娘家人住在一起，几位姑母及我们几个兄弟姐妹都定期汇款赡养，咸房、恒房几位族亲也对她时有接济。

3. 祖父与父亲

祖父在1912年，34岁时才生我父亲，中年得子，自然喜出望外，非常疼爱。到了父亲上学年纪，祖父即聘请名师在家教育五个儿女。父亲从小聪明过人，老师布置的作文常常不假思索，一挥而就；背书更是颖悟异常，胜过几位姐姐，诵读几遍就能朗朗上口。听说，四姑母常常央求父亲帮其代为完成作业。

祖父望子成龙，更希望他能学有所长，继承他创下的家业，发扬光大。在父亲16岁成婚以后，祖父就带他去上海等地涉足商场，增进历练。可父亲对做生意一行并无兴趣，不精此道。有一次他自作主张向自家钱庄支钱购买小轿车，这对一生崇尚节俭的祖父来说是不可容忍的奢侈行为，非常生气，恨铁不成钢，一度曾想废去父亲的继承权，另立恒房螟蛉之子严腾青（严定仙的胞兄）为继承人。就在此时，大哥同常出世了，有了孙子，才打消了祖父这一念头。

4. 几位姑母

几位姑母自小在家庭教师的指导下学习读书写字，尤其大姑母及二姑母能写一手秀丽的小楷。四姑母还被祖父送去日本留学，她天性忠厚老实，对父母极为孝顺。祖父病重时，她听信偏方，竟擅自割下自己手臂上的肉给父亲煎药服下，可见其一片孝心。

几位姑父家都是宁波社会望族，殷实人家。三姑父原是上海一家糖果厂老板，新中国成立后响应党的号召，迁往北京。因他紧跟共产党，自觉改造，成为北京市政协委员。他的二儿子倪维斗退休前是清华大学的副校长，还是中国工程科学院院士。三儿子倪维尧是原上海检察院副院长。

几位姑母出嫁时，祖父给她们每个人丰厚的资产作为陪嫁。**大姑母有六个女儿，一个义子；二姑母无子女，她们两家长期同住在上海闸北安庆路福寿里49号祖父自住的老房子里；三姑母举家移居北京，共有四个儿子；四姑母有两男五女**。至今，所有姑父母均已过世。

严祥琯与蔡霞卷育有二子二女，长子严同常为高级经济师，**曾任上海市工商银行处长、黄浦支行行长，现已举家侨居美国；次子严幼常毕业于上海交通大学，长期工作于南京某军工厂，高级工程师，可惜正当壮年，却被病魔夺去生命**；长女婿严孝达也来自严家汇头村，早年就读于康懋学校，1948年考取清华大学水利系，毕业后又被选派到北京外国语学院攻读三年俄语，毕业后担任水利部专家局翻译，后为与在新疆人民医院当医生的妻子严凌波团聚，毅然赴新疆参加水利建设，为教授级主任工程师，对水利研究颇有造诣；次女严纹波为工厂技术员，现居湖南衡阳。

严祥琯第一位侧室邵玉梅来自苏州，育有一子二女，长子严令常为苏州大学法学院教授，曾任外商独资江苏硅湖大学法学院院长，现定居加拿大。他老当益壮，热心侨界公益事业，在当地华侨中颇具影响。长女严经波和次女严纬波为双胞胎，严经波是工厂技术员，现定居美国；严纬波是小学教师，仍在苏州。

严祥琯第二位侧室殷华美为上海人，无子女。

就家人与严康懋的关系来说，显然母亲卢氏不仅与其关系最为密切，而且对其一生影响也最大。严文周年过半百就匆匆离世，母子俩不仅相依为命，一起度过了一段艰难岁月，而且相当长寿的卢氏几乎陪伴了严康懋的一生。在此背景下，母子俩关系确实非同一般。时人称严康懋对母亲非常孝顺，不仅平时嘘寒问暖、关怀备至，母亲有恙时，更是亲自调制汤药，侍奉左右。发达后，严康懋出资建造女祠很大程度上也是出于对母亲的敬重。同时，为使卢氏得以清静修养、颐养天年，他又出资在江东大河桥大宅右侧另建一幢两层楼三开间的小洋房。"增筑层楼三间，模仿西式，丹刻精工，庭前叠石为山，引流为池，莳以花木。每当风月佳时，康懋君奉太淑人游玩其中，乐叙天伦，以娱晚景。近复于其宅后畔拓地十亩，筑室百堵，鸟革翚飞，大启尔宇，将以奉养太淑人。"① 其考虑可谓周且全也，时人称严康懋事母至孝，诚非虚言。

（二）姻亲

对中国人来说，姻亲是重要的社会关系。旧时，宁波大户人家嫁娶相当注重"门当户对"，对此严康懋也不例外。严康懋先后有过五房妻室，育有四女一子，其子女均与甬上工商大族结亲。

其中，大女儿严秀卿嫁给鄞东潘火桥蔡春山。潘火桥蔡家原是耕读传家的"世代书香"之家，近代开埠后其后人转而纷纷从商，经销颜料、五金等洋货而发迹，后又向金融、药材及制造业等领域发展，其中家族企业蔡同德中药号、上海惇叙储蓄银行在各自行业都颇具名声，成为甬上有名的工商大家族。时人称："甬上蔡杨屠三姓，并称富足。"② 严秀卿与蔡春山育有六女一子，可谓人丁兴旺。

二女儿严兰卿嫁到镇海小港李家。李家商业王国开创者李也亭是开埠前后第一代到上海淘金的近代宁波帮，其涉足的行业包括航运、金融、房地产和制造业等，到清末已建立起庞大的商业帝国，成为享誉沪甬等地的江南工商望族，在当时上海工商界具有重要影响。其孙辈李云书在上海创办了大达轮船公司等一大批工商企业，是上海商界的活跃分子，曾任上海总商会会长，并加入同盟会，1911年担任浙江联军兵站总监。李也亭的兄弟后代李善祥参加抗日救

---

① 姚家镛：《严母卢太淑人七十序》，《鄞县姚氏宗谱》卷十一，艺文录，第23页。
② 《鄞县蔡氏宗谱》，卷首，"仁初事状"。

亡运动，其次女李幼兰参加新四军，后嫁给张爱萍将军。严兰卿与丈夫李祖谷领养了大姐的小女儿贝贝（佩佩），可惜幼年夭折。

三女儿严梅卿嫁给了镇海庄市后倪村倪传基之子倪家玺（参见图10-4、图10-5）。倪家是当地的商业世家，其祖父倪祖信以航运起家，与同是庄市人的清末名闻上海滩的"五金大王"叶澄衷关系密切，两人曾合作经营银钱业、五金业。倪家玺毕业于上海沪江大学化学系，在实业领域颇有作为，先后创办大华实业社、上海留兰香牙膏公司等。抗战爆发前后，倪家玺还以满腔的爱国热情积极投身抗日救亡运动，先后担任沪江大学童子军团团长、上海童子军总团副团长。他还曾亲自组建"联华运输贸易公司"，组织汽车运送军需物资，打破运输封锁，受到十九路军将领赞誉。新中国成立后，曾任中国民主建国会中央常委、全国政协委员。

图10-4　严康懋亲家镇海庄市倪传基（第二排中间）一家

其间，战乱不断，时局急剧动荡，中国人民遭遇了空前的浩劫。出身名门的严梅卿没有娇生惯养，而是传承了父辈励精图治、艰苦创业的传

图10-5　严康懋三女婿倪家玺与三女儿严梅卿

统。她不仅勤俭持家，相夫教子，全力支持丈夫的事业，而且在战乱中处变不惊，沉着应对。严梅卿与倪家玺育有四子，即维永、维斗、维尧和维适。其中，次子倪维斗是中国工程院院士，我国著名的动力机械工程专家。1942年，她曾带领家人历尽艰辛，辗转奔波大半个中国，度过了一段艰难的岁月，表现出顽强的意志。对此，其子倪维斗（参见图10-6）有一段深情的回忆，并认为母亲对他的成长有着重要的影响。

倪维斗对母亲严梅卿的回忆

母亲严梅卿出身于殷富之家，生性温柔聪慧，对我的影响非常大。她生了我们四个男孩儿，分别取名维永、维斗、维尧、维适，我排行老二。我们四个孩子跟母亲待在上海，父亲随抗日童子军团和战地服务队到了内地。父亲会开汽车，组织了一个车队，雇了很多司机，其中有不少是华侨，在当时被称作"生命线"的中缅公路上运输物资。印象最深的是，在1942年秋天，局势稍稍稳定了些，父亲在湖南衡阳设了一家办事处，让母亲带着孩子们过去团聚。当时我们四个男孩儿的年纪分别是10岁、9岁、8岁和7岁，母亲决定带着稍大些的哥哥和我从上海出发去找父亲，同行的还有姨妈、姨父及他们的两个孩子。

母亲是1912年生人，也就是说，30岁出头就带着我们出发了。按照事先策划好的路线，姨父一个男人加上我们妇孺共7人从上海坐船到宁波，然后经奉化、临海、丽水、龙泉，再由福建的浦

图10-6 严康懋外孙、中国工程院院士倪维斗

城、建阳、邵武，到江西的南丰、广昌、宁都、吉安、莲花，经界化陇入湖南茶陵、耒阳而至衡阳。整个路程如果是现在的话坐一个晚上的车就到了，可当时一路上有土匪出没，还要通过沦陷区的封锁线，坐船、汽车、火车、轿子、步行等差不多五个多月快到半年了才到达目的地，路上非常艰苦。母亲来例假，血顺着腿流，我当时虽然不懂，但看到母亲步履蹒跚，又要照顾我们这些孩子，表现得非常坚韧、刚强。这些对于9岁的我来说，记忆非常深刻，我从母亲那里学会了面对困难、克服困难的劲头儿，应该说这也是一种磨炼。现在回想起这段"千里"寻父的经历，对我人生的成长还是很有益处的：不仅增长了许多见识，这是今天的年轻人很难体会得到的，更重要的是培养了我战胜困难的意志品质。直到今天，即使隔了几十年，每当想到母亲，我都会有一种深深的愧疚感：母亲在晚年重病弥留之际，其实是非常需要亲人照顾的，但当时我是副校长，工作特别忙，也只能是雇个保姆在医院里陪伴母亲，自己一周去个一两次探望。母亲是在半夜离开人世的，身边没有一个亲人……哎——自古忠孝难两全啊！（下略）

四女严桂卿嫁给宁波湖西赵家，女婿赵莱琯出身于钱业世家，其父赵占绶以颜料业起家，与著名宁波商人严信厚、秦君安均有姻亲关系，并与之合作从事钱业，分别在杭州、金华、兰溪、上海及宁波设有近20家钱庄。赵占绶

图10-7　严康懋四女婿赵莱瑁

去世后，其在各大钱庄中的股份均由赵莱瑁（参见图10-7）继承。据乡土学者王景行考察，现位于宁波湖西历史文化街区的民国建筑赵宅就是赵占绥于民初所购置的。由于严康懋名声较大，因而此宅又在宁波坊间被称为严康懋女婿的大宅。①

湖西赵宅名闻遐迩，多年来一直关注家乡历史文化建筑的王景行说，湖西中营巷8号"赵宅"，在月湖边上现存民宅中是最气派的了。整个宅院幽静纵深，有三重门楼，连三进四明轩，拥有三个大明堂（天井），占地面积3000多平方米，其格局似一座保存完整的官宦人家大院；头门，衙门八字式四扇大门，一对抱鼓石左右分立，入门就望到东西两道月洞门，洞门两侧是花园和鼓乐手、轿马、杂役住舍。二门三重，精工砖雕，显得十分庄重。迎面是宽阔的大明堂，左右明轩和厢房，这进是宾客楼。第三道正门楼，又是庄重的三重精细砖雕装饰，厅前大明堂，五间两弄，左右两明轩，这进才是赵宅正楼。主屋装饰更为精致，雕梁、画栋、石刻、砖雕，金漆黄亮。内宅扇扇窗户尽是细雕、木格拼接，配置刻花玻璃，装有春秋推移两用窗，冬暖夏凉。关于这幢晚清时期民宅的传说众多，笔者经多次走访考察，据居住在赵宅90多岁老住户的回忆，还有现住在上海的赵宅原主人赵莱瑁及有关亲人介绍：1861年后，随着"洋务运动""维新变法"，许多清代官员在政治风波中败落，近代民族资本主义兴起。当时在上海经营金融业的赵莱瑁父亲，在民国初年买下该宅。严康懋在沪、杭、甬开设钱庄，两家门当户对，严把四女儿嫁给赵大商贾公子赵莱瑁。因此，月湖赵宅被湖西百姓称为"严康懋女婿的大宅"。

严桂卿与赵莱瑁育有五女二子，也是人丁兴旺。其中儿子赵鹤丞于20世纪

① 《湖西赵宅与严康懋》，《海曙通讯》，2006年3月15日。

50年代赴内蒙古参加国家重大工程建设，曾参加1956年在北京召开的全国第一届科普大会，后又调至天津，担任天津石油化工公司第二石油化工厂厂长。

（三）友人

所谓在家靠父母，出门靠朋友。早年失怙的严康懋外出创业有较强的群体意识，无论经商还是从事社会活动，多与人合力进行，加之他待人以诚，又慷慨大度，"平日与人交，相孚以诚，不事矫饰，苟有缓急，无不援手，虽千金不吝"[1]。故严康懋一生中拥有不少友人至交，尤其是同乡好友，时人称其"事业既多，交友亦广，官商各界，均多知交"[2]。良好的人缘无疑成为成就其各种事业的重要依托与推手。除了上面所述的其钱业主要合作者秦君安父子外，宁波旅沪商人徐庆云、陈子壎、余葆三、乐振葆、赵占绥等也值得一提，其中徐庆云、陈子壎、谢蘅牕等在严康懋病逝时都曾从上海赶来宁波参加祭奠。

慈溪旅沪商人徐维训（1880—1931），字庆云，又字品伟，出生于纱业世家，22岁时与人在上海创设福泰棉纱号（参见图10-8）。第一次世界大战期间，曾以百万两盘进某外商大批棉布，获利倍余，一跃而成为上海纱业巨头。同时又开设福泰金号，精于标金生意。1922年，任大英银行买办。1923年，接盘大丰纱厂，改名为大丰庆记纱厂，任总经理，是上海纱业公所的创始人。又与穆藕初等创设上海华商纱布交易所，并历任纱业公所董事、上海华商纱厂联合会董事、华商纱布交易所理事长等职，在20世纪20年代上海滩与吴麟书、邵声涛并称为纱业三巨头。

图10-8 近代上海纱业巨子徐庆云

---

[1] 蔡和铿：《严康懋先生行述》，《时事公报》，1929年11月9日。

[2] 《严康懋先生之生荣死哀》，《时事公报》，1929年11月9日。

徐庆云还兼营钱业，在上海独资或与人合资创办恒隆（1918年）、敦余泰记（1923年）、恒来（1929年）、恒异（1931年）、寅泰（1936年）、同庆等钱庄。严康懋大徐庆云两岁，两人事业重点都在钱业与棉纱，这方面两人均有相当密切的合作，在其投资的诸多钱庄与纱号中都能看到两人的身影。例如，1918年在上海设立的恒隆钱庄，两人均为大股东。稍后设立的大钱庄恒祥钱庄（资本42万元），两人更是主要的出资人。[①] 至于纱号，两人在多个企业均有合作。而在慈善公益方面，两人也是经常协力进行。例如，早在1911年两人就在家乡宁波三江口边的江东岸木行路捐资设立普仁医院。1920年夏秋宁波大水为灾，严徐两人又同在江东设平粜局赈济贫民。报道说："鄞县城厢自平粜开办以来成绩以江东为最，江东共设二处，石戏台由严康懋君出资担任，每日售米达五十石以上。三官堂由徐庆云君出资担任，每日售米达四十石以上。自开办至今已有四十二天，石戏台共售米二千二百余石，三官堂一千五百余石，际此新谷登场，米价渐见平允。"[②]

陈子埙，字俊伯，与严康懋同是鄞县人，并且都曾活跃在沪甬两地钱业界。《鄞县通志》在记述严康懋时唯一同时述及的就是陈子埙一人，可见两人关系之密切。在许多场合，两人都是如影随形，难以分离。该志称其"客沪最久，于所营业多亿中，性慈明善感，掖助人群，无义不举。生平好读书观画，收藏宏富，几甲一邑，所交多名流。接待故旧具有厚意，未尝以势轻人，故人亦不以市人轻之"[③]。据陈子埙自称，两人年少时即一起在上海打拼，"联袂作壮游，萍踪滞沪渎"，故交情颇深。颇有意味的是，被《鄞县通志》称为理财高手的陈子埙对严康懋理财方面的才能竟然还相当佩服，"君擅亿中才，令我惊且服"，称自己与严康懋"异姓若同胞"[④]。1915年两人一起当选为有甬

---

① 《各庄状况》，《申报》，1934年2月19日。

② 《平粜局定期截止》，《时事公报》，1920年8月15日。

③ 《鄞县通志·政教志》，第640页。

④ 《严康懋先生之生荣死哀》，《时事公报》，1929年11月9日。

上实业界老大之称的和丰纱厂监察人，1914年在宁波合资设立泰源钱庄，1918年合作设立上海恒隆钱庄。两人还常常一起行动，共成善举，如两人鼎力支持四明贫儿院与修筑鄞县模范监狱等。1928年6月，两人分别向中华妇女慰劳伤病军士会捐洋。[①]1924年10月间，两人联合向上海中国济生会救助兵灾捐款。[②]1926年10月，同为上海总商会会董的两人还联合向该会提出议案。

1880年出生的余葆三也是严康懋的鄞县同乡，他是近代上海著名的棉纺织企业家，曾任上海振华堂洋布公所总董，并投资沪甬等地钱业。1932年，余葆三发起成立统原商业储蓄银行，并担任董事长。早在1911年，他就与严康懋、徐庆云一起在宁波江东合作创办普仁医院，后在甬上多个慈善机构一起担任董事，特别是对严康懋等发起创办的四明贫儿院助力尤多。

乐振葆（1869—1941），名俊宝，晚号玉几山人，鄞县宝幢人，是20世纪二三十年代享誉沪甬工商界的宁波商人（参见图10-9）。他16岁来沪当木工，勤于钻研，技艺日精，所制西式家具颇受欢迎。他在工余先后去中西书院和英华书院学习，不久即能阅读英文书信和进行日常会话。后将其父传下来的泰昌杂货号改建为国内第一家自产自销的西式木器企业，不久发展为泰昌木器公司，自任董事长兼总经理。他又在上海先后任和兴钢铁厂、大中华火柴公司、宁绍轮船公司、三友实

图10-9　近代享誉沪甬商界的乐振葆

业社、振华油漆厂、恒利银行、中英药房有限公司、闸北水电公司、宁绍人寿保险公司等企业的常务董事或董事长。乐振葆热心旅沪同乡事业与家乡建设，对于家乡善事可以说无役不从，特别是20世纪30年代主持修建灵桥而广受

① 《中华妇女慰劳伤病军士征信录（四）》，《申报》1928年6月19日。

② 《申报》，1924年11月20日。

赞誉,1937年被推举为鄞县三大乡贤之一。乐振葆自称与严康懋是老友,两人"虽非至亲却知音"。常年旅沪的乐振葆每年返乡时几乎均要在严宅停留,互叙乡谊。[①] 特别是造福家乡的行为,使他们走得越来越近。

赵占绥,与严康懋则是从朋友发展为亲家。赵占绥早年以颜料业起家,后全力从事钱业,成为宁波钱业界著名的湖西赵家。他们两人共同在杭州开办寅源、崇源、益源、仑源四家钱庄,还成功地游说"小港李家李咏裳一起投资益源,陈子壎投资寅源、签源钱庄"[②]。1921年6月,两人又同时参与上海纱业信托银行股份有限公司的筹备。[③] 在社会活动方面,两人经常同时在甬上社会公益团体任董事一职,如四明贫儿院、泽仁公会、浮桥厂、鄞县育婴堂、巡防局及修筑鄞县监狱等。两人还联合向公益慈善事业捐款,仅1920年12月间见诸报刊的就有向宁波华美医院、江东蒙养贫民学校的捐款。[④] 两人还于1924年同时成为上海总商会会员,并同为宁波总商会会董。

---

① 《严康懋先生之生荣死哀》,《时事公报》,1929年11月9日。

② 陈铨亚:《中国本土商业银行的截面:宁波钱庄》,杭州:浙江大学出版社,2010年,第185–186页。

③ 《上海纱业信托银行股份有限公司启事》,《申报》,1921年6月27日。

④ 《宁波华美医院第一次鸣谢》,《时事公报》,1920年12月9日。

十一、"饥寒痛失依"

严康懋（参见图11-1）尽管出生于殷富之家，经济条件较好，但由于早年丧父，很早就外出奔波操劳，加之长期患有糖尿病，故其中年后健康状况明显不佳，20世纪20年代初即有其因病缺席相关团体活动的报道。[1]据其孙子严令常记述："祖父长期以来奔波于上海、宁波、杭州等地，亲自主持、照料、过问几十家店铺事务；对严氏家族中发生的各种各样事件事必躬亲，必伸援手；对社会公益事业更是呕心沥血，把解救、减轻穷人的疾苦视为己任，不断地游说、开会，成立各种救助机构，还带头慷慨解

图11-1　严康懋

囊。既为名人，自有各种应酬，官方的、民间的、族里的、私人的，这些活动远远超过一般人所能承受的能力，日积月累，积劳成疾，终于一病不起。再加上原有的糖尿病，沉疴日益恶化，虽遍请上海、宁波等地的名医会诊，但回天无术，于1929年11月4日与世长辞，英年早逝，终年才52岁。"另据当年曾医治过严康懋糖尿病的甬上名医范文甫医案记载，由于严康懋没有听从其忠告，致使疾病恶化而致不治。该医案称严康懋患糖尿病，"此消渴症也，中医书中多有之，当用隔一隔二治法。并劝其慎饮食，不听，吃大菜，吃汽水，云愈冷愈好，后甚至绝粥饭。余虑，后必生他变也。惜终不觉悟，有力莫助，可叹可恨！"[2]

---

[1]　《改建老浮桥之进行》，《时事公报》，1922年10月12日。

[2]　张大宁：《古今肾病医案精华·范文甫医案》，北京：中医古籍出版社，2004年，第408页。

1929年11月4日，一代善人严康懋在宁波江东严宅家中病逝，"闻者惜之"。消息传出后，人们纷纷前往严宅（参见图11-2）致哀，其中不少人专程从上海等地赶来，以致严宅所在的"大河桥一带车水马龙，挤得水泄不通"。据称，连日来送达的"哀挽屏轴达万余幅"。也许这一数字过于夸张，但仅取其十分之一，其数量之多也是相当惊人的。这充分反映出严康懋生前交际之广、人缘之好，从中更可以看出严康懋生前的善举义行受到了人们广泛的尊崇与感念。正如时人所称："严氏生平慷慨，宜乎死后有斯哀也。"①

图11-2 20世纪50年代改为鄞县人民医院的严宅

由于这一时期宁波本地报刊多已不存，致使我们难以具体了解人们追悼严康懋的情形。幸运的是，严康懋四女婿赵莱琯先生生前长期保存登载有严康懋出丧情况的1929年11月9日的《时事公报》，并在20世纪90年代亲手将它交给严康懋先生的孙子严令常，笔者才得以了解当时情形。这则题为"严康懋先生之生荣死哀"的报道不仅使我们得以大体了解当时丧礼的情况，而且还从一个侧面反映了当时社会各界对严康懋的评价及其在人们心目中的地位。

---

① 《严康懋先生之生荣死哀》，《时事公报》，1929年11月9日。

　　根据旧时宁波丧礼，大户人家出丧一般在人死后五日进行。这则于严康懋出丧之日出版的报纸，不仅报道了严康懋死后各界人士吊唁与祭奠的情况，而且相当详细地披露了当日出柩行程与路祭之计划，以及甬上各界集议定期在总商会举行追悼大会的消息，文中还选录了一些严康懋生前好友（参见图11-3）送达的"哀挽文词"，相当全面，弥足珍贵。尽管由于报纸的残缺使我们难以知道严康懋追悼会的盛况，但这则报道的存世在一定程度上弥补了这一遗憾。兹将该报道转录于下：

上海煤炭大王谢蘅牕　　　　　　　　　　钱业巨子楼恂如

图11-3　当年来甬参加严康懋祭奠活动的名人

严康懋先生之生荣死哀

　　今日上午八时发引　灵榇暂厝本宅花园　前日成主昨日领帖　沪甬闻人躬集祭奠

　　哀挽屏轴达万余幅　词句哀惋一字一泪　各界筹开追悼大会　先生好善因以感人

参与吊奠之闻人

本市巨绅严康懋，乐善好施，有善人之号，闾阎咸敬仰之。不幸于十一月四日逝世，享年仅五十有二，闻者惜之。今日为严氏出枢之日，昨日沪甬各界纷纷至江东大河桥严宅吊奠。旅沪绅商如徐庆云、谢蘅牕、陈子壎、楼恂如辈，均亲自乘轮来甬致祭。市长罗惠侨、县长陈宝麟、公安局长毛秉礼，以及本市各界领袖，亦均参与祭奠。远近来观者，络绎不绝。十余小时内，大河桥一带，车水马龙，挤得水泄不通。严氏生平慷慨，宜乎死后有斯哀也。

出枢行程及路祭

今日上午八时出枢，由严宅大门排队出西辕门，直到包家道头，过老会馆至后塘街，过奉化江老浮桥，弯宫前折后街，过小江桥，弯方井头，由南昌弄转弯，过塘行街，至钱行街经半边街，转弯过老浮桥，经百丈街，弯木行桥，直出铸坊巷弄，过五河桥，弯黑风弄，过乌龙碶，至府主庙散队。灵枢暂安于严宅后园。闻第一处路祭后塘街，西太保庙，第二处路祭天后宫，第三处路祭钱行街滨江庙，第四处路祭半边街慎生行，第五处路祭公安局三区署，又闻江厦钱业供香甚多，事前至严家接洽有十余家之多；并闻本市各界，集议定期在总商会举行追悼大会云。

哀挽文词之一般

严氏生前事业既多，交友亦广，官商各界，均多知交，因之哀挽屏轴达万余幅，庄严灿烂，琳琅满目，沪绅虞洽卿、方椒伯、孙梅堂、袁礼敦、黄庆澜，闽省府主席陈培琨，津浦路局长孙如皋等，均有哀恸动人的词屏。惜均文长，兹录文词体贴之词屏数首如下：

乐俊宝君之屏："曾记当年同作客，虽非至亲却知音。缘何忽谢红尘去，老友无多痛更深。天道难知是也非，如君慨慷世间稀。况当梓里兼收甚，多少饥寒痛失依。记得今年九月秋，与君邂逅赴同舟。岂知此会成千古，噩耗传来泪暗流。年年几度赋归家，每到君门便下车，此后君门如再过，谁更留我一杯茶。"

郁桂芳①君之联："长于理财，善于用财，故生平之成就也大；宽以容物，博以爱物，宜死后之感泣者多。"

严氏座师孙□之联："今观尔功名富贵等微尘，始觉浮生幻大梦。殊令我痛哭流涕长叹息，只因社会恸斯人。"

陈子壎君之祭文："旧友数晨星，知交惟鲍叔，联袂作壮游，萍踪滞沪渎。君擅亿中才，令我惊且服。平生好行善，芳型更耳熟。老安兼少怀，孤寒饱义粟。叫嚣免催租，扮乡尤蒙福。夹袋储人才，商场广推谷。下至佣厮流，片长无不录。仁者必有寿，斯言何未确。抱病泣归舟，违颜一来复。我欲踵君归，讼偏兴雀角。弥留竟未面，闻耗陡痛哭。客秋丧我兄，今冬君又续。异姓若同胞，分离殊太速。挂剑践遗言，敢让延陵独。挥泪抒哀词，聊当韭露曲。"

同日，《时事公报》（参见图11-4）还登载了由甬上宿儒蔡和锵②所撰的

图11-4　当年《时事公报》的相关报道

1　郁桂芳，字稚庵，贡生，系鄞南乡巨绅，担任过鄞县县议会议员，并在当时甬上许多慈善公益团体担任董事等职。

②　蔡和锵，字芳卿，为民国时期甬上宿儒，清诸生，曾两任省议会议员，并历充本县自治委员、县参事、水利局长等职，热心公益事业，曾在甬上多个慈善公益机构任职。

《严康懋先生行述》一文，蔡和锵以简练的文字对严康懋的一生进行了系统全面的回顾，该文夹叙夹议，可谓言简意赅。兹转录于下：

严康懋先生行述

蔡和锵 撰

君讳英，谱谓正英，字康懋，姓严氏，鄞县人。考讳文周，以商起家。君自少聪颖，读书倍常童，师甚爱之。年十五，文周公卒，君斩焉在疚，不问家人生产事，悉以委诸人。越数年，业渐不振，君奋然曰，吾可以终事笔砚间乎？先人遗业至吾身而失坠，何以为人子？遂弃儒服贾，游资上海。治产积居，量物度时，征贵征贱，家益增值，近且浸浸乎不已，列肆遍沪、杭、甬间，赀雄乡里，称素封焉。

然君生有至性，雅不愿殖财以自封，尝分散于贫交诸昆弟。文周公昆季凡四，其三早弃世，遗孤皆尚幼。君推本所生，初无歧视，辅之携之，俾至于树立；又竟先人未竟之志，建女祀以崇配享；纂谱牒，以联族间；且捐金十万，置田千亩，办义庄，以赡族人之贫乏无告者；设学校于其旁，使寒酸子弟亦不至失教，其推恩于一本之亲，有如此者，表君之心，犹未已也。鄞城东南濒江，有浮桥二，其一建自外人，文周公既白诸当道，筹款赎归。君复厚其基金，周其设备；且立同善会，以司拯济葬埋事，邦人传诵；邑中故有养老堂，孤儿院，自君董其事，名额以扩，室庐以新，衣食以周，老羸孤稚如客得归；岁庚申，吾邑大水，米腾贵，君独设局平粜，又储粟于邻村，嘘枯吹瘠，全活无算；其他除道成梁施药疗疾诸善事，犹难以偻指数也。

君好义若渴，所得资财一以济物为功，终岁所入，自日用外，施诸人者，几十之五六。人或谓君所入几何，而轻财如是？君曰：天地生财，止有此数，吾既有财矣，敢扁钱以自私乎？平日与人交，相孚以诚，不事矫饰，苟有缓急，无不援手，虽千金不吝。亲戚故旧，无资地者有来干谒，则书其名于座右，悬诸心目，视其人之亲疏远近，为之汲引，必使之各得其所，而心始安；即佣、保、杂、厮，藉君之力，衣食于上海者，不知凡几。闻君捐馆舍，莫不垂首而归，怅怅无所之。曰：吾辈今日复何所赖乎？皆痛哭失声，呜呼！君诚一乡之善士也已。

君以民国十八年夏，正十月初四日卒，年五十有二。元配蔡氏，继配黎氏，侧室吴氏，葛氏皆先君卒，惟章氏尚存。子一纲骡，女四。长适蔡，次适李，三适倪，四适赵。孙一，同常。

由于《严康懋先生行述》一文用文言文书就，为便于家人阅读与理解，严康懋孙子严令常曾将该文译为白话文，在此也一并附录于下：

严康懋先生高风亮节概述

严令常　译

先生名讳英，按族谱名正英，字康懋，姓严，宁波鄞县人。先生父亲名文周，做生意发家。

先生从小聪明，领悟力强，成绩远远超过一般儿童，深得老师喜爱。十五岁那年，其父文周公过世，先生内心哀痛，守孝在家，无心过问家中商务，将其一并委托他人代理。这样过了几年，生意收益越来越少，先生猛然醒悟："我怎么可以终日埋头于书本之中，如果祖先留下来的遗产，到我手上中落，我将如何面对列祖列宗？"先生决定不再困守在家读书，出门去做生意。先在上海投资，治理产业，积累资金，量入而出，勤俭持家。资产逐渐扩大，事业蒸蒸日上，兴旺发达，在上海、杭州、宁波等地，开设了一系列店铺，富甲一方，光宗耀祖。

先生生性仁爱，并不满足于独善其身，经常接济同宗共祖的贫困的堂房兄弟。先生父亲文周公有兄弟四人，三位叔伯都已去世，遗留下的子女都还年幼，先生本着都是同根生的亲人，不予歧视，谆谆教导，帮助提携，直至他们成家立业；先生还完成了祖先们想做而未做成的事——增建女祠，节时祭祀叩拜，编纂族谱，立牌位，以联络族人的情谊；捐献十万元，买田一千亩，兴办义庄，以赡养族人中鳏寡孤独、贫苦无助者；在祠堂旁边开办一所学校，使贫穷人家子弟都有机会读书，不至于失学。

先生之善行并不以济助族人为限。宁波东南角紧邻大江，有浮桥两座，其中一座为外国人建造，文周公在世时，游说于社会各方，呼吁收回，并积极筹集资金将该桥赎回归国人所有。文周公过世后，先生进一步增加基金，完善桥梁各种设施；与此同时，先生还组建了宁波"同善会"，以赈灾救济、帮助穷人丧葬事宜为己任，博得宁波百姓交口赞颂；宁波原有的养老堂、孤儿院，自从由先生任董事以后，名额增多了，房屋得到修缮，使老、弱、病、残、孤、寡、幼都能吃饱穿暖，有了一个温暖的家；1920年，宁波闹水灾，市面上米价飞涨，先生独自成立机构，在市场上提供大量平价米，抑制米价暴涨，又在四周农村搭棚施粥，由于救助及时，获救的灾民，不计其数；其他如筑路、造桥、送药、治病等善事，难以一一列举。

先生热心社会公益事业，一年所得收入除自家日常开销外，其余百分之五十至六十都奉献给了社会。有人疑问先生一年收入究竟多少，能如此慷慨。先生回答说："上苍给我的钱财不过这些，我得到这些财产，怎么可以独自享用？"平日待人诚恳，讲究信用，不摆架子，对前来求告者有求必应，即使所求金额巨大的，也毫不吝啬。凡有亲戚朋友前来求助，先生将其名字写于案头之上，以提醒自己。根据与来人亲疏远近的关系，逐一设法帮助解决，直到把求告者妥善安排，处理完毕，才能放下心来。即便是家里佣人、保姆、杂役、书童等人，因先生推荐而到上海谋生者，也难以计算。现在听说先生过世，都赶回家乡参加悼念，悲痛无奈，哀叹：我们今后还能仰赖谁呢？全都失声痛哭。唉，先生真是宁波的大善人也。

先生在民国十八年阴历十月初四日过世，享年五十二岁，正室姓蔡，第二位夫人姓黎，后又娶吴夫人、葛夫人，她们都走在先生之前，只有一位章夫人还健在；儿子名纲骖；有四个女儿，大女儿嫁给蔡家，二女儿嫁给李家，三女儿嫁给倪家，四女儿嫁给赵家；有一个孙子，名同常。

严康懋生前曾出资在鄞县西山为其父母亲营造墓穴，自己的墓则修在鄞东马岭，且颇具规模，其死后即葬于此。20世纪60年代，从马岭移往宁波宝幢永安公墓。1999年，由其后人加以重建。2014年，其孙严令常作《祖父墓葬沧桑》一文，记述了严康懋墓园的沧桑变迁，兹辑录于下：

祖父墓葬沧桑
严令常追记

祖父在世时，曾花费好几万两，为子香公及几位太祖母在宁波西山修建了陵墓，在宁波马岭为自己及几位祖母也建造了寿穴。儿时每逢清明节，我们子孙辈都要带着各种祭品，坐着雇来的大船去坟上烧香祭拜。对孩子们来说，这不仅是缅怀先祖，也是踏青游玩的好时光。在船上吃着各种各样的点心，笑着闹着，欣赏着沿途的野外美景，青山绿水，碧草野花，红、黄、紫、白，色彩缤纷，到了墓区更为兴奋，河边长着绿油油的粗壮乌葱，田上长满了青青的草子，可以尽情采集。西山太公墓造在山腰上，要经过一条相当长的林荫道才能到达。而祖父的坟建在一个坡地上，由上下三层平台呈宝塔形向上耸立，一、二层为墓基，圆形，由汉白玉石栏杆围住，两旁有台阶通向顶层。顶层平台面积约有100平方米，也由汉白玉石栏杆围住，圆顶的坟穴由水泥钢筋浇灌铸成，坟前立有一块长约3米的墓碑，石制的香案供放祭品，香案前有一只祭拜用的石拜垫，坟穴周围种着青松古柏，附设还有坟庄，盖有庄员一家居住的房子，有几亩水田，坡地供其耕种，他们不用交租，每年给扫墓的家眷准备几桌午餐即可。日本鬼子侵占宁波后，在汉奸诱导下，曾想掠夺坟里的墓葬品，但不知为什么没有得逞。抗战胜利后，我们子孙还曾在清明节前往扫墓。以后，扫墓就中断了。大该在20世纪60年代由祖父生前的学生丁雪涛先生（可能他受几位姑母的委托），将祖父的遗骨从马岭移往宁波宝幢永安公墓。丁先生是严家"泰房"小姑婆的丈夫，当时，我们兄弟姐妹几人都自顾不暇，无能力过问此事。

一晃30多年过去了。1998年，我率女儿蓓莉、婿周锋去宁波为父亲扫墓，顺道去宝幢寻觅祖父的坟墓。但永安公墓有十多个墓区，几千个墓葬，没有墓址，去一座一座山头乱找等于大海捞针，时隔半个世纪，人事俱非。踏遍了几个墓区，翻完了一大堆坟墓登记簿，毫无线索，心灰意冷，打算收兵。蓓莉说："来一次也不容易，既来之，则安之，去老区再找一找吧。"在她的鼓动下，我们三人又来到了老墓区。上天不负有心人，真巧碰到了一位老人，他还依稀记得祖父的坟墓就在这个老区，他又热心地陪我们到管理处，刚好是春节，十几个人正聚在一起打牌，他们热情好客，听说是找祖父的坟，立即自告奋勇，放下手中的牌，抄起锄头镰刀，兵分三路陪我们满山遍野地寻找。大概是祖父显灵，约半个小时后，终于在一个山腰处传来了一阵欢呼声，"找到了！找到了！"喜悦之情自不待言，但我们看到的只是一块字迹还依稀可辨的墓碑斜倒在乱草丛中，周围是一片荒冢野坟，景况十分凄凉。谢别了乡亲后，即与各位兄弟姐妹联系，经大家一致议决，移居美国的大哥独自出资一半，其余由国内几个兄弟姐妹承担，在原地重建了祖父的坟墓。1999年，一座比较像样的坟墓终于建起来了（参见图11-5），墓前立了一块墓志铭，前后左右都种了柏树，还交了50年管理费。可惜管理处极少管理，仅几年时光，又是野草丛生，把整个坟地都覆盖了，松树枯萎，栏杆上的狮子头也掉了下来，只得再

图11-5 严康懋孙子严令常、曾孙严效东与严孝达在1999年原地重建的严康懋墓前

232

次修缮。

迁居北京的大姑妈第二个女儿蔡惠珍表姐听说祖父墓碑已被找到，墓穴也已装修一新，非常高兴，不顾已近90岁高龄，亲自前去宁波祭拜，还对我说，今后她会叮嘱居住在上海、江南等地的妹妹们每年去替外公扫墓。

大哥严同常在近几年来也多次从美国回来，去祖父及父母亲坟前祭拜。尤其是2011年借回国为父亲及大妈举办100周年冥诞纪念之际，举家三代十余人特意前往宁波祖父坟前祭拜，以尽子孙不忘先祖的一片拳拳之心。

2012年12月，我回国前往宁波祭奠祖父及父亲坟墓，发现祖父坟前那块两平方米左右的水泥平台已经破碎，坟前两颗松柏也已枯萎，征得大哥同意，由我们两兄弟共同出资6000元，由管理处用耐久的梅园石重新铺设，重新种上好树，胞妹经波、纬波去宁波亲自验收。

我们兄弟远隔重洋，每年回国，必定要到宁波祭拜祖父和父亲的坟墓。但年事已高，坐17个小时的飞机有点难以招架，不知有生之年还能回去祭拜几次，今后恐后继乏人。

十二、流芳后世

　　1929年11月4日，长期患糖尿病的严康懋年过半百便告不治，匆匆离世。但多年来其参与的诸多善事仍在造福家乡父老与当地社会，其影响更是跨越时代，流芳后世，山高水长。长期以来，严康懋其人其事已成为近代宁波商人行善的标杆，具有重要的象征意义，其行为更是有力地影响了当地慈善文化的发展与良风美俗的形成，进而成为推动宁波民间慈善事业发展的强大力量。

　　1908年出生于严家汇头村的严康懋侄女严定仙，早年就读于康懋学校，1939年随丈夫郑勇昌移居日本。郑勇昌也是鄞县人，其父郑余生1887年东渡日本谋生，并于1899年在东京创办中国餐饮维新号。其后，郑勇昌夫妇继承祖业并有了很大发展。他们都热心公益，特别是侨务事业。郑勇昌先后担任东京华侨总会理事、宁波旅日同乡会副会长、会长等职。严定仙则在战后致力于筹建东京华侨妇女会，先后担任副会长、会长，尽力相助困难华侨。期间她热情接待大陆访日人士与团体，并多次组织华侨妇女回国观光旅游。对于家乡，郑勇昌夫妇更是一往情深。20世纪50年代初，鄞县东乡几位渔民在海上遇难，漂流到日本，语言不通，举目无亲。他们得到消息后，立即通过日本红十字会为他们办理了上岸手续，并安排好其生活，使他们感激不尽。1977年，严定仙70岁生日时，不办庆典，而是将节省下来的钱买来彩电与毛毯送给宁波福利院的孤寡老人。1986年，年届八旬的严定仙回乡探亲。家乡的一切都使老人备感亲切，特别是看到她早年就读的康懋学校，老人激动不已，感恩之情油然而生，毅然出资500万日元修复康懋学校（参见图12-1），后又向学校捐赠电教设备。[①]
1994年，钟公庙镇成人职教中心学校迁入学校，存在了近80年的康懋学校终于退出历史舞台。为此，1997年该校在校内立碑纪念。

_____

① 　周千军：《百年辉煌》，宁波：宁波出版社，2005年，第156-157页。

康懋学校纪念碑文

钟公庙镇成人职教中心学校于一九九四年迁入康懋学校。镇政府县教委高度重视教学事业，一九九六年拨款八十五万元并征得严氏后裔同意，拆旧楼，新建教育楼，建筑面积一千二百平方米。康懋学校系严康懋先生捐资十万银圆，创建于一九二零年。先生又名严正英，鄞县严家汇头人，生于一八七八年，卒于一九二九年。先生少年失怙，家道中落，辍学从商，负笈上海，治产积居，量物度时，家业中兴。先生自奉节俭，好义若渴，所得资产多数回报社会：

图12-1 1987年严定仙于康懋学校竣工留念

设义庄，抚恤鳏寡；办学校，培养人才；举办社会公益事业，为后人敬仰传颂。一九八六年旅居日本校友严定仙女士在她八十华诞之际，捐资五百万日元拆建后进平房为二层楼房，为莘莘学子营造良好学习环境。追述康懋学校历史沿革，缅怀先生创学之高尚情怀，以先生为楷模，为教育事业竭尽绵薄。

公元一九九七年五月

风吹雨打，斗转星移，严康懋故后，其后人散居海内外。由于严康懋过早病逝，其孙辈与他大多未曾"谋面"，但耳闻目染，先人严康懋在他们心目中无疑有着崇高的地位与影响。他们都为拥有这样一位受人敬仰的先人而自豪，其强烈的创业精神与慈善公益意识更成为他们事业与人生的标杆与力量源泉。严康懋的孙子、苏州大学法学教授严令常自20世纪80年代起就不辞辛劳，多方收集整理严康懋的相关文献史料，并在严氏后人中广泛宣传。严康懋的外孙、曾任清华大学副校长的倪维斗院士不仅勤奋好学，顽强拼搏，在能源技术领域有杰出的造诣，而且为人师表，注重学生的人格培养，强调做人要与人为善，真诚待人，助人为乐，以帮助与提携同事和学生为乐事，由此赢得了师生的广泛好评与尊敬。据说这位科学巨匠有时去寺院看到教人向善的佛教语句，也会亲自抄给学生使其领悟。2011年11月，清华大学热能工程专业的七位校友为报答师恩，出资300万元，设立清华校友——倪维斗院士奖学励学基金。[①]

1988年，严康懋的孙子、曾任上海工商银行黄浦支行行长的严同常在鄞县钟公庙镇政府召开的商谈会上，代表严氏家族向政府明确表示，将严家村里的祖父故居、康懋学校、严氏祠堂、严氏义庄、谷仓等建筑群全部无偿捐献给国家，由国家统一安排使用。

2010年4月16日，《宁波晚报》刊登了《鄞州钟公庙发现"宁波帮"慈善建筑群》，以后又陆续刊发《专家：价值重大应该保护》《严康懋慈善建筑群拆还是留依然是个问题》等系列报道。随后宁波市文保所专家许孟光和李本挺冒雨对这组建筑群进行了实地考察。他们和浙江省文物局局长鲍贤伦等都纷纷表示，这一建筑群具有较高的文物价值，值得保存。

2011年2月，鄞州区慈善总会会长朱禹宝委托正在编纂《鄞州慈善志》的区委党校杜建海同志起草关于建造鄞州慈善博物馆的建议案，并会同原县人大常委会主任王雅根和徐祖良向区人代会提交，提出将严康懋慈善建筑群修缮改造为慈善博物馆。为此，鄞州区政府召开专题会议，研究如何保护严氏古建筑群。2012年，朱会长等又在区政协会议上提出筹建慈善博物馆的提案，并于2012年5月收到相关答复。

2013年3月，近代宁波帮严氏建筑群修缮工程由区财政拨款600多万元，在鄞州区文管办主管下启动实施。同年10月，经鄞州银行公益基金会理事长陈耀芳沟通后，中共鄞州区委、区人民政府明确由该基金会负责保护、管理、使用该建筑群。后又因在广德湖路以东，泰康路以南，除严氏建筑群外，尚留下10

---

① 王奇：《倪维斗院士口述传略》，北京：清华大学出版社，2012年，第121–123页。

余亩边角土地，规划拟建为街景小公园。为此，鄞州银行公益基金会理事会决定以严氏建筑群为主体，配合原规划总旨，再配建部分建筑，将其建设为以弘扬公益慈善文化为主旨，活化的公益慈善博物公园——善园，集展示、体验、参与、服务于一体，具游览、休闲、教化之功能，在沿袭传统博物馆文字、实物等描述性展示的基础上，更注重当代公益慈善组织与公益慈善活动、项目的运作场景，参观者既可以参观游览又可以体验受教而成为公益慈善志愿者，集收藏研究、宣传交流、教育培训、游览活动于一体，是一个综合性的公益慈善平台与载体，该建议得到区委、区政府领导的认可。

历经一年多的修复，2014年3月，该建筑群已基本恢复历史原貌，圆满竣工。之前2月16日，善园项目收到首笔捐赠：宁波圣龙（集团）有限公司决定捐赠200万元支持该项目的建设，并在集团副总裁罗立成新婚典礼上公布了捐赠信息。这一年，鄞州银行公益基金会总计收到爱心企业、爱心人士为"善园"项目捐赠现金、物资、设施价值近千万元：宁波圣龙集团捐赠200万元，宁波华龙投资建设有限公司捐赠300万元，宁波国骅集团捐赠300万元，宁波神采装饰设计工程有限公司捐赠1.7万元，毕金良先生捐赠价值8.8万元花木，宋汉光先生举办"爱心—善行"光汉堂公益书法展书法作品义卖所得捐赠187万元。

2015年1月8日，浙江蓝海绿业集团设立首期100万元的蓝海绿业（鄞州园林）公益慈善基金会，基金优先用于善园绿化工程的定向采购。3月27日，经宁波市民政局发证，宁波市善园公益基金会登记成立。同年6月，善园建设正式奠基。民国时期的严氏建筑群衍变为今日广德路边公众之"善园"，宁波帮义商严康懋创业聚财、施善散财的故事，成为这个国内首家公益慈善综合体的精神渊源。"善园"将成为宁波慈善公益事业的地标，成为宁波市民善善与共、天下大同的园地。

十三、结语——兼论从商人到善人的生成及其特点

所谓生逢其时，生活在清末民初的严康懋恰逢近代中国经济发展的"黄金时期"。他抓住机遇，奋发有为，艰苦创业，特别是重点投资于当时持续增长、利润丰厚的"朝阳行业"——钱庄业、棉纱业，从而获得了巨大成功，赢得了不菲的财富。据不完全统计，当时严康懋在沪甬投资设立的钱庄几乎都是可以进行汇划业务的大钱庄，而他1922年独资150万元创办懋昌商轮公司更是出手不凡。期间，严康懋经营的地域遍及江浙沪等地，以至时人称其"列肆遍沪、杭、甬间，赀雄乡里，称素封焉"[①]。这充分说明了严康懋的经济实力及在事业上的成功。可贵的是，发达后的严康懋富而思进，富而思善。一方面他没有停止创业的步伐，如同当年作为"富二代"的他没有躺在父辈的功劳簿上而是选择外出创业一样，其创业投资活动几乎贯穿一生；另一方面发迹后的严康懋"不敢偏钱以自私"，他富而好义，乐善好施，慷慨解囊，先族后里，"老安兼少怀"，大力举办各类慈善公益事业，"诚一乡之善士"。时人称严康懋"长于理财，善于用财，故生平之成就也大"[②]。可以说，严康懋一生相当完整地演绎了近代宁波商人聚财与散财的过程。

无独有偶，就在严康懋去世两年前的1927年6月1日发表在宁波《时事公报》上的《敬告宁波商人》一文，对严康懋聚财与散财的人生做了很好的诠释。该文是张其昀为甬上钱业界即将创办的《嘤求》杂志创刊号而写的。作者借此对有握百业枢纽之甬上钱业界提出殷切期望，特别要求钱业诸公"注重公益"。文章称，太史公曰：君子富，好行其德；又曰：富者得势益彰。盖财之为道，一方务在鸠聚，一方务在散发，此即所谓"春风风人，夏雨雨

---

① 蔡和铿：《严康懋先生行述》，《时事公报》，1929年11月9日。
② 蔡和铿：《严康懋先生之生荣死哀》，《时事公报》，1929年11月9日。

人"。若垄断求之，局促守之，以积一人之私蓄，亦何足称哉。四明乡谊最重，轻财乐施，不遗余力，古有义乡之称，凡民生利益，济困扶危之事，大抵枋榆结社，相与维系，订阅规约，有条不紊。"损有余，益不足。"此风俗之所以美也。①聚财与散财，说的就是既善于经商又善于散财，是作者对当时宁波商人的殷殷期望。显然，严康懋在相当程度上做到了这一点。上苍对严康懋似乎相当吝啬，他50多年的人生实在算不上长久。尽管如此，他的一生仍然是相当完美而多彩的。他以自己的行动将聚财与散财的精彩篇章都发挥到了极致，可以说聚财与散财是严康懋人生的两个关键词，其一生相当生动地诠释了两者的深刻内涵及其相互关系。在他看来，只有前者的成功才能为后者奠定基础，而唯有后者才能使前者更有价值与意义。当然，两者并非独立的两个人生阶段。事实上，严康懋在创业不久就开始行善，创业活动更是持续到了他生命的最后时刻。同时，两者在一定程度上也是可以相互转化、相互促进的。在他这里，财富可以转化为德行，而德行更可以成为激发创业的强大力量。财富与德行这一对看似矛盾的两个方面在严康懋身上竟结合得如此完美，这不能不说是一个奇迹。

从商人到善人的转变，商人慈善家严康懋在宁波一地的出现并非偶然，而是有着广泛而深刻的社会基础。至少从清末起，宁波一地慈善事业就高度发达，并形成了以近代商人为主体的慈善家群体，由此推动了慈善事业的发展与进步。史称"甬俗好义，振古称之，地方救济之事抑市井而成"②。尤其是清末民初以来，具有相当经济实力又领风气之先的宁波商人乃至普通民众的社会公益意识日益增强，根据自身力量参与慈善公益事业已成为人们的共识，并在相当程度上成为人们自觉的行动。善风浩荡，正是这种社会共识推动了近代宁波商人积极参与到慈善公益事业中来。无疑，这是近代宁波慈善公益事业得以生生不息的强大动力。仅严康懋家乡铜盆浦一带，清末民初慈善事业就十分兴盛，其中1916年与铜盆浦相邻的桃江慈善桥的修建就充分说明了慈善公益观

---

① 张其的：《敬告宁波商人》，《时事公报》，1927年6月1日。
② 《鄞县通志·政教志》，宁波：宁波出版社，2006年，第621页。

念在当地已经深入人心而受到尊崇，以致人们以此而名、以此而荣。当年该地张、傅诸姓数十人成立以"慈善"两字命名的团体——慈善团，发起在奉化江上新修以"慈善"两字命名的慈善桥（参见图13-1）。此举立即得到了人们的广泛响应与支持，远在镇海的方裕兴等也纷纷捐资捐物。时人称"慈善团非徒博慈善之名，因公益之举而得之也……推此慈善之心，发而为救济天下之事，非特一乡之幸，亦即天下之幸"。一年后大功告成，一座高大结实的三孔石梁桥横跨在奉化江上，为宁波同类桥梁中最大，共费洋7888元余。[①]事后立"慈善可风"与"和衷共济"两通桥碑，以资纪念。至今，两碑仍静静地守候在桥的两旁。无疑，慈善成风的社会环境犹如肥沃的土壤育出参天大树一样，是成就慈善家的必要条件。

图13-1　横跨九曲江上的慈善桥依然挺拔

　　人的思想意识是行动的先导，开明豁达的财富观也是驱使严康懋投身慈善公益事业的重要力量。严康懋曾言："天地生财，止有此数，吾既有财矣，

① 杜建海：《鄞州慈善志·建造慈善桥慈善团序》，杭州：浙江人民出版社，2015年，第84–87页。

敢偏扁钱以自私乎？"①其大意是社会上的财富就这么多，而我一人已拥有如此之多，怎么敢自私自利呢？这几乎是财富"取之于社会，用之于社会"财富观的现代版。发迹后的严康懋正是由于有了这种感恩社会的心态才踊跃从事慈善事业而乐此不疲。这也从一个侧面说明，长期在上海创业的严康懋在欧风美雨侵袭下已程度不同地具有社会公益意识，而与施恩式的传统慈善观有所不同。发迹后的严康懋心存感恩，这成为他积极从事慈善事业的强大动力与不竭源泉。因为在他看来，自己发达后从事善事是应尽的义务，是知恩图报、回报社会的一种方式，唯有如此，"而心始安"②。

时人称严康懋"素性倜傥，乐善不倦，侍奉萱闱，以孝谨闻"③。无疑，家庭因素对严康懋乐善好施也有重要的影响。如上所述，严康懋的父亲严文周就是晚清一个热心公益的甬上绅商，"以赎江北浮桥，有义声于时"④。严康懋担任的一些善堂董事职务即承其父而来。至于严氏义庄，严文周在世时即有此设想，无奈"力有未逮"，所以严康懋设立义庄也是为了"亲承遗训，谨志弗忘……谨遵遗命，拟置田千亩赡养同族之贫苦者"⑤。并表示这是先人之志。而几乎陪伴严康懋一生的母亲卢氏⑥"俭德可风，仁慈成性"，遇善事则又捐金不吝。时人称严康懋"慷慨喜施多本于母教"⑦。卢氏非常支持其夫其子举办善事，"亲族中贫苦者必劝子香先生量力资助，多所温恤"。卢氏六十、七十寿辰时，一贯节俭的她不喜"繁缛之仪"，不设寿宴，而先后将"移寿宴之资"用于弥补官粥厂经费之不足，或开办平粜局，救济贫民，以为纪念。以致人称"太淑人之好善如是，康懋君之善承母志又如是，宜乎德门集

---

① 蔡和铿：《严康懋先生行述》，《时事公报》，1929年11月9日。

② 《严康懋先生之生死哀荣》，《时事公报》，1929年11月9日。

③ 姚家铺：《严母卢太淑人七十序》，《鄞县姚氏宗谱》卷十一，艺文录，第23页。

④ 《鄞县通志·政教志》，宁波：宁波出版社，2006年，第640页。

⑤ 《捐置义庄之请奖》，《时事公报》，1922年3月19日。

⑥ 与丈夫及儿子年过五十即寿终正寝不同，卢氏相当长寿，至少年过七旬时仍相当健康。

⑦ 姚家铺：《严母卢太淑人七十序》，《鄞县姚氏宗谱》卷十一，艺文录，第22页。

庆……"①所以《鄞县通志》称严氏两代为善，严康懋更是发扬光大之，"两世勇于为义，尤美其善继云"②。

尤为重要的是，严康懋从商人到善人的身份转变，或者说两种身份兼而有之，在当时宁波城乡并非个别现象，而是具有相当的普遍性，只不过其中的程度有所差异而已。尤为可贵的是，当时这些商人慈善家创业上合作打拼，善举上相互支持，可谓心心相印，相得益彰，由此成就起宏大的事业。当然就个体来说，严康懋慈善公益事业也具有自己的特点。由于文献的缺少，特别是严康懋行善高峰期的20世纪10年代宁波本地报刊与档案都荡然无存，即使20年代有报刊存世也是存少缺多，加之严康懋为人低调，我们因此难觅其详。但从以上有限的陈述中来看，其慈善事业的特点也是比较明显的。

其一，慈善事业规模庞大。由于严康懋具有较强的经济实力，所以他行善力度特别大。据时人估计，严康懋经商所得除日用外，用于慈善公益事业者"几十之五六"③。一般来说，人们将收入的10%~20%用于公益事业就算是热心公益了，而严康懋如此高地投入慈善公益事业，这无论是在当时还是在当代社会都是相当罕见的。《鄞县通志》称其"邑有公益之举，靡不佽襄以期其成，岁费不赀"④。由此严康懋善举义行为数甚多，金额巨大，影响甚广，至今在宁波城乡仍为人乐道，只是由于文献的缺乏，我们难以全部知晓罢了。

其二，其善事门类齐全。与许多商人侧重于某一方面善举不同，严康懋从事的慈善事业相当广泛，种类繁多。从传统慈善到现代公益，从常态救济到临时救助，其涉足的善事可谓应有尽有，尤其注重于医院、桥梁、水利、监狱、公园等投入较大的公益项目。

其三，行善多与人合力进行而少"单打独斗"。如上所述，严康懋有较强的群体意识，不仅经商投资常常与人合作进行，从事慈善事业也是如此。除

① 姚家镛：《严母卢太淑人六十序》《严母卢太淑人七十序》，《鄞县姚氏宗谱》卷十一，艺文录，第22-23页。
②④ 《鄞县通志·政教志》，宁波：宁波出版社，2006年，第640页。
③ 蔡和铿：《严康懋先生行述》，《时事公报》，1929年11月9日。

家族义庄外，其余所有慈善事业几乎都与人合力进行。

其四，行事低调，注重实效。不图形式，重行动，重实干，崇实务实，处事低调，是近代宁波商人处世行事的显著特点，这在严康懋身上表现得尤为明显。如上所述，严康懋担任了甬上多个慈善公益团体或机构董事等职务，在相关会议上却难觅其身影，更难见其发声。也许是由于文献的缺失，也许是因为严康懋不喜言辞、不善言辞，但我们见到的却是其实实在在的行动，一笔笔具体的善款……时人称严康懋对于应尽的义务总是当仁不让，"苟有缓急，无不援手，虽千金不吝"①。如他担任主持新江桥修理与维护事务的新江桥厂董事（实际上主持工作）数十年，不离不弃，正是他的默默坚守赢得了一方交通的平安。

此外，与其经商常在沪甬两地进行不同，严康懋慈善事业的重心在家乡宁波，或者说基本上是在宁波进行而少有例外。即使他在上海等地也有善举，但为数甚微，至少从现有文献来说是如此，这也许与其晚年长期生活在宁波并有强烈的家乡情结有关。

沧海桑田，一去百年。但历史是公正的，尽管生活在清末民初的严康懋及其善举义行在文献上少有记载，但他至今仍鲜活地活在甬城百姓的记忆中，这不能不说是一个奇迹。近代以来，大批在商业上取得成功的宁波商人悲天悯人，具有强烈的社会情怀与责任意识，纷纷投身慈善公益事业。这不仅有效地改善了社会弱势群体的生存处境，推动了地方公共事业的发展，有力地促进了区域社会的发展与进步，而且彰显了人类的良知与道义的力量，由此弘扬了社会公德，有效提升了人们的社会公益意识，有助于良好社会风尚与价值观念的形成，乃至善风浩荡、流泽后世。这一社会责任群体的形成，显然是地方之幸、社会之幸，他们是名副其实的地方社会脊梁。正是他们为社会弱势群体撑起了一片蓝天，维持了地方社会的秩序与和谐。他们的作为令人敬佩，其社会责任意识更弥足珍贵。以商人慈善家为代表的社会责任群体的崛起，无疑是民

---

① 蔡和铿：《严康懋先生行述》，《时事公报》，1929年11月9日。

初宁波社会得以维系并充满生机与活力的根本原因。

　　这其中，本书主人公严康懋无疑是一个代表。严康懋是一个成功的宁波商人，又是一个受人敬仰的慈善家，两者的完美结合成就了一代商人慈善家。从这个意义上说，严康懋是不朽的。慈善事业的发展是构建和谐社会的重要环节，在大力倡导慈善公益事业的当下，近代商人慈善家的价值取向与行为方式是值得人们回味与尊崇的，特别是其善于聚财又乐于散财的行为取向具有跨时代的意义，对当代企业家更是具有普遍的启示与借鉴意义。从严康懋到当代慈善大家邵逸夫、李达三①，宁波商人的慈善传统可谓一脉相承、绵延不绝。他们不仅具有杰出的商业才华与经营成就，而且形成了不同于西方企业家的道德范本，拥有至今仍然让我们仰视的道德力量。显然，这是我们发展当代慈善事业的重要资源与出发点。我们唯有对这一商人慈善家群体的所作所为进行客观公正的评价，才能恢复历史的本来面目；也唯有如此才能弘扬慈善文化，营造崇善、向善、行善的社会环境，更好地激励今人投身于慈善公益事业。

---

① 李达三，祖籍鄞县莫枝沙家垫，1921年出生于上海，现为香港著名实业家、慈善家。仅2015年度，他就分别向浙江大学、香港大学、香港中文大学、香港科技大学和宁波大学捐资1亿元，另向复旦大学捐资1.2亿元，还向宁波诺丁汉大学捐资2000万元。

附　录

附录一　严母卢太淑人六十序

姚家镛

　　岁十月有事会于甬上，客曰月之有四日，康懋严君母卢太淑人六十帨旦，诸君登堂肃拜，宜合制屏障以为寿。康懋君避席而与曰：洗腆致庆，人子幸事，顾奉家慈命不设宴，不敢烦诸君，且懋自惟能微德薄，不克遂显扬志。昔人有言，子之孝不如率妇以为孝，妇之孝不如率孙之孝以为孝。今懋年三十有奇，而再索得女，未报添孙，益无以博堂上欢庆之举，谨不敢以烦诸君。余曰是何言欤，自来德弥盛者心弥下，未有寿母而自喜称庆者，是在为人之子心思以表扬其徽媺，发其寿征，于是乎有征文之事。余交康懋君久，稔知太淑人之淑德懿行，请为诸君略诵之。元配某太淑人早逝无出，太淑人二十来归时，姑某太淑人犹在堂。太淑人奉侍唯谨，克娴妇道，甘旨滫髓必洁，寒燠疴痒必问，十八年如一日。某太淑人卧病数月，太淑人衣不解带，奉侍汤药无倦容，弃养之日哭泣尽哀，凡附身附棺必亲必信，春秋祀事尤能馨萍洁藻，曲尽礼文。子香先生兄弟五人，太淑人处娣姒之间，遇事争先恐后，不辞劳勤，虽析居异爨，欢如一家。严氏世居东乡，家风淡泊。太淑人躬操井臼，内助有方，子香先生频年在外，得以专心营运，无内顾之忧者，太淑人之力为多。厥后家业日隆，乔迁于江东大河桥，门楣焕改。而太淑人钗荆裙布，无异曩时，盖其性喜节俭，出于自然，而慈祥恺恻，遇善事则又捐金不吝。严姓向无宗祠，子香先生捐资创建，太淑人实赞成之。亲族中贫苦者必劝子香先生量力佽助，多所温恤。子香先生病亟时，太淑人祷于楮木庙，见垣宇倾颓，基址湫隘，志欲兴修，而未敢出诸口也。夜梦，神谓己曰：汝夫天年已尽，然汝一念之善，上帝已知，当命汝子力成之。今是庙丹楹刻桷，焕然一新，实康懋君奉命重修，则太淑人好善之诚，神明且鉴之矣。康懋君堂构肯承，益恢先绪，而慷慨喜施多本于母教。凡里之矜孤恤寡，振乏赒穷，与夫除道梁津，设会拯火诸善举，罔不捐资兴其事。至若葺宗谱以竟先志，建祖堂以续前功，则又皆次第施行，而其所最著者莫如革除粮弊一事，乡之人称道其德勿衰。夫以太淑人之好善如是，康懋君之善承母志又如是，宜乎德门集庆，蔚为休征。太淑人之享此寿者，固非偶然，而天之所以福严氏者，且未有艾。今康懋君以德薄自谦，又以兰芽晚苗引为己咎。余考子香先生康懋君时年三十有六，是严氏得子多晚年，康懋君又焉用此介介为。且康懋君独不闻袁了凡先生有立命说乎，人间功名福寿子孙皆可由自己立愿求之者。太淑人寿辰既不设宴，亦宜留一事以为纪念，余闻宁郡今冬官粥厂经费不敷尚巨，请移寿宴之资以济粥厂之用，则千百辈穷黎之饱德岂不愈于吾侪二三知己之一醉乎。康懋君欣然色喜，曰诺哉，谨受教。客曰不亦善乎，所谓一举而两美具者也，是不可无文以纪之，余因诠次其述答之言而为之序。

附录二　严母卢太淑人七十序

姚家镛

先哲有言，吉人为善，惟日不足，又曰孝子爱日日之为义大矣哉。夫积日而成月，积月而成年，积年而成寿，寿以十进其为日也多矣。孝子之事，其亲者非一日，孝子之为善，以事其亲者非一日。此纪年之作所由昉欤。余友康懋君素性倜傥，乐善不倦，奉侍萱闱，以孝谨闻。犹忆上章阉茂之岁，为其母卢太淑人周甲，令旦同人合制屏障，丐余一言以为寿。春晖荏苒，又届太淑人七十祝嘏之期，诸同人复以序相属余。维太淑人生长名门，来嫔望族，其一切家世于夫六十年前之淑德懿行，余前序已详言之。今请叙六十年以后之事，此十年中太淑人之福寿增加，康懋君之为善以事其亲者亦日益增加，有扩充其所已为者，有增益其所未为者，是不可以不纪。严氏向无宗祠。自曾翁子香先生创建祖堂，至康懋君聿新祠宇，克竟前功，然奉男主而不及女主，太淑人见之意不谓然。康懋君乃于祠后增建女祠，后寝前堂规模相埒。是康懋君孝慰太淑人之心，而能上逮祖妣，旁及宗妇者也。近复于宗祠左侧创设康懋国民学校，俾族中子弟及乡里儿童咸得肄业。其中事详上宪，深加褒奖。严氏世居东乡，迨家业隆起，乔迁甬东大河桥。康懋君乃于宅之右畔，增筑层楼三间，模仿西式，丹刻精工，庭前叠石为山，引流为池，莳以花木。每当风月佳时，康懋君奉太淑人游玩其中，乐叙天伦，以娱晚景。近复于其宅后畔拓地十亩，筑室百堵，鸟革翚飞，大启尔宇，将以奉养太淑人，吉协斯干，颂符张老。盖既有德以润身，宜其有富以润屋也。太淑人方六十时常以兰牙晚苗引为切忧，今则文孙纲骡已露头角，韩姑相攸，聘有俞女。鄞俗妇从子称，预想古稀晋祝，孙妇新来，下拜嵩呼，欢然四代，太淑人见之，其欣忭为奚若耶。然而太淑人俭德可风，仁慈成性，先事预筹，谆切告诫。今夏宁郡米价翔贵，贫民粒食维艰，太淑人谓康懋君曰：洗腆之礼固人子所不废，繁缛之仪乃余所不取，当为余开办平粜，留一纪念。康懋君奉命唯谨，独力认办甬东一局，粜米数千石，饥民赖以全活者甚众。回视六十时之寿筵移账，其气象又不侔矣。夫以太淑人之乐善如是，康懋君之为善以事其亲者又如是，宜其盛德致福，美意延年，行见兰桂腾芳，桑榆添景，由耄而耋而期颐，其善量之充周不更与日而俱进也哉。

附录三　《四明贫儿院第一期报告册》

一组旧照片（略）

四明贫儿院章程

第一条　本院募集捐款教养赤贫儿童定名曰四明贫儿院。

第二条　本院专收贫苦儿童施以教养俾成人后得有处自立能力。

第三条　本院成立以来基金未集收养贫儿暂定五十名。

第四条　本院经费全赖捐款，其捐款分为四种：

（一）常年教养捐　诸大善士乐认常年之教养捐。

（二）常年维持捐　诸大善士乐认常年之维持捐。

（三）特别捐　诸大善士驾院或劝募之特别乐捐。

（四）临时捐　诸大善士喜庆筵资酬赠礼物移作捐以及书籍、衣物、食物、药品及其他一切什物等类之乐捐。

第五条　贫儿入院资格：

（一）须在七岁以上十一岁以下者。

（二）其亲属确无抚养能力者。

（三）无恶疾者。

第六条　贫儿入院须由其亲属或关系人带领至贫儿院报名检查身体，俟本院许可后即由其亲属或关系人亲具保证书及介绍人盖章。

第七条　贫儿入院之保证

（一）所保送之贫儿实系来历分明亲属确实无抚养能力者，如有欺诈，一经查出须向保证人按月追取教养费五元。

（二）如贫儿已入院其亲属欲半途领回者听其自由。

（三）贫儿入院后无论何人不得来院干涉，抚养至十四岁年终期满，交保证人领回。

（四）贫儿如有疾病死亡或其他不测情事，此系天命，不得无理向院要求。

（五）贫儿如品德不端、万难造就者，本院得随时交保证人领回。

（六）贫儿倘有私自出院而迷失路径者由院函知人嘱该家属自寻，本院不负责任。

第八条　本院设有小学，学科成绩之考查分为四等：

（一）最优者，列甲等。

（二）优者，列乙等。

（三）次者，列丙等。

（四）劣者，列丁等。

列丙等以上者为及格，列丁等不及格，不及格者补习之。

第九条　本院设院长、副院长各一人，总摄全院事务由常务，委员会推选之。

第十条　本院设总务主任一人，辅助院长主理院务，由院长聘任。

第十一条　院长副院长以两年为一任期，连选得连任。

第十二条　正副院长均义务职。

第十三条　院内职务分三系：

（一）教育系。

（二）事务系。

（三）养护系。

第十四条　教育系设主任一人，教员若干人；事务系设主任一人，会计兼庶务一人；养护系设主任一人，保姆若干人。

第十五条　教育系专司院内负有教授训练管理之责任。

第十六条　事务系专司院内事务负有登记簿、记调制、各种支付表册及购备需用物件、支配夫役工人之责任。

第十七条　养护系专司贫儿衣服、饮食、居住、游戏、疾病、清洁之责任。

第十八　各系职员听各系主任之指挥，助理各系主管职务。

第十九条　院内支出银钱除经常用费外，遇有临时支出，须经院长或副院长之许可，方准支付。

第二十条　凡院员兼职不另给薪。

第二十一条　各系职员非有不得已事故，不准撤离职守。

第二十二条　各系员有事告假，经院长或副院长之许可，其假期不得逾五天。

第二十三条　本院委员若干人，推选绅商学界之有德望者充之。

第二十四条　委员中推选一人为委员长，一人为副委员长。

第二十五条　委员中推选若干人为常务委员。

第二十六条　委员中推选二人掌管储金及院产契券等件。

第二十七条　委员负有监督院务及募捐责任。

第二十八条　常务委员每月开会一次，遇有要事得临时召集之。

第二十九条　各项捐款由常务委员到院随时稽考收数，有疑议，报告院长彻底清查。

第三十条　本院各项及收支账目每年终编印报告，分送诸大善士，以资征信。

第三十一条　本院地址设在宁波江东清节堂跟。

第三十二条　本章程如有未尽事宜得修改之。

四明贫儿院收容贫儿保证书

具保证书　今有贫儿　家世清白亲属确无抚养能力，蒙贵院收留教养至深铭感一切，愿遵章办理，设有违背及其他不规则行为听凭撤退出院，不幸有疾病不测情事，该贫儿亲属决不向院交涉。除将该贫儿年岁籍贯另行开列外，合具保证书，惟希公鉴，此呈。

四明贫儿院　台执

计开

贫儿姓名　　　　年　　　岁

亲属

民国　　　年　　　月　　　日具保证书

介绍人

本院委员一览表

丁忠茂	方佩绅	方稼荪	方选青	方季扬	王伯元	王逢年
王允甫	王鞠如	孔云生	朱永康	朱旭昌	吕介堂	李连璇
李祖椿	李寿山	李震棠	李春枝	吴梅卿	吴震山	吴廷范
余楣良	余葆三	邵芷湘	邵兼三	周宏生	周炳生	周季欢
周静斋	卓葆亭	林芹香	施仰三	施骏烈	陈蓉馆	陈子壈
陈南琴	陈兰荪	陈祥华	陈渭泉	陈笙龄	徐蔼堂	徐铺笙
徐永炎	徐庆云	孙瑞甫	孙祥箎	泰润卿	秦鱼介	梁藜青
梁伯鼐	梁葆青	袁端甫	袁书霖	胡景庭	翁仰青	夏镜沦
凌伯麟	陆卓人	张云亭	张康年	张性初	张祖英	盛松琴

续表

盛嵩观	盛筱珊	费瑚卿	费善本	郭渔笙	傅洪水	傅松年
裘霞如	闻申狱	董占春	赵文焕	赵占绶	郑一柔	叶贯一
刘文昭	刘祖卿	应佐卿	楼其樑	谢韬甫	戴宸纶	边瑞馨

本院已故发起人一览表

姓名	字	年岁	籍贯	职务	任职年月	备注
董嘉	惟扬	61	鄞县	筹备主任	十五年	发起人
严英	康槑	52	鄞县	委员长	十七年八月	发起人

本院常务委员一览表

姓名	字	籍贯	职务	任职年月
楼舜儒	恂如	鄞县	常务委员长	十八年十一月
俞佐廷	佐庭	镇海	副委员长	十七年八月
方积钰	式如	镇海	常务委员	十七年八月
柳贤栎	良材	鄞县	常务委员	十七年八月
俞煌	佐宸	镇海	常务委员	十七年八月
夏晋锡	锦	镇海	常务委员	十七年八月
张开震	善述	镇海	常务委员	十七年八月
周涛	巽斋	鄞县	常务委员	十七年八月
周汝俊	子材	镇海	常务委员	十七年八月
陈锡英	祥余	鄞县	常务委员	十七年八月
梁孝伦	晨岚	鄞县	常务委员	十七年八月
洪绍箕	宸笙	鄞县	常务委员	十七年八月
陈效煌	元晖	鄞县	常务委员	十七年八月
赵安浩	恩琯	鄞县	常务委员	十七年八月
包科儱	鞠庭	鄞县	常务委员	十七年八月
董	建候	鄞县	常务委员	十七年八月

本院教职员一览表

姓名	字	年岁	籍贯	职务	任职年月
俞煌	佐宸	38	镇海	院长	十七年八月
夏替锡	锦驷	51	镇海	副院长	十七年八月
吴昌	子祺	58	鄞县	总务主任兼事务	十五年三月
周英	文哉	42	鄞县	会计员兼庶务	十八年二月
袁可达	梦鹤	56	鄞县	助理员兼文牍	十八年一月
朱梅菴	罙庵	27	鄞县	义务主任	十八年二月
周世康	遗夫	47	奉化	级任教员	十八年二月
汪崇周	成校	33	奉化	级任教员	十八年二月
董元夏		28	鄞县	党义教员	十八年二月
董雅春		26	鄞县	音体教员	十八年二月
罗永顺		28	杭州	西乐教师	十八年五月

义务医士一览表

姓名	医别	科别	住址
范文甫先生	中医	内科	江东包家道头
吴涵秋先生	中医	内科	城区应家弄
陈保真先生	西医	内外科	城区保真医院
陈苓勋先生	西医	内外科	江东普仁医院
姚和清先生	中医	眼科	江东百丈街

收支清册

自乙丑八月发起至己巳十二月止收款项。

收款一览表

（收特捐）

楼其梁君经募			
蛋业承余堂	洋一百元	仁孚公司	洋五十元
培孙氏	洋一百元	楼刘氏	洋五十元

共计洋三百元

续表

秦润卿君经募			
慎余堂	洋二百五十元	抹云楼	洋二百五十元
共计洋五百元			

顾元琛君经募			
和丰纱厂	洋一百元	顾元琛君	洋一百元
共计洋二百元			

傅洪水君经募			
味根堂章	洋二百元	无名氏	洋三百元
共计洋五百元			

陈子壎君经募			
锡嘏堂谢	洋二百元	余庆堂王	洋一百元
世锦堂黄	洋一百元	三槐堂王	洋一百元
共计洋五百元			

方式如君经募			
方丛桂轩	洋五百元	河南郑氏	洋二百元
卓记	洋一百元	见记	洋一百元
安记	洋一百元		
共计洋一千元			

李寿山君经募			
慎德堂	洋四百元	无名氏	洋一百元
共计洋五百元			

余葆三君经募			
达丰染织厂	洋六十元	方福顺君	洋四十元
倪永记君	洋廿元		
共计洋一百廿元			

徐镛笙君经募			
和丰纱厂	洋五十元	通利源	洋五十元
共计洋一百元			

续表

应佐卿君经募			
无名氏	洋二百元	无名氏	洋五十元
无名氏	洋二百元	无名氏	洋四元
无名氏	洋五十元		

共计洋五百零四元

盛筱珊君经募			
敏慎轩	洋三百元	涵虚斋盛	洋三百元

共计洋六百元

张琴轩君经募			
葛鸿生君	洋二百元	夏明科君	洋三十元
张记	洋二百七十元		

共计洋五百元

刘召棠君经募			
福和盛	洋二十元	同生仁	洋十元
广生泰	洋十元	恒聚栈	洋十元
孙乐堂	洋十元	东泰恒	洋十元
春泰	洋十元	春源	洋十元
合盛兴	洋十元	泰源	洋十元

共计洋一百一十元

郭福生君经募			
上海杂粮经纪公会	洋三十元	明德堂	洋二十元
源康行	洋十元		

共计洋六十元

竺献甫君经募			
公昌庄	洋十元	俞菊卿君	洋十元
慎泰号	洋十元	恒德号	洋十元
恒大号	洋十元	宏源号	洋十元
施振惠君	洋十元	慎源号	洋十元
协源号	洋十元	新记号	洋十元

共计洋一百元

续表

徐庆云君经募			
徐庆云君	洋五百元		
共计洋五百元			

吴梅卿君经募			
鸿兴泰记	洋一百元	鸿泰号	洋三十元
吴梅卿君	洋五十元	刘骏卿君	洋二十元
又海利公司临时股票二纸计二百元，该公司已闭歇，每股派得七角七分四，洋一元五角四分八厘		徐荣卿君	洋一百元
共计洋三百零一元五角四分八厘			

朱继良、朱书甫、朱继善君经募			
朱武武	洋二百元		
共计洋二百元			

张性初君经募			
陈寿生君	洋十元	温州永兴福公司	洋二十元
姚公兴	洋二十元	慈公兴	洋十元
张智房	洋四十元		
共计洋一百元			

周季欢君经募			
周季欢君	洋一百元		
共计洋一百元			

徐蔼棠君经募			
两宜轩	洋一百元	柏记	洋一百元
蔼记	洋一百元		
共计洋三百元			

施骏烈君经募			
思补轩施	洋一百元		
共计洋一百元			

续表

<table>
<tr><td colspan="4" align="center">朱旭昌君经募</td></tr>
<tr><td>朱旭昌君</td><td>洋五十元</td><td></td><td></td></tr>
<tr><td colspan="4">共计洋五十元</td></tr>
<tr><td colspan="4" align="center">陈龄笙君经募</td></tr>
<tr><td>陈星记</td><td>洋五十元</td><td>达丰厂</td><td>洋二十五元</td></tr>
<tr><td>振泰纱厂</td><td>洋二十五元</td><td>陈龄笙君</td><td>洋五十元</td></tr>
<tr><td colspan="4">共计洋一百五十元</td></tr>
<tr><td colspan="4" align="center">叶贯一君经募</td></tr>
<tr><td>叶陈恩君</td><td>洋三百元</td><td>叶惟宏君</td><td>洋一百元</td></tr>
<tr><td>葛鸿荪君</td><td>洋一百元</td><td>叶贤刚君</td><td>洋二十元</td></tr>
<tr><td>朱安甫君</td><td>洋二十元</td><td></td><td></td></tr>
<tr><td colspan="4">共计洋五百四十元</td></tr>
<tr><td colspan="4" align="center">傅丕烈君经募</td></tr>
<tr><td>华兴石印局</td><td>洋二十元</td><td>同泰祥茶栈</td><td>洋二十元</td></tr>
<tr><td>春茂和号</td><td>洋五元</td><td>北洪泰号</td><td>洋五元</td></tr>
<tr><td>傅丕烈君</td><td>洋五十元</td><td></td><td></td></tr>
<tr><td colspan="4">共计洋一百元</td></tr>
<tr><td colspan="4" align="center">董惟扬君经募</td></tr>
<tr><td>勤业堂方</td><td>洋三百元</td><td>承志堂方</td><td>洋二百元</td></tr>
<tr><td>团记</td><td>洋三百元</td><td>善记</td><td>洋五十元</td></tr>
<tr><td>厚记</td><td>洋五十元</td><td>拯记</td><td>洋五百元</td></tr>
<tr><td>方稼记</td><td>洋五百元</td><td>王廷记</td><td>洋五十元</td></tr>
<tr><td>梅鹤记</td><td>洋五十元</td><td>莲记</td><td>洋五十元</td></tr>
<tr><td>胡传训君</td><td>洋三十元</td><td>诸大善士</td><td>洋四百十五元零六分八</td></tr>
<tr><td colspan="4">共计洋二千四百九十五元零六分八厘</td></tr>
<tr><td colspan="4" align="center">吴震三君经募</td></tr>
<tr><td>诸大善士</td><td>洋八百五十元</td><td></td><td></td></tr>
<tr><td colspan="4">共计洋八百五十元</td></tr>
</table>

续表

李春枝君经募			
诸大善士	洋五百元		
共计洋五百元			
王鞠如君经募			
荣宗敬君	洋一百元	郑培之君	洋一百元
朱祺祥君	洋二百元	严如龄君	洋五百元
无名氏	洋一百元	郭纯嘏堂	洋一百元
余荫堂	洋二百元零二元一角七分七厘		
共计洋一千三百零二元一角七分七厘			
刘祖卿君经募			
朱孟房	洋二百元		
共计洋二百元			
楼恂如君经募			
诸大善士	洋七百零五元一角一分九厘		
共计洋七百零五元一角一分九厘			
袁书霖、胡叔田二君经募			
洋货公所	洋四百元		
共计洋四百元			
吴廷范君经募			
诸大善士	洋九百五十一元九角六分五厘		
共计洋九百五十一元九角六分五厘			
边瑞馨君经募			
诸大善士	洋五百零四元七角八分七厘		
共计洋五百零四元七角八分七厘			

续表

盛松观君经募			
诸大善士	洋五百元		
共计洋五百元			

江晖午君经募			
江晖午君	洋二十元		
共计洋二十元			

徐永炎君经募			
徐永炎君	洋五百元		
共计洋五百元			

张云亭君经募			
张云亭君	洋五百元		
共计洋五百元			

周炳文君经募			
周炳文君	洋五百元		
共计洋五百元			

丁桂荪君经募			
无名氏	洋二十元		
共计洋二十元			

刘梦雷君经募			
崇义堂	洋三十元	涵养书屋	洋二十元
共计洋五十元			

戚启运君经募			
寿春轩	洋二十元	大善士	洋五十元
冯君	洋一元	无名氏	洋十元
李子标君	洋一元	李宝庭君	洋一元
赵世芳君	洋一元	赵世忠君	洋一元
李子樑君	洋一元	陈瑞德君	洋一元
王桂香母	洋十元	张金生君	洋一元
洪渭卿君	洋一元	董春华君	洋一元
共计洋一百元			

续表

柳良材君经募			
柳王氏	洋一百五十元	谦恕堂周	洋一百元
共计洋二百五十元			

俞佐庭君经募			
诸大善士	洋一千元		
共计洋一千元			

王伯元君经募			
诸大善士	洋五百元		
共计洋五百元			

沈苣舫君经募			
沈祚延、李介如、陈承遵三君	洋五十元	陈亦候君	洋五元
		沈苣舫君	洋五元
共计洋六十元			

孙恭甫君经募			
诸大善士	洋五百元		
共计洋五百元			

洪沧亭君经募			
洪孝岳君	洋五十元		
共计洋五十元			

陈鹤年君经募			
福泰号	洋八元	泰茂行	洋八元
新昌号	洋五元	姚常杯君	洋二元
王顺昌君	洋一元	徐启丰君	洋一元
殷启堂君	洋一元	殷富根君	洋一元
陈蓴研君	洋五元		
共计洋三十二元			

曹庆生君经募			
汤文卿君	洋三十元	曹庆生君	洋七十元
共计洋一百元			

续表

夏镜沧君经募			
寿益堂	洋三百元	患余生	洋二百元
共计洋五百元			

陆卓人君经募			
俞福藩君	洋二百元	蒋志刚君	洋一百元
林咏记君	洋一百元	积厚堂吴	洋一百四十元
贺其良君	洋三十元	吴波臣君	洋三十元
邵祥荣君	洋二十元	胡芝棠君	洋十元
颜舜昌君	洋十元	潘嘉禄君	洋十元
共计洋六百五十元			

干安澜君经募			
无名氏	洋一百元		
共计洋一百元			

刘四海君经募			
刘人房	洋二十元		
共计洋二十元			

方佩绅君经募			
张恒源君	洋五十元	无名氏	洋五十元
余姚五属公廒	洋一百元	岱山五属公廒	洋一百元
成丰庄	洋二十元	邹富房	洋十元
万成行	洋十元	宁属盐公所	洋二十元
方佩绅君	洋五十元	方若愚君	洋四十元
方辅臣君	洋五十元		
共计洋五百元			

张善述君经募			
思辅轩张	洋三百元	恒省居赵	洋二百元
精一堂	洋一百元	敏慎堂	洋一百元
精勤堂	洋一百元	上海承裕庄	洋五十元
谢韬甫君	洋五十元		

续表

承志堂方	洋二百元		

共计洋一千一百元

陈渭泉君经募

同益号	洋五十元	大昌号	洋二十元
源泰号	洋二十元	洽兴和号	洋五十元
余记号	洋二十元	晋丰号	洋三十元
瑞大号	洋二十元	九章号	洋二十元
长丰泰号	洋二十元	复大号	洋十元
周堮卿君	洋二十元	天胜泰号	洋二十元
永丰号	洋二十元	卢龄生君	洋二十元
纬纶厂	洋十元	郑联生君	洋二十元
钟宗尧君	洋十元	郑武帮君	洋五十元
裕丰行	洋二十元	厚丰泰号	洋二十元
德丰号	洋十元	钱容伯君	洋十元
董贤德君	洋十元	陈渭泉君	洋五百元

共计洋一千元

梁文臣君经募

大连鼎新号	洋二百元	营口日新昌号	洋一百元
忻云卿君	洋二百元	林篯寿君	洋五十元
正谊堂	洋五十元	承善堂	洋五十元
公善记	洋一百元	镇康公司	洋一百元
正大行	洋三十元	公益银号	洋五十元
梁文臣君	洋一百元		

共计洋一千零三十元

郭渔笙君经募

郭纬房	洋二百元		

共计洋二百元

胡保年君经募

无名氏	洋一百元		

共计洋一百元

续表

陈蓉馆君经募			
裕昌公司	洋一百元	许州万顺丰	洋十元
张思瓒君	洋二十元	漯河万顺丰	洋十元
杨绦庭君	洋五元	马店万顺丰	洋十元
张开骠君	洋五元	荣兴公司	洋五元
汉口德丰庄	洋十元	汉口承德庄	洋十元
汉口志丰庄	洋五元	普海春号	洋十元
项崇洁堂	洋一百元	陈蓉馆君	洋一百元
陈来孙君	洋一百元		

共计洋五百元

陈子壎君经募			
思慎堂	洋一百元	涵养轩	洋一百元
耕义堂	洋二百元	徐承勋君	洋一百元
王养安君	洋一百元	承启堂沈	洋一百元
余庆堂秦	洋五百元		

共计洋一千二百元

方作舟君经募			
双桂堂费	洋一百元	叶成范君	洋五十元
陈楚江君	洋二十五元	元丰纱号	洋十五元
孙联笙君	洋十元	达丰厂	洋二十五元
新康号	洋二十五元	无名氏	洋二十五元
无名氏	洋十元	无名氏	洋二十五元
颐大号	洋二十元	陈剑臣君	洋十五元
杨鼎臣君	洋二十五元	劳艺文君	洋十元
纱布交易所	洋五十元	陈志乾君	洋十元
陈宁荃君	洋二十元	化诚号	洋二十元
大孚号	洋十元	吴恂卿君	洋二十元
应仁兴君	洋二十元	徐紫绶君	洋二十元
方作舟君	洋五百元		

共计洋一千零五十元

续表

<table>
<tr><td colspan="4" align="center">石伯棠君经募</td></tr>
<tr><td>石伯棠君</td><td>洋一百元</td><td></td><td></td></tr>
<tr><td colspan="4">共计洋一百元</td></tr>
<tr><td colspan="4" align="center">李震棠君经募</td></tr>
<tr><td>诸大善士</td><td>洋三百元</td><td></td><td></td></tr>
<tr><td colspan="4">共计洋三百元</td></tr>
<tr><td colspan="4" align="center">张炯伯君经募</td></tr>
<tr><td>青岛中国银行</td><td>洋二十元</td><td>交通银行</td><td>洋十元</td></tr>
<tr><td>东莱银行</td><td>洋十元</td><td>山东省银行</td><td>洋五元</td></tr>
<tr><td>青岛山东商业银行</td><td>洋三元</td><td>青岛明华银行</td><td>洋十元</td></tr>
<tr><td>青岛大陆银行</td><td>洋五元</td><td>青岛德聚东号</td><td>洋五元</td></tr>
<tr><td>会昶祥号</td><td>洋三元</td><td>青岛政合永号</td><td>洋三元</td></tr>
<tr><td>青岛源生泰号</td><td>洋三元</td><td>徐元伯君</td><td>洋三元</td></tr>
<tr><td>青岛荣德庄</td><td>洋三元</td><td>合和栈</td><td>洋三元</td></tr>
<tr><td>陈宗光君</td><td>洋十元</td><td>陈性墀</td><td>洋十四元</td></tr>
<tr><td colspan="4">共计洋一百一十元</td></tr>
<tr><td colspan="4" align="center">范秉成君经募</td></tr>
<tr><td>祝兰芳君</td><td>洋二百元</td><td>祝雨亭君</td><td>洋五十元</td></tr>
<tr><td>无名氏唐</td><td>洋五十元</td><td></td><td></td></tr>
<tr><td colspan="4">共计洋三百元</td></tr>
<tr><td colspan="4" align="center">王逢年君经募</td></tr>
<tr><td>天津老九章</td><td>洋一百元</td><td>上海老九章</td><td>洋一百元</td></tr>
<tr><td>卷葹斋</td><td>洋一百元</td><td></td><td></td></tr>
<tr><td colspan="4">共计洋三百元</td></tr>
<tr><td colspan="4" align="center">周子文君经募</td></tr>
<tr><td>致祥庄</td><td>洋二十元</td><td>桐荫室严</td><td>洋五十元</td></tr>
<tr><td>义泰号</td><td>洋十元</td><td>德昌庄</td><td>洋二十元</td></tr>
<tr><td>源昇庄</td><td>洋三十元</td><td>隐名氏</td><td>洋五元</td></tr>
<tr><td>无名氏</td><td>洋五元</td><td>无名氏</td><td>洋五元</td></tr>
</table>

续表

无名氏	洋五元	无名氏	洋五元
无名氏	洋五元	无名氏	洋五元
无名氏	洋十元	无名氏	洋五元
林协记	洋十元	徐荣记	洋十元
无名氏	洋五元	无名氏	洋五元

共计洋二百一十元

严康懋、董惟扬君经募

天益庄	洋一百元	益康庄	洋一百元
春源庄	洋一百元	瑞康庄	洋一百元
敦裕庄	洋一百元	鼎丰庄	洋一百元
汇源庄	洋一百元	元益庄	洋一百元
元亨庄	洋一百元	景源庄	洋一百元
鼎恒庄	洋一百元	保慎庄	洋一百元
晋恒庄	洋一百元	长源庄	洋一百元
成丰庄	洋一百元	资大庄	洋一百元
瑞余庄	洋一百元	慎康庄	洋一百元
丰源庄	洋一百元	衍源庄	洋一百元
元大庄	洋一百元	保春庄	洋一百元
信源庄	洋一百元	裕源庄	洋一百元
恒生庄	洋一百元	钜康庄	洋一百元
同慎庄	洋一百元	恒孚庄	洋一百元
慎丰庄	洋一百元	永源庄	洋一百元
泰涵庄	洋一百元	彝泰庄	洋一百元
泰生庄	洋一百元	彝生庄	洋一百元
余丰庄	洋一百元	惟康庄	洋三十一元二角五分
汇通庄	洋三十一元二角五分	丰和庄	洋三十一元二角五分
惠余庄	洋三十一元二角五分	镇泰庄	洋三十一元二角五分
恒春庄	洋三十一元二角五分	恒康庄	洋三十一元二角五分
瑞丰庄	洋三十一元二角五分	安泰庄	洋三十一元二角五分

续表

同康庄	洋三十一元二角五分	泰巽庄	洋三十一元二角五分
源源庄	洋三十一元二角五分	瑞源庄	洋三十一元二角五分
通泰庄	洋三十一元二角五分	元成庄	洋三十一元二角五分
通源庄	洋三十一元二角五分	恒祥庄	洋三十一元二角五分
宝源庄	洋三十一元二角五分	升泰庄	洋三十一元二角五分
慎成庄	洋三十一元二角五分	承源庄	洋三十一元二角五分
恒源庄	洋三十一元二角五分	慎祥庄	洋三十一元二角五分
慎余庄	洋三十一元二角五分	保和庄	洋三十一元二角五分
仁和庄	洋三十一元二角五分	宝兴庄	洋三十一元二角五分
源吉庄	洋三十一元二角五分	慎昌庄	洋三十一元二角五分
慎益庄	洋三十一元二角五分	恒大庄	洋三十一元二角五分
资新庄	洋三十一元二角五分		

共计洋四千五百元

马佑康君经募

舟山电气公司	洋八元	舟山电话公司	洋四元

共计洋十二元

林映青君经募

朱旭昌君	洋十元	沈觐舜君	洋二十元
王筱荣君	洋十元	粹成厂	洋五元
南洋公司甬局	洋十元	李世芳君	洋五元
新宁海轮船局	洋五元	陶然居杨	洋五元
源泉刘四记	洋五元	张云来君	洋十五元
邵寿房	洋五元	方葆廉君	洋五元
李和房	洋二元	方登云君	洋二元
吴东山君	洋五元	李飚生君	洋二元
众当业	洋六元	国货商场	洋二元
华亚厂	洋五元	万安栈	洋二元
华泾织绸厂	洋五元	永康绸庄	洋二元
廷荪庄	洋五元	宝云寺	洋二元

续表

华泰厂	洋五元	寿昌寺	洋二元
徐坤元君	洋二元	同茂号	洋二元
同源号	洋二元	大成号	洋二元
生仁和号	洋二元	恒昌行	洋二元
大茂号	洋二元	荣昌行	洋二元
生昌号	洋二元	祥茂号	洋二元
大源号	洋二元	鼎丰庄	洋五元
陈竹生君	洋四元	天宁寺	洋二元
郭信房	洋四元	永大昶	洋二元
一言堂	洋一元	王协兴行	洋一元
合记行	洋一元	惠源行	洋一元
刘合兴行	洋一元	顺兴行	洋一元
大星楼	洋二元	公泰行	洋一元
吴安逸君	洋三十元	合顺泰号	洋一元
和丰厂	洋十元	祥泰行	洋二元
北号会馆	洋二十元	立生号	洋五元
新泰号	洋五元	淇春号	洋五元
昇大号	洋五元	永丰萢	洋二元
董均房	洋五元	蔡万源号	洋二元
朱渭鉴君	洋五元	信大号	洋二元
同顺和号	洋二元	毛节铭君	洋二元
任自宣君	洋一元	成茂泰号	洋二元
元春号	洋二元		

共计洋三百零三元

王仲玉君经募			
贺绍真君	洋二十元	森昌永号	洋二十元
严腾青君	洋二十元	葛志奋君	洋十元
寅源号	洋二十元	盛嵩觐君	洋十元
春源永号	洋二十元	陈馨霓君	洋十元

续表

坤源号	洋二十元	严召棠君	洋十元
裕昌永号	洋五十元	符勤生君	洋十元
王仲玉君	洋五十元	寅源号	洋三十元

共计洋三百元

赵占绥君经募			
李立房	洋四百元	张云堂君	洋一百元
蔡菊堂君	洋二百元	无名堂	洋一百元
庆余堂	洋一百五十元	贸昌号	洋五十元

共计洋一千元

孔云生君经募			
孔云生君	日洋一百元	张纪来君	日洋二十元
张有福君	日洋三十五元	楼信谊君	日洋二十元
张祥云君	日洋二十元	张能昌君	日洋五元
永兴昌号	日洋二十元	恒丰康号	日洋十元
德泰庄	日洋二十元	协昌兴号	日洋十元
张友深君	日洋二十元	费福年君	日洋十元
葛懃孝君	日洋三十元	东盛号公记	日洋十元
何世昌君	日洋十元	永吉号	日洋五元
黄守仁君	日洋五元	李全泰君	日洋五元
中华第一楼	日洋十元	李明俊君	日洋五元
汤川君	日洋五元	陈凤仪君	日洋五元
周林孚君	日洋十五元	李光深君	日洋十元
周凤仪君	日洋十元	孔宏寿君	日洋十元
周志成君	日洋十元	郭永康君	日洋五元
同丰庄	日洋二十元	丁宝庭君	日洋五元
全益号	日洋二十元	同春号	日洋十五元
舒祺顺君	日洋十元	恒记号	日洋十五元
永大裕	日洋十元	同义昌号	日洋十五元
老维新公记	日洋十元	隆新号	日洋十元

续表

同义和号	日洋十元	公兴昌号	日洋十元
陈绣文君	日洋十元	杨西庚君	日洋五元
维新号协记	日洋十元	王文贵君	日洋二元
李佐衡号	日洋五元	周兴华君	日洋五元
公茂号	日洋十元	丰记号	日洋十元
共计日洋六百四十七元，九扣折英洋五百八十二元三角正			
蔡琴孙君经募			
蔡琴孙君	洋二十元		
共计洋二十元			
庄一峰君经募			
无名氏	洋二十元		
共计洋二十元			
严康懋君经募			
俞耕义堂	洋三百元	严康记	洋一千元
共计洋一千三百元			
柳良材君经募			
公号大善士	规银一百两		
共计洋一百四十元另九角五分			
张开棠君经募			
虞仙斋君	洋十五元		
共计洋十五元			
夏锦骢君经募			
陈彩凤太太	洋十元		
共计洋十元			
刘松卿君经募			
无名氏	洋七元		
共计洋七元			
章恩长君经募			
史章氏	洋二元	范章氏	洋二元

续表

林安慈君	洋二元	李章氏	洋二元
共计洋八元			

邬余庆君经募

大纶绸局	洋十元	李仁房	洋十元
泰赍当	洋五元	邬少云君	洋五元
晋和生号	洋十元	邬茂记君	洋二元
恒号	洋十元	邬继记君	洋五元
福顺铜号	洋二元	薛梅记君	洋五元
王信记君	洋二元		
共计洋六十六元			

陈兰荪君经募

会和行	洋二十元	无名氏	洋三十元
鸿兴号	洋五十元	无名氏	洋五十元
李心芝君	洋六十元	无名氏	洋三十元
吴福经房	洋五十元	隐名氏	洋二百一十元
共计洋五百元			

费善本君经募

陈星记	洋一百元	聚生东号	洋十元
顺成恒号	洋十元	仁和永号	洋十元
裕兴祥号	洋十元	裕生东号	洋十元
协顺昌号	洋十元	广维新号	洋三十五元
谦慎号	洋三十五元	和慎昌号	洋二十五元
春记号	洋六十元	公记号	洋三十五元
永丰号	洋六十元	荣生号	洋三十五元
复源号	洋二十五元	楣记	洋三十元
共计洋五百元			
共收特捐洋三万九千七百八十元零九角一分五厘			

（二）收丁卯年教养捐

丛桂轩方	洋一百二十元	董维扬君	洋六十元
严康懋君	洋一百二十元	俞佐庭君	洋六十元

269

续表

余葆三君	洋一百二十元	俞佐宸君	洋六十元
徐庆云君	洋一百二十元	丁忠茂君	洋六十元
方式如君	洋六十元	刘文昭君	洋六十元
方郑氏太太	洋六十元	张云亭君	洋六十元
朱太夫人	洋六十元	陈子壎君	洋六十元
众米业宝号	洋六十元	陈蓉馆君	洋六十元
百忍旧庐	洋六十元	洪陆氏太太	洋六十元
王鞠如君	洋六十元	董占春君	洋六十元
裘霞如君	洋六十元	施仰三君	洋六十元
袁书霖君	洋六十元	宝善庐陈	洋六十元
应程氏太太	洋六十元	恒德记周静斋君	洋六十元

共计洋一千八百元

（三）收戊辰年教养捐

丛桂轩方	洋一百二十元	方式如君	洋六十元
余葆三君	洋一百二十元	方郑氏太太	洋六十元
徐庆云君	洋一百二十元	朱太夫人	洋六十元
严康懋君	洋一百二十元	宝善庐陈	洋六十元
林芹香君丁卯一名、戊辰一名	洋一百二十元	张云亭君	洋六十元
俞佐庭君	洋六十元	俞佐宸君	洋六十元
孙瑞甫君	洋六十元	柳良材君	洋六十元
王鞠如君	洋六十元	袁书霖君	洋六十元
陈子壎君	洋六十元	陈蓉馆君	洋六十元
百忍旧庐	洋六十元	应程氏太太	洋六十元
董建候君	洋六十元	刘文昭君	洋六十元
董占春君	洋六十元	洪陆氏太太	洋六十元
丁忠茂君	洋六十元	众米号	洋六十元
恒德记周静斋君	洋六十元		

共计洋一千九百二十元

续表

（四）收己巳所教养捐

徐庆云君	洋一百二十元	俞佐庭君	洋六十元
余葆三君	洋一百二十元	俞佐宸君	洋六十元
严康懋君	洋一百二十元	百忍旧庐	洋六十元
丛桂轩方	洋一百二十元	盛筱珊君	洋六十元
方恭大房	洋一百二十元	王鞠如君	洋六十元
方稼苏君	洋六十元	赵文焕君	洋六十元
方式如君	洋六十元	谢韬甫君	洋六十元
方孟房	洋六十元	夏镜沧君	洋六十元
方仲房	洋六十元	送青庐夏	洋六十元
方郑氏太太	洋六十元	藕香居周	洋六十元
朱太夫人	洋六十元	梁葆青君	洋六十元
承志堂方	洋六十元	董建候君	洋六十元
陈祥余君	洋六十元	傅松年君	洋六十元
李连璇君	洋六十元	慎余庄	洋六十元
陈子壎君	洋六十元	洪陆氏太太	洋六十元
刘文昭君	洋六十元	徐永炎君	洋六十元
丁忠茂君	洋六十元	郑一柔君	洋六十元
林芹香君	洋六十元	董占春君	洋六十元
赵占绶君	洋六十元	袁方氏太太	洋六十元
袁书霖君	洋六十元	陈蓉馆君	洋六十元
柳良材君	洋六十元	张云亭君	洋六十元
宝善庐陈	洋六十元	应程氏太太	洋六十元
李祖椿君	洋六十元	边瑞馨君	洋六十元
楼恂如君	洋六十元	朱永康、吕介堂君	洋六十元
梁晨岚君	洋六十元	盛松琴君	洋六十元

共计洋三千三百元

（五）收戊辰年钱业大同行岁捐

敦裕庄	洋二十元	彝泰庄	洋二十元
元益庄	洋二十元	彝生庄	洋二十元

续表

天益庄	洋二十元	余丰庄	洋二十元
泰生庄	洋二十元	衍源庄	洋二十元
保慎庄	洋二十元	永源庄	洋二十元
泰源庄	洋二十元	鼎丰庄	洋二十元
景源庄	洋二十元	资大庄	洋二十元
长源庄	洋二十元	元大庄	洋二十元
元春庄	洋二十元	汇源庄	洋二十元
赓裕庄	洋二十元	瑞余庄	洋二十元
信源庄	洋二十元	慎康庄	洋二十元
裕源庄	洋二十元	恒生庄	洋二十元
元亨庄	洋二十元	钜康庄	洋二十元
慎祥庄	洋二十元	泰涵庄	洋二十元
鼎恒庄	洋二十元	复恒庄	洋二十元
同慎庄	洋二十元	恒孚庄	洋二十元
丰源庄	洋二十元	瑞康庄	洋二十元
益康庄	洋二十元		

共计洋七百元

（六）收戊辰年钱业小同行岁捐

慎成庄	洋八元	升泰庄	洋八元
慎余庄	洋八元	恒裕庄	洋八元
源源庄	洋八元	通泰庄	洋八元
恒大庄	洋八元	同泰庄	洋八元
资新庄	洋八元	同康庄	洋八元
恒春庄	洋八元	源吉庄	洋八元
瑞源庄	洋八元	安泰庄	洋八元
元成庄	洋八元	宝兴庄	洋八元
宝源庄	洋八元	慎昌庄	洋八元
丰和庄	洋八元	慎益庄	洋八元
通源庄	洋八元	镇泰庄	洋八元
恒康庄	洋八元	成丰庄	洋八元

惠余庄	洋八元	惟康庄	洋八元
承源庄	洋八元	仁和庄	洋八元
泰巽庄	洋八元	汇通庄	洋八元
瑞丰庄	洋八元	保和庄	洋八元

共计洋二百五十六元

（七）收己巳年钱业大同行岁捐

敦裕庄	洋二十元	保慎庄	洋二十元
元益庄	洋二十元	永源庄	洋二十元
天益庄	洋二十元	泰源庄	洋二十元
彝泰庄	洋二十元	鼎丰庄	洋二十元
彝生庄	洋二十元	景源庄	洋二十元
泰生庄	洋二十元	长源庄	洋二十元
余丰庄	洋二十元	资大庄	洋二十元
衍源庄	洋二十元	元大庄	洋二十元
元春庄	洋二十元	慎祥庄	洋二十元
汇源庄	洋二十元	泰涵庄	洋二十元
赓裕庄	洋二十元	鼎恒庄	洋二十元
瑞余庄	洋二十元	复恒庄	洋二十元
信源庄	洋二十元	同慎庄	洋二十元
裕源庄	洋二十元	钜康庄	洋二十元
慎康庄	洋二十元	恒孚庄	洋二十元
恒生庄	洋二十元	晋恒庄	洋二十元
元亨庄	洋二十元	慎丰庄	洋二十元
益康庄	洋二十元	瑞康庄	洋二十元
丰源庄	洋二十元	瑞丰庄	洋二十元

共计洋七百六十元

（八）收己巳年钱业小同行岁捐

源吉庄	洋八元	恒祥庄	洋八元
成丰庄	洋八元	泰巽庄	洋八元

续表

源源庄	洋八元	承源庄	洋八元
同康庄	洋八元	通源庄	洋八元
宝源庄	洋八元	镇泰庄	洋八元
安泰庄	洋八元	丰和庄	洋八元
慎余庄	洋八元	保和庄	洋八元
慎成庄	洋八元	宝兴庄	洋八元
恒大庄	洋八元	慎昌庄	洋八元
资新庄	洋八元	慎益庄	洋八元
恒春庄	洋八元	同泰庄	洋八元
瑞源庄	洋八元	汇通庄	洋八元
元成庄	洋八元	仁和庄	洋八元
恒裕庄	洋八元	惟康庄	洋八元
通泰庄	洋八元	同生庄	洋八元
惠余庄	洋八元	豫泰庄	洋八元
恒康庄	洋八元	来源庄	洋八元
福利庄	洋八元		

共计洋二百八十元

（九）收戊辰年岁捐

北号会馆	洋五十元	同济会	洋五十元

共计洋一百元

（十）收己巳年岁捐

和丰纱厂	洋一百元	众猪行	洋四十元
众米行	洋一百元	淇春号	洋十五元
北号会馆	洋五十元	新泰号	洋十五元
同济会	洋五十元	立生号	洋十五元
洋布会所	洋五十元	卓兴房	洋二十元
林绍骐君	洋四元	安澜公所	洋六十元

共计洋五百十九元

（十一）收乐助捐

嚼雪庐	洋一百元	五福记	洋十元

续表

范师母	洋四十元	庄祖薪君	洋一百二十元
方郑氏太太	洋二百元	徐惟训君	洋八十元
万昇宝号	洋十六元	钱永万君	洋五元
夏锦风君	洋十六元	严康懋君	洋二百元
方仲房	洋二百元	耕德轩林	洋二百元
张俞氏太太	洋九十四元	六惟室董	洋六十元
严康懋君	洋六十元	徐博泉君	洋六十元
陈俊伯君	洋二百元	陈善生君	洋五十元
余庆堂秦	洋六十元	思禄轩张	洋十二元
秦姚显源太太	洋三百元	松筠轩凌	洋五元
敦裕庄	洋二元	承志堂陈	洋十六元
俞佐庭君	洋二元	俞佐宸君	洋二元
谦恕堂同	洋二十八元	董惟扬君	洋四元
余楣良君	洋二元	戴博房	洋三十六元
方稼荪君	洋二十四元	承启堂梁	洋二十四元
赵信房	洋十二元	杜仲甫君	洋三十六元
怀德堂孙	洋二十四元	孔仁和房	洋二十六元
寿萱堂戴	洋四十四元	蔡琴孙君	洋五十元
余葆三君	洋六十元	柳生源君	洋四十八元
谢衡牕君	洋一百元	敦仁堂吴	洋六十元
培德堂徐	洋四十元	冯炳南君	洋一百元
陈安洽君	洋二十四元	朱友三君	洋二十四元
陈蓉馆君	洋八元	周子材君	洋十六元
胡星桥君	洋十六元	邬余庆君	洋十六元
闻申岳君	洋一百元	包鞠庭君	洋十二元
保真医院	洋十二元	林希桓君	洋六元
邵益三君	洋十六元	孙衡甫君	洋三十六元
梁月礼房	洋十六元	严节房	洋一百元
凌泗舲君	洋八元	吴梅卿君	洋二十四元

续表

方稼荪君、张祖英君、周汝伦君、董绍源君 为林母李太夫人五虞赙 仪		合助洋三百元零三角二分六	
朱永康君	洋五元	周慷甫君	洋五元
包友生君	洋五元	林梦飞君	洋五元

共收乐捐洋三千六百二十六元三角二分二厘

（十二）收院生谒岁戊辰年到己巳

董占春君	洋十六元	余楣良君	洋六元
夏镜沧君	洋二元	张云亭君	洋四元
陈友坤君	洋四元	柳生源君	洋六元
陈笙舲君	洋四元	丁忠茂君	洋二元
刘文昭君	洋六元	赵占绶君	洋六元
严康懋君	洋四元	张善述君	洋四元
陈蓉馆君	洋一元	周子材君	洋四元
邬余庆君	洋二元	董建候君	洋八元
戚开先君	洋四元	俞佐宸君	洋四元
戴醒华君	洋二元		

共计洋八十九元

（十三）收庄息

乙丑年	洋十七元六角 五分三厘	丙寅年	洋八百十七元 六角五分一厘
丁卯年	洋一百三十四元 三角二分一厘	戊辰年	洋四百九十七元 五角零八厘
己巳年	洋二百零一元 七角八分一厘		

共计洋一千六百六十八元九角一分五厘

（一）收俞姓田找价　洋四百元

俞姓小屋边墙价　洋三百七十八元

（一）收戊辰年十一月起老屋探租周子材君来　洋三百元

（一）收房租周子材君来　洋一百元

（一）收房租己巳年周子材君来　洋五百八十元

（一）田租己巳年　洋三十六元
以上总共收洋五万六千六百四十二元二角零六厘

支款一览表

支置产乙丑年十月份	
付地价一都二图田十三亩四分五厘七毫	洋二千二百元
付屋价清洁堂旧址	洋四千五百元
付找价	洋四千五百元
共计洋一万一千二百元	

支建筑院舍正屋楼上下五间倒厅高平屋五间回廊二埭后宸高平屋五间小屋十间一弄余屋三间	
付工料全顺厂承包	洋一万七千八百八十八元
付石料连工资	洋六百五十六元二角五分
付花格门	洋二十六元三角五分五厘
付漆挂面工料	洋一百八十元
共计洋一万八千七百五十元零六角零五厘	

支戊辰年建筑小屋七间一弄连驳河堪填地	
付工料任森建承包	洋九百三十元
付石料铺路连工资	洋十三元零四分四厘
付砖瓦矮墙腰壁风炉灶	洋四十八元四角零四厘
付铅水溜墩桶	洋七元七角
付填操场地	洋五十元
付后宸校室装玻璃屏门	洋五十二元
共计洋一千一百零一元一角四分八厘	

支己巳年建筑饭堂三间小屋一间	
共计一千零六十八元零九分二厘	
（一）支置田产佣金	洋一百八十元
（一）支乙丑年至己巳年止校具	洋三百六十五元一角零四厘
（一）支丙寅年至己巳年止书籍	洋二百一十五元四角三分四厘
（一）支丙寅年至己巳年止置器皿杂物	洋二千一百五十二元三角三分四厘
（一）支丙寅年至己巳年止衣服被账鞋袜	洋一千七百三十九元一角八分

续表

支教员薪水	
丁卯年付	洋一百八十四元五角
戊辰年付	洋二百零九元五角
己巳年付	洋一千零五十六元零四分

共计洋一千四百五十元零四分

支职员薪水	
丙寅年付	洋一百八十元
丁卯年付	洋三百九十元
戊辰年付	洋四百二十元
己巳年付	洋五百九十五元

共计洋一千五百八十五元

支夫役工资	
丙寅年付	洋十一元
丁卯年付	洋九十四元六角九分八厘
戊辰年付	洋一百零四元一角六分二厘
己巳年付	洋一百四十八元九角八分五厘

共计洋三百五十八元八角四分五厘

支女佣工资	
丙寅年付	洋三元九角六分七厘
丁卯年付	洋一百二十三元二角九分五厘
戊辰年付	洋一百四十元零五角一分
己巳年付	洋一百五十三元四角六分八厘

共计洋四百二十一元二角四分

（一）支登记费	付洋三十二元
（一）支钱粮已巳年止	付洋九元六角二分九厘

支福食	
丙寅年付	洋九十五元五角零三厘
丁卯年付	洋七百零二元一角二分四厘

戊辰年付	洋一千二百零二元一角一分八分五厘
己巳年付	洋二千八百二十二元四角九分七厘

共计洋四千八百二十二元三角另九厘

支油烛

丙寅年付	洋十一元零六分四厘
丁卯年付	洋二十九元零四分九厘
戊辰年付	洋二十五元二角二分
己巳年付	洋四十四元六角六分

共计洋一百另九元九角九分三厘

支纸札簿册

乙丑年付	洋四十五元三角
丙寅年付	洋二十一元九角六分三厘
丁卯年付	洋十五元二角六分八厘
戊辰年付	洋五元三角九分二厘
己巳年付	洋三十一元零四分七厘

共计洋一百十八元九角七分

支印刷

丙寅年付	洋三元零一分二厘
丁卯年付	洋三元四角四分五厘
戊辰年付	洋八元六角八分八厘

共计洋十五元一角四分五厘

（一）支音乐器	付洋四百五十三元五角五分四厘

申甬报费

丙寅年付	洋一元七角六分
丁卯年付	洋十九元三角八分
戊辰年付	洋二十三元四角
己巳年付	洋十六元三角八分九厘

共计洋六十元零九角二分九厘

邮资信力

乙丑至己巳年付	洋三元八角三分四厘

续表

支船车	
丙寅年付	洋三元零五分五厘
丁卯年付	洋五元三角二分
戊辰年付	洋八元三角五分二厘
己巳年付	洋十二元二角七分四厘

共计洋二十九元零一厘

支医药	
丁卯年付	洋十元零六角七分九厘
戊辰年付	洋一元零七分八厘
己巳年付	洋八元六角八分八厘

共计洋二十元零四角四分五厘

支送礼	
乙丑年付	洋六元
丙寅年付	洋十六元四角五分
丁卯年付	洋十五元九角七分二厘
戊辰年付	洋六十五元一角七分二厘
己巳年付	洋一百二十七元七角三分八厘

共计洋二百三十一元三角三分二厘

支拍照	
屋契地图付	洋五元
院生暑假休业付	洋五元

共计洋十元

支电话	
装费付	洋十五元
月费付	洋三十七元八角三分三厘

共计洋五十二元八角三分三厘

支杂项	
丙寅年付	洋四十二元五角一分一厘
丁卯年付	洋六十元零四角三分

续表

戊辰年付	洋七十三元九角六分四厘
己巳年付	洋五十九元四角六分八厘

共计洋二百三十六元三角八分一厘

支修理乙丑年修老屋十间四弄二库二回廊	
付砖瓦石灰连工资	洋一百元
付板木料连工资	洋六十三元九角零四厘
付油漆工资	洋二百八二七元
付玻璃	洋二十九元六角七分
付铅水溜钉过路包大门	洋八十八元
付淘池包工	洋十元
付戊辰年修小屋墙垣	洋五十元零五角
付己巳年淘池修河埠	洋二十五元二角六分二厘

共计洋六百五十四元三角三分六厘

支轧发	
丙寅年付	洋六角零五厘
丁卯年付	洋八元三角四分
戊辰年付	洋十七元五角七分八厘
己巳年付	洋二十三元六角五分八厘

共计洋五十元零一角八分一厘

支上海筹备处	
丙寅年付	洋一百元

付贴水	
乙丑年至己巳年付	洋二十四元五角零二厘

以上总共付洋四万七千六百二十二元八角四分六厘

存款一览表

乙丑年起己巳年止	除过实存洋九千零十九元三角六分

该款项下己巳年十二月

该元益庄	洋一千五百元
该敦裕庄	洋一千二百六十六元八角五分二厘

续表

共计该洋二千七百六十六元八角五分二厘			
存款项下己巳年五月初一日起			
天益庄	洋三百元	复恒庄	洋三百元
元益庄	洋三百元	恒生庄	洋三百元
敦裕庄	洋三百元	元春庄	洋三百元
益康庄	洋三百元	衍源庄	洋三百元
瑞康庄	洋三百元	永源庄	洋三百元
彝泰庄	洋三百元	泰源庄	洋三百元
生庄	洋三百元	钜康庄	洋三百元
鼎恒庄	洋三百元	泰生庄	洋三百元
同慎庄	洋三百元	资大庄	洋三百元
赓裕庄	洋三百元	景源庄	洋三百元
汇源庄	洋三百元	保慎庄	洋三百元
晋恒庄	洋三百元	恒孚庄	洋三百元
丰源庄	洋三百元	信源庄	洋三百元
元亨庄	洋三百元	慎祥庄	洋三百元
泰涵庄	洋三百元	瑞丰庄	洋三百元
裕源庄	洋三百元	鼎丰庄	洋三百元
元大庄	洋三百元	慎康庄	洋三百元
长源庄	洋三百元	瑞余庄	洋三百元
慎丰庄	洋三百元	余丰庄	洋三百元

共计存洋一万一千四百元

除该过揭存洋八千六百二角一分二厘

十九年乐助什物列后	
章恩长君	肥皂一箱
刘耀廷夫人王太太	十滴水三十三瓶
赵资训君	肥皂二箱
洪宸笙君	天中茶三十包、藿香丸五十包、白痧药二十瓶，行军散五瓶
和丰厂	天中茶一百包

续表

俞佐宸君	蒲扇七十把
陈祥余君	杏板柱对一联，膏药二盒
袁书霖君	十滴水一百六十瓶
夏锦帆君	杏板柱对一联，月饼十二斤
李、沈二君	月饼八斤
周巽斋君、张善述君、周子材君	杏板柱对一联
方式如君	杏板柱对一联、天中茶一百包、十滴水一百瓶、癞头药二料
俞佐庭君、俞佐宸君	杏板柱对一联

收支清册自十九年一月起至十二月卅一日止（略）。

附录四　鄞县私立严氏康懋小学校史[①]

（一）学校名称及沿革

本校原始，系县立单级第十七所。民国六年，改为严氏小学，至民国十年，定名为康懋小学。

（二）创办年月及人员

创办于民国元年，经首南乡公所开会议决，指定地址，遴委严觉初君承办。

（三）校舍校址现况及沿革

校址在严家汇头地方，校舍当创始时，暂借严氏宗祠厢廊。民国六年改称严氏小学，始迁入严氏义庄内，嗣厢廊扩展，于民国九年，故绅康懋君独力创建，新式楼房两层，计十二间，又新式头门一座，计三间。平屋七间，厨房二间，厕所一所，另开校园操场，共计地七亩零。建筑费约需五万金云。

（四）历年主持及维持人员

民国元年至五年，主持者严觉初君。六年至十七年，主持者严康懋君。十八、十九年，主持者严祥珸君。二十年十月，校董会成立，现由董事会推定董事长严祥珸，董事严藤青、严觉初、严橱棠、严绥初、严守常、严介常从事主持云。

① 鄞县县教育局：《鄞县中小学校史》第二辑，1934年，第16—17页。

（五）历年经费状况

当承办县立单级第十七所时，其开办费由就地筹募，计二百元。经常费元年至五年，每年需款计二百三十元，除原有县费补助二百十元外，不足之数，由严觉初筹募补给之。迨六年至九年，改为严氏小学，分两学级教授，需款约五百四五十元，除收学费六七十元外，余数由严康懋君独力担任之。自十年起，改为康懋小学，分三学级教授，规模稍事扩充，除收学费百五六十元外，余款约需千百余元，悉由严氏义庄拨给。近自十六年起，百物昂贵，薪金亦提高，学校支出尤巨，除收学费百七八十元外，严氏义庄名下每年拨给不下千七八百金云。

（六）历年学级及学生人数概况（见下表）

历年学级及学生人数概况

时间（民间纪年）	学生人数／人	时间（民国纪年）	学生人数／人
元年度	39～47	二年度	43～51
三年度	49～54	四年度	58～53
五年度	62～58	六年度	60～56
七年度	64～60	八年度	55～60
九年度	56～65	十年度	76～69
十一年度	81～76	十二年度	67～65
十三年度	77～70	十四年度	89～75
十五年度	85～70	十六年度	88～72
十七年度	109～89	十八年度	90～98
十九年度	95～95	廿年度	83～102
廿一年度	85		

甲、学级：本校自民国元年起，至六年止，为一学级编制。七年至九年，为二学级编制。十年至本年，为三学级编制。

乙、学生人数：左为上学期学生人数，右为下学期学生人数。

（七）历届毕业生状况

查本校历来毕业生，各种成绩簿册，自开办以来，因校长历易其人，且并未正式办理移交，致多散失，无途查考。现已从事整顿，以为将来办理毕业之预备矣。

（八）历年设施概况

本校创始于民国元年，为县立单级第十七所，当时风气未开，学生稀少，暂假严氏宗祠厢廊为校舍，辟教室一，以祠前隙地为操场，其他种种设备，因陋就简。至民国六年，风气渐启，学生渐增，故绅严康懋君，热心教育，其经费由自己个人担任，更名为严氏小学，校舍迁入严氏义庄内，添聘教员，辟教室为二。至于设施，仍以规模较隘，未能尽量发展。至九年春，新校舍落成，及添办高级，辟教育为三，增教员四人或五人。规模渐臻完善，拓体育场，置运动器具，建校园，遍植花木，而学生会、贩卖部等，均次第成立。当落成之初，曾一度招收寄宿生，学额增至百二十人。后因校长易人，停止招生。至十九年秋，校长更立，内部组织，益形缜密，校务尤加整顿，分训育、教学、事务三大系，各系设主任一人，以专责成。且在校园内增设运动器械，以锻炼儿童身心之教育，设图书馆，以养成儿童阅书的习惯，辟娱乐室，使儿童有正当娱乐；设工场为实施职业教育之预备。他如出版、邮政以及各项仪式、学科、竞赛等，现在皆切实施行也。

（九）最近行政教学训育概况

本小学校务，虽由校长主持，但实在情形，仍本着分工合作的精神，以活动的适应或革新社会环境，满足人生需要，尽力谋学校教育的进展。

最近行政组织，分教务、训导、事务三部进行。教务部：凡教学，学籍成绩，各科测验，统计等事为之。训导部：凡训导、奖惩、监护等事为之。事务部：凡文书收发、经费出纳、物品图书购置、统计图表、编辑等为之。最近教学，依据编制，分低、中、高三级。低年级：用游戏教学及整个教学，并注意技能练习，作设计活动的辅助。中年级：用启发式及自学辅导之精神，并用分团教学。高年级：用分团教学及自学辅导，又趋向个别教学。

教学大本营，在课外主学活动，课内主求知识，使全体学生都有事做。总之，不是死读书，读死书，是活读书，读活书。而阐扬经验支配下的自动力与责任心，发展儿童为本位的教育。

最近训育方针，根据党化训育，以"忠孝、仁爱、信义、和平"为本，导养儿童，使儿童有勤苦耐劳的精神和真实的生活能力，成为革命化、团体化、纪律化、劳动化的，三民主义下的纯粹健全的国民。至于实施方法，兹为简便起见，略述于下：

训育方法：分团体、个别。

训育时间：团体，临时与固定集合时；个别，随时随地，随发生事由而训导之。

训育材料：具体的，订定我们的愿词和我们的信条，以及标语，作为训育的标准；抽象的，随偶发事项，作为团体或个别的训育。

中心训练：每周定中心目标，使全体学生，在同一个目标下遵行，以收成效。

养性训练：每日早操后，训话、静默、唱歌。

政治训练：指导儿童组织自治会，以练习政权和治权的运用。

健康训练：每日注重整洁检查，以养成卫生习惯。

军事训练：集会时，都用军式行仪；体操时，教材多取军事方面，并且多组织竞赛会，激励以柔弱为耻，而养成勇敢大无畏精神。

小组会议：每周举行两次，讨论本级应兴应革事宜。

训话惩奖：时常以各种训话、惩奖等直接训育方法，以为辅助。

联络家庭：随时通讯访问，及集会时邀请参加。

附录五　致宁波大学历史系孙善根

严孝达

对于宁波大学历史系孙善根老师拟撰写宁波帮著名商人严康懋传记，谨提出初步想法如下，仅供参考。

（一）第一份关于严康懋的简传

最早报道严康懋先生逝世的新闻、他的生平事迹、简传、大出丧经过宁波市区路线、路祭情况及著名人士参加丧礼情况。严康懋先生生平事迹及整个新闻报道的后面（以上见1929年秋季《时事公报》当天头版新闻的一版），除了有严康懋家一位姓蔡亲戚用文言文写的《严康懋生平事迹》外，在后面附有大殓日挂在宁波大河路（今宁波市中心中山东路经过江厦桥向江东区的延伸段）严宅客厅内外（新中国成立后曾长期被用作宁波鄞县医院住院部）众多亲友送的挽联和挽诗，其中有一首是严康懋先生少年和青年时代知己陈子壎写的长篇挽诗。内容叙述他们两人在少年时代同赴上海打拼，在中青年时代又同在上海经营金融事业和房地产事业。在上海闸北区北站附近，他们俩合作购建安庆路福寿里成片的石库门住宅房子。这片弄堂房子北起安庆路弄堂，南到海宁路弄堂尾部，连成一片。弄堂口两套房子一直由严、陈两家女儿方的后代们住着。陈子壎在挽诗中说："君擅亿中才，令我惊且服。"这里说的"亿中才"，指的就是投资银行、钱庄等金融事业和当时新兴的房地产事业的才能。1929年秋季，严康懋先生逝去后丧葬追悼期间的《时事公报》及当时姓蔡亲戚写的《严康懋生平事迹》是迄今留下的唯一一篇简传。虽然内容精简扼要，但叙述了严康懋先生青少年时代敢于到上海打拼奋斗，同时在上海有幸遇到严信厚、叶澄衷和朱葆三这批宁波帮前辈中的好人，并把他自己连人连同由浙江赴沪携带的资金股票统统作为物质财富和人才财富投入严信厚、叶澄衷和朱葆三在沪开设的中国通商银行（究竟是中国通商银行还是中国招商银行，请孙老师查阅历史资料后确定或与严令常、王景行联系后商定），并把通商银行作为他自己在沪闯荡打拼的坚实后方基地，使他在沪甬两地，特别是在上海能够较早地发展起来，最终以钱财之多被录入宁波谚语——"一言堂百货多，二（严）康懋钞票多，三法卿木器多……六殿桥杨柳多……"上述由蔡姓亲戚撰写登在《时事公报》上的严康懋简传，当时由严康懋先生的四女婿赵莱琯长期保存，一直保存到现在，后因复印机普及，又进一步在亲友中扩大传播。

（二）第二份有关严康懋在沪甬发展金融事业的史料

记得在20世纪50年代我在北京和平门（宣武门以东一个城门口）内的中央人民政府水利部工作时，曾经到前门外大街廊坊头条、廊坊二条及大栅栏、观音寺一带去玩，往西走过一家古书古画店时，曾翻到一本印象中叫《中国钱庄史》[1]的书，里面有严康懋先生先后在上海、宁波等地发展银行、钱庄等金融事业的历史。里面记述了他主要在上海，其次在宁波投资十几万两银子到一些银行和钱庄兴办金融事业的情况。后来，我的妻弟严令常在苏州大学退休前后，说他想写他祖父严康懋在沪甬办金融事业的情况，我就把记忆错误的书名《中国钱庄史》（正确书名应该是《上海市钱庄史》）告诉他，害得他很长时间在苏州大学图书馆查阅《中国钱庄史》而没有找到，一直到一两年后，或几年之后才由严令常在苏州大学图书馆找到在上海人民出版社出版的《上海市钱庄史》这本真正需要的书，并找出有关资料。

（三）我觉得王景行和严令常所写材料可供孙老师等利用、参考

景行先生平时经常给宁波市《现代金报》等日报和《宁波帮》等刊物写文稿。他常接触和翻阅鄞县县志、宁波市志等史志资料，阅读面较广，所写文章也精简扼要，值得采访了解。令常先生相对年龄较我们要小些，因他从小生活在父母、亲戚中，了解的具体情况较多、较具体，他在学校学习英语勤奋，后在苏州大学任法律系教授，阅历较广，其阅读范围也较广。

关于钟公庙街道铜盆闸严家起源问题，严康懋在上述严家汇头村办康懋学校、修建严氏宗祠、严氏义庄和"三间头""七间头"等严氏田宅的同时，他还组织人力编写了《严氏族谱》等。据说看过《严氏族谱》的人也不多，一因限定能阅读族谱的人不多，在封建社会有森严的等级制度和严格的阅读范围；二因在旧社会，村里人和族里人文化程度不高，有资格、有能力阅读一本族谱的人根本不多。

我在童年和少年时代，曾到"下江"边沿（即奉化江支流铜盆浦，它是一

1　应该为《上海钱庄史料》。

条咸潮涨落的"下江"，含沙量较高，呈棕黄色，其水质的含盐量也较高，尝一下水质味道完全是苦咸水，与宁波平原河网地区的"上河"用作水稻、蔬菜等农作物灌溉水源的水质根本不一样）问过铜盆闸严家汇头村从哪里迁过来，看过《严氏族谱》的人会说："从余姚迁过来，都是严子陵的后代。""在严氏族谱上就是这么说的。"懂历史更多一些的人还会说："东汉光武帝当皇帝后，多次派人来请严子陵去当官，但他宁愿在富春江钓台隐居当隐士，也不愿去当官。"

严子陵的历史太久远了，还是说更近一些的历史吧。2013年，我问同村同族的小毛（按严家族谱，他上康懋学校读书时起的学名叫严友德）关于铜盆闸严家村从何处迁来，他告诉我：康懋太公在世时，村里要修桥和铺石板路时，村里有村务管理委员会，由他祖父严觉初担任村里公益事情小头目，经康懋太公亲手批准后到严氏义庄管理人员处领料领钱后再组织施工和完成，族谱上对严氏祖先从何处迁来也有所记载。据严觉初伯伯的女儿（即严友德的姑姑）在阅览严氏族谱后曾告诉友德说：是从"姚江岸边"迁过来的。

我在北京上大学七年，前四年在清华（考进去的）土木系水利组，后三年在北京俄专（现为北京外国语大学，是工作分配去学俄文三年，作为本科学习，毕业后先分配到水利部担任部里苏联专家工作室口译与笔译工作）。当时北京俄专及水电部专家工作室有一位叫王基柱的"宁波老乡"，是镇海庄市人，在今宁波江北区费家市严家好像有他的外婆家，他对庄市镇与庄桥镇、洪塘镇均很熟悉，可能发现费家市严家有些人名除了姓严以外，名字如采用族谱上谱名，也与我出生鄞州区铜盆闸严家的谱名有相同之处。比如两处严家谱名均有：仁、义、礼、智、信、正、纲、常、孝、友、合、忠、道等字样。我所在的严家咸、恒、节、泰亲房系中，我叫严孝达，但我的子女与第三代中就没有人采用正、纲、常、孝、友等族谱之名的。但严康懋所在的节房，除了严康懋按族谱之名叫严正英或严英外，他的下一代后代中，其子严祥琯（是我的岳父），按谱名叫严纲骠，在孙子系统中长孙、次孙、三孙分别按谱名叫严同常、严幼常（已经去世）、严令常，而我的妻子是长孙女，未用族谱名，而叫严凌波（已经去世）。咸、恒、节、泰四房众家太公名叫严智楷，是严康懋先生的祖父，严康懋先生给他祖父墓外面又修了石头做的石墩（现在已经移到修葺一新的严氏祠堂里存放），请宁波有名的书法家写了字，一旁写着"孙康懋垂阶"。这说明：当康懋公还是走路跌跌撞撞的年龄，祖孙二人曾在一起相处过。据王基柱同志说：他小时候常到庄桥镇费家市去玩，印象中费家市严家出了当高官的名人，因为严家祠堂前门口有带斗拱的旗杆，只有家里有人当高官，才能用斗拱。后来我翻阅资料，查到费家市严家出过两位高官：一位是严修，字范孙，浙江慈溪人，曾任贵州、直隶两省学政，又任全国学部副尚书兼代理尚书；另一位是严信厚（莜舫）——青年及中年时期任李鸿章的幕府，后来自己经商办厂（在沪、甬等地），在宁波北门外开设机器轧花、纺纱和织布厂，是我们最早自办机械轧花、纺织和织布的工厂。康懋公鉴于在他15~18岁丧父守孝期间，眼见上代遗留在浙江省内宁波、杭州、金华、兰溪城镇的产业和财物不断被侵占，他发奋离甬赴沪去闯荡，并把资金一起投向老一辈宁波帮严信厚、叶澄衷、朱葆三开办的中国通商银行，以后投资于上海的钱庄，先投上海钱庄，后投宁波钱庄，终于走出困境，他生意做得越来越顺手。

写于2014年4月30日

严康懋生平大事年表

年份	年纪	事迹
清光绪四年 （1878年）	1岁	出生在离鄞县城不过十余里的首南乡铜盆浦严家汇头村（今属鄞州区首南街道）一户绅商家庭，后严家迁入江东大河桥。父严文周，母卢氏
光绪十一年 （1885年）	8岁	入私塾就学
光绪十八年 （1892年）	15岁	父亲严文周过世，继续求学之路
光绪二十年 （1894年）	17岁	赴上海创业
光绪三十三年 （1907年）	30岁	9月，四明银行开业
宣统三年 （1911）	34岁	与旅沪宁波商人余葆三、徐庆云等在宁波三江口缸甏弄水仙宫集资创办普仁医院，这是宁波城区除教会医院外，国人创办最早的西式医院
1912年	35岁	是年，担任甬上善堂安养堂董事，将收养名额扩至100名
1913年	36岁	是年前后，入股宁波和丰纱厂
1914年	37岁	是年，与人合资在宁波设立泰源钱庄 同年，被和丰纱厂股东会推举为修改公司简章五人小组成员
1915年	38岁	10月，当选为和丰公司监察人 同年，参与筹备由旅外宁波商人发起创办的天津中国垦业银行
1916年	39岁	开始筹建严氏义庄
1917年	40岁	是年起，主持县立单级第十七所学校并将其改为严氏小学，迁入严氏义庄内 同年，为维持普仁医院的运转，发起创办普仁医会

续表

年份	年纪	事迹
1918年	41岁	4月，继续当选为和丰公司监察人 是年，甬上钱业与旅沪宁波商人周宗良围绕钱业现水问题爆发激烈的冲突，作为甬上钱业领袖的严康懋多方奔走，据理力争，此事后在虞洽卿等人极力调停斡旋下，以双方妥协得以解决 同年，与恒丰昌、徐庆云、陈子壎合资在上海开设恒隆钱庄
1919年	42岁	8月，发起在普仁医院附近的得懋木行旧址设立甬东临时治疗医院 是年前后，担任和丰纱厂董事 同年，参与四明孤儿院筹备，后任该院董事
1920年	43岁	7月，在江东设平粜局救济贫民，历时42天，"共售米二千二百余石" 12月，担任鄞县泽仁公会董事，该会由甬上绅商与官方联合发起，重在解决遍布密布宁波城乡的厝棺问题 是年前后，在家乡严家汇建筑洋式新舍，并将严氏小学改为康懋国民学校，附设乙种商业学校 是年，担任上海中国广济会董事
1921年	44岁	年初，在家乡严家汇设立医院，以方便乡里贫病者 6—7月间，相继参与发起上海中华信托股份有限公司、中法合办万国物券金币交易所、上海纱业信托银行、宁波四明信托公司等，不久均告解散 7月，宁波旅沪同乡会举行选举大会，被推举为135名初选当选人之一 是年，于其宗祠旁建造庄房五十余间，占地七亩七分一厘四毫一丝，曰严氏义庄，置田千亩有奇，市房三所，并将严氏小学改为康懋小学 是年起，担任建造鄞县浙江第二监狱会计董事，并多次担任为应对当时连年水灾而组织的宁波华洋义赈会董事

续表

年份	年纪	事迹
1922年	45岁	3月，为设立义庄事呈文地方当局备案 6月，宁波筹赎胶济铁路会成立，被推举为干事会干事兼任经济股副主任 7月，被推举为鄞县城区浚河董事会董事 8月，与同乡周涛等发起兴修奉化江万金塘，"得万金有奇"，历时两年而竣 秋间，宁波老浮桥频遭飓风袭击而中断，组织采办材料，督促桥工赶修，并提出重建桥梁 10月，被推举为鄞县市民公会名誉委员 是年，在上海出资150万元投资创办以自己名字命名的懋昌商轮公司，还与秦珍荪、徐承勋、陈星记合资在上海开设永聚钱庄 同年，为清洁河道，发起将新河头一带改筑通江水沟，"计用十八寸廿四寸口径水泥瓦筒九十丈，设进出水闸二道，费银五千三百余元，推陈纳新，河流顿洁"
1923年	46岁	年初，与其他江东绅商发起成立江东道路改良会，致力于江东一地道路修筑、桥梁改造等市政建设，后任财政股干事 是年，当选为宁波总商会会董
1924年	47岁	年初，担任鄞县巡防局董事 8月，参加上海总商会，成为其会员 是年起，与同业募捐建筑钱业会馆 是年前后，担任鄞县育婴堂董事
1925年	48岁	年初，与人发起活动，"将江东碶、乌龙碶旧有淤河，改为通江水沟" 2月，替补为江东公会委员。同月，因主持修筑鄞县第二监狱有功，被北洋政府司法部授予"惠及囹圄"牌匾 3月，担任董事的上海正大商业储蓄银行开张 8月，发起开办江东公会时疫医院 9月，被推举为江东公会名誉会长

续表

年份	年纪	事迹
1925年	48岁	是年，与郭渔笙、王岳辉等投资1万元在宁波江东设立大慎木行 同年，与钱业好友董惟扬、俞佐庭发起在江东清节堂跟创办四明贫儿院
1926年	49岁	3月19日，出席宁波钱业会馆落成典礼 4月，发起兴修江东大石碶（俗名四眼碶）起至白鹤桥止一带道路，并发起"将大道头渡船改为义渡" 5月，宁波佛教孤儿院上海部董事会成立，被推举为董事 6月，当选为上海总商会会董；同月，被推举为宁波总商会特别会董 7月，参与发起江东时疫医院 9月，发起改建老浮桥并先后被推举为老浮桥改建筹备处干事、甬筹备处副主任、工程股股长 是年，出资48万元，在江苏东台购地2.4万亩，设立成丰垦团，还与恒丰昌、柳笙源、倪椿如、秦润卿合资开设恒大钱庄
1927年	50岁	6月，当选为新成立的宁波市议事会议员；同月，被推举为宁波中山公园筹备委员 7月初，与徐镛笙、赵家荪、董惟扬等15人被市长罗惠侨聘请为宁波市参事
1928年	51岁	8月，因四明贫儿院委员长董惟扬病逝，继任委员长一职，全面负责孤儿院事务
1929年	52岁	2月，宁波救济院成立，被推举为经济委员 11月4日，在江东家中病逝 是年，与秦涵琛、徐庆云、孙衡甫合资在上海开设恒赍钱庄

主要参考文献

[1] 陈宁雄.潮涌城北——近代宁波外滩研究[M].宁波：宁波出版社，2009.

[2] 陈铨亚.中国本土商业银行的截面：宁波钱庄[M].杭州：浙江大学出版社，2010.

[3] 陈梅龙，景消波.近代浙江对外贸易及其社会变迁 [M].宁波：宁波出版社，2001.

[4] 戴建兵，等.话说中国近代银行[M].天津：百花文艺出版社，2007.

[5] 丁日初.上海近代经济史[M].第2卷.上海：上海人民出版社，1997.

[6] 杜建海.鄞州慈善志[M].杭州：浙江人民出版社，2015.

[7] 杜恂诚.上海金融的制度、功能与变迁（1897–1997）[M].上海：上海人民出版社，2002.

[8] 贺师三.宁波金融志（卷一）[M].北京：中华书局，1996.

[9] 柯象峰.社会救济[M].重庆：正中书局，1944.

[10] 金普森，孙善根.宁波帮大辞典[M].宁波：宁波出版社，2001.

[11] 李坚.上海的宁波人[M].上海：上海人民出版社，2000.

[12] 宁波市政协文史委员会.上海总商会的宁波人[M].北京：中国文史出版社，2010.

[13] 缪复元，等.鄞县水利志[M].南京：河海大学出版社,1992.

[14] 上海博物馆资料室.上海碑刻资料选辑[M].上海：上海人民出版社，1980.

[15] 上海市工商联.上海总商会议事录 [M].上海：上海古籍出版社，2007.

[16] 沈云龙.近代中国史料丛刊[M].台北：文海出版社，1966.

[17] 孙善根，邹晓升.秦润卿史料集[M].天津：天津古籍出版社，2009.

[18] 王慕民.民国宁波通史[M].宁波：宁波出版社，2009.

[19] 王奇.倪维斗院士口述传略[M].北京：清华大学出版社，2012.

[20] 许涤新，吴承明.中国新民主主义革命时期的中国资本主义[M].北京：社会科学文献出版社，2007.

[21] 徐望法.浙江公路史（一）[M].北京：人民交通出版社，1988.

[22] 张彬.浙江教育史[M].杭州：浙江教育出版社，2006.

[23] 张大宁.古今肾病医案精华[M].北京：中医古籍出版社，2004.

[24] 政协宁波诗社.宁波地名诗[M].宁波:宁波出版社，2007.

[25] 中国人民银行上海市分行：上海钱庄史料[M].上海：上海人民出版社，1978.

[26] 中华民国法规大全 (一) [M].上海：商务印书馆，1936.

[27] 中国社会科学院近代史研究所近代史资料编辑部. 近代史资料[M].北京：中国社会科学出版社，2010.

[28] 钟公庙街道志纂委员会：钟公庙街道志[M].宁波：宁波出版社，2011.

[29] 胡鼎阳.首南印象[M].宁波：宁波出版社，2014.

[30] 俞福海.宁波市志外编[M].北京：中华书局，1998.

[31] 俞福海.宁波市志 [M].北京：中华书局，1995.

[32] 《文史精华》编辑部. 近代中国大案纪实[M].石家庄：河北人民出版社，1997.

[33] 周千军.百年辉煌[M]. 宁波：宁波出版社，2005.

[34] 竺菊英.论近代宁波人口流动及其社会意义[J].江海学刊，1994年第5期。

[35] 竺菊英.近代宁波的资本主义工业[J].浙江学刊,1995(1):43.

[36] 春水.湖西赵宅与严康懋[N].海曙通讯，2006-3-15.

[37] 樊莹.以前是乐善好施严康懋的故居　如今成为传播善心义举的爱心平台[N].现代金报，2015-7-1.

后 记

鄞州区具有悠久的慈善事业历史与传统，这无疑是发展当代鄞州慈善事业的宝贵资源与重要起点。近年来，鄞州区着力打造"义乡鄞州"，重视对本地这一历史文化的整理与传承工作。中共鄞州区委党校更是走在前列，从2009年起就受鄞州区慈善总会委托编纂国内首部慈善专业志——《鄞州区慈善志》，2010年又组织力量编纂《鄞县慈善史》，本人也参与了这两项地域慈善文化的研究工作。2014年秋，本人又应该校之邀，开始本书的编写工作。经过近两年的努力，终于即将付梓了。

文献史料是本课题得以成书的基础与前提，也是完成本课题的最大挑战。长期以来，尽管严康懋在宁波民间具有很大的影响，但相关的文献记载却十分稀少，特别是其事业高峰的20世纪一二十年代，不仅该期间宁波的档案文献荡然无存，即使本地报刊也是缺多存少。为此，本人在相关史料的挖掘上做了很大的努力，也得到了诸多单位与友人的支持和帮助，如上海图书馆、上海市工商联资料室、宁波市档案馆、包玉刚图书馆等。特别是中共宁波市鄞州区委党校杜建海先生多年来为义乡鄞州建设鼓与呼，他不仅是本课题的首倡者，而且一直密切关注本书的进展并提供了许多珍贵史料及线索。他还首次倡议在严康懋慈善建筑群建设国内第一家民间慈善博物馆、第一个公益慈善综合体，并把它取名为"善园"，得到了鄞州银行公益基金会理事长陈耀芳的认同。同时，严氏后人严孝达先生在获悉本人承担本课题后即来函表示大力支持，使本人深受鼓舞，随后又不顾年老体弱，竭其所能，将有关严康懋的记忆史料录之于书，寄给本人，达四千言。后又在身体极其羸弱的情况下接受了本人的采访，此情此景，历历在目。严康懋的孙子严令常先生是苏州大学法学教授，现定居加拿大，多年来一直留心搜集祖父的生平事迹并为传承先人的精神而不遗余力。他一直关注本书的进展并提供了很好的意见，尤其是他提供的有关严康懋家人的资料在相当程度上弥补了本书的一些缺憾。此外，王景行先生与胡鼎阳先生也对本书的撰写提供了很大帮助。

近年来鄞州区着力推进义乡鄞州建设，故本书在编纂与出版的过程中，得到了鄞州区有关部门的关心与大力支持。区委宣传部沈剑波、沈君达等领导十分关心本书的进展，与区委党校共同为本书提供了编写、出版资助。此外，鄞州银行慈善基金会、首南街道和鄞州区文广局及其文物管理办公室都为本课题的顺利进行提供了便利。在此一并表示诚挚的感谢！

需要说明的是，保持史料文献的原始性与完整性以努力呈现历史的真实面貌是本人的一贯主张，但由此带来史料的冗长与烦琐似乎也在所难免。特别是本人学识有限，加之相关文献的缺失，本书还存在诸多欠缺与不足，在此敬请广大读者批评指正。

孙善根于宁波大学历史系

2016年9月13日